통합주의적 관점의 일본어교육학 연구

천호재 · 야하라 마사히로 지음

어문학사

저자 서언

본서는 천호재(2020)『일본어의 어휘와 문법습득 연구』의 후속작이다. 천호재(2020)에서 언급한 바와 같이 지금 사회의 다양한 영역들이 융합 및 통합이 되어 가는 양상을 띠고 있는데 학문도 예외는 아니다. 예를 들어 기존에는 일본어, 일본어문학, 일본어교육, 일본사정(정치 · 경제 · 사회 · 문화) 등등은 당연히 별개의 영역으로 분류되었다면 이제는 일본어라는 하나의 단위로 되는 셈이다.

이러한 관점으로 연구하는 대표적인 분야로 일본어교육학을 들 수 있다. 일본어교육학에서는 일본어(학) - 일본어교육 - 일본사정을 별개의 영역으로 취급하는 것과 동시에 일본어교육 구심점으로 각 영역들 간의 강한 연계성을 고려한다는 점에 그 특징이 있다.

본서는 바로 일본어교육학의 이러한 학문적 관점을 토대로 집필된 것이다. 일본어교육(교재론, 언어 4기능, 일본문화, 온라인 교실활동)과 일본인의 성씨, 슈퍼마켓 전단지, 화장품 광고, 잉어꿈으로 보는 일본인과 한국인의 정신경관, 일제강점기 시대의 광고 등이 모두 일본어(학) - 일본어교육 - 일본사정(정치, 경제, 사회, 문화, 역사)이라는 각 영역을 긴밀하게 연계시켜 융합을 꾀하는 방식으로 서술하였다.

본서는 모두 12장으로 구성이 되어 있다. 본서는 공동으로 집필된 것으로 신규로 작성한 것도 있는가 하면, 기존의 논문과 학회 발표요지문을 수정·가필한 것도 있다. 기존의 논문과 본서의 내용은 크게 다르지 않으며, 학회 발표요지문 내용은 본서에서 대폭으로 수정과 가필을 한 것이다.

서론 천호재(2020)『일본어의 어휘와 문법 습득 연구』의 서론을 수정 및 가필함

제1장 千昊載(2018)「일본어 학습교재 집필의 이론과 실제-중급 독해교재를 중심으로」『日本語教育研究』44, 韓国日語教育学会, pp. 171-186 + 약간 수정함

제2장 천호재가 신규 작성함

제3장 천호재가 신규 작성함

제4장 야하라 마사히로(矢原正博, 경북대학교 인문대학 일어일문학과 외국인교수)가 신규 작성함

제5장 천호재(2018)「한국인 대학생 일본어 학습자의 일본문화 관심 영역 고찰」, 『한국일본연구총연합회 제7회 국제학술대회 및 심포지움』 한국일본연구총연합회 발표요지문, pp. 132 - 136 + 대폭 수정 및 가필함

제6장 천호재(2018)「가상현실(VR)에 기반한 일본어 교실활동 가능성 모색」『第37次秋季聯合國際學術大會 - 東北亞細亞와 文化交流』동북아시아문화학회 발표요지문, pp.123 - 129 + 수정 및 가필함

제7장 천호재(2018)「일본인 한자 성씨의 중층적 분석」『日本語文学』80, 일본어문학회, pp. 223 - 248 + 수정 및 가필함

제8장 야하라 마사히로(矢原正博)가 신규 작성함

제9장 천호재 · 야하라 마사히로(矢原正博)(2020)「생태심리학적 관점으로 본 일본 화장품 광고의 언어적/비언어적 특성」『2020년도 일본어문학회 추계국제학술대회』발표요지문, pp. 12-25 + 대폭 가필함

제10장 천호재 · 야하라 마사히로(矢原正博)(2020)「생태심리학적 관점으로 본 일본 화장품 광고의 언어적/비언어적 특성」『2020년도 일본어문학회 추계국제학술대회』발표요지문, pp. 12-25 + 대폭 가필함

제11장 천호재(2018)「잉어꿈을 통해서 본 일본과 한국의 정신경관」『2018년 동아시아일본학회 춘계 연합 국제학술대회』발표요지문, pp. 184 - 187 + 대폭 가필함

제12장 천호재(2017)「신여성 잡지에 나타난 일본어 광고 분석」『日本語文学』76, pp. 167 - 188 + 약간의 수정 및 가필

결론 신규 작성

본 저자(천호재)가 일본어교육학 연구에 관심을 가진 지 벌써 10년이 훌쩍 넘었다. 일본에 관계된 것이라면 전공영역에 구애됨이 없이 그저 가슴 속에 떠오르는 것이면 무엇이든 연구를 했는데 이렇게 일본어교육학이라는 하나의 플랫폼 안에 자칫 별개의 영역으로 흩어질 뻔했던 연구들을 한데 묶어 출간할 수 있게 되어 매우 기쁘다. 미미하지만 본서가 21세기가 지향하는 학문의 융합에 자그나마 일조를 할 수 있는 작은 계기가 되길 바라 마지 않는다. 그리고 본 저자의 이러한 뜻에 동조하여 기꺼이 함께 연구에 동참해주신 공동저자 야하라 마사히로(矢原正博) 교수님에게도 감사드린다.

끝으로 본서의 가치를 알아봐 주시고 세상에 얼굴을 내밀 수 있었던 것은 어문학사 윤석전 사장님 덕택이다. 그리고 원고의 정리에서 편집, 제본에 이르기까지 많은 수고를 해주신 편집부 직원분들에게 심심한 감사를 드린다.

2021.12

코로나 세상 이후를 꿈꾸며

저자 천호재 · 야하라 마사히로(矢原正博)

목차

| 제2장 |

일본어 중급 독해교재의 운용과 실제

| 제3장 |

일본어 통번역 교재의 운용과 실제

| 제4장 |

일본 화장품 광고 영상을 활용한 일본어 4기능 향상 방안

| 제5장 |

한국인 대학생 일본어 학습자의 일본문화 관심 영역 고찰

| 제6장 |

가상현실(VR)에 기반한 일본어 교실활동 가능성의 모색

제2부 어휘 및 표현을 통해서 본 일본사정

| 제7장 |

일본인 한자 성씨로 본 일본사정

| 제8장 |

일본의 슈퍼마켓 전단지의 어휘 및 표현으로 본 일본사정

| 제9장 |

일본 화장품 광고의 언어적 특성으로 본 일본사정

| 제10장 |

일본 화장품 광고의 비언어적 요소로 본 일본사정

| 제11장 |

잉어꿈 해몽으로 본 일본인의 정신경관 -한국인의 잉어꿈과의 비교-

| 제12장 |

조선 식민통치를 통해서 본 일본사정

서론

1. 이론적 배경과 본서의 목적

본서는 천호재(2020)(『일본어의 어휘와 문법습득 연구』어문학사)에 이어 발간된 일본어교육학 연구 실천서이다. 일본어교육학은 일본어 학습자들에게 일본어나 일본문화를 어떻게 가르칠지를 연구하는 한편, 각 영역을 서로 어떠한 방식으로 연관을 지어 가르치는 것까지 연구하는 학문 분야이다.

대표적인 연구로 최근 혼다 히로유키 외(本田弘之, 2006: 15-66)를 비롯하여 가바야 히로시(蒲谷宏, 2012) · 호소카와 히데오(細川英雄)의 연구를 들 수 있다. 교사가 일본어를 가르치고 학습자가 일본어를 배우고, 일본어, 일본문화, 일본문학, 나아가 일본사정(정치, 경제, 사회, 역사 등등) 등과 같은 각 영역을 구분짓지 않고 아예 일본어라는 큰 덩어리로 동일시해 버리는 것이다. 즉 일본문화를 배우면 동시에 일본어를 배우는 것이고, 일본어를 배우면 일본문화도 배우는 것이다. 환언하면 일본어를 지도나 학습을 하는 데에 있어 영역을 구분하지 않는다. 이 말은 학습자들의 학습성향에 따라 일본어 4기능 영역으로 많이 거론되는 듣기, 말하기, 쓰기, 읽기 영역도 별도로 구분하는 일이 없이 일본어라는 한 덩어리로 일괄해서 가르치면 된다는 뜻도 된다(본서 제1부 제1장-제4장).

가바야 히로시(蒲谷宏, 2012) · 호소카와 히데오(細川英雄)의 사고관은 얼핏보기에 매우 혁신적으로 보이지만 오랫동안 일본어교육현장에서 일본어 학습자들의 동태를 지켜본 저자로서는 그의 주장이 그리 낯설지만은 않다. 예를 들어 일본어로 수다를 떠는 학생들이 중간고사나 기말고사에서 거의 백지를 내기도 하고, 정식으로 일본어 학습을 하지 않고 단순히 일정 기간 일본 노래 가사를 암기해서 열심히 따라 불렀을 뿐인데도 상당히 고급스러운 일본어를 구사하는 학생들이 있다. 또 저자의 수업을 수강하는 학생(야구부원)이 해당 일본어 단어와 표현에 대한 별도의 지식 없이 전체 문장 번역을 몇 번 듣는 것만으로 일본어를 한국어로 줄줄이 통역을 하기도 한다. 저자는 이들 체험을 통해서 단어→표현→문장(sentence)→문단의 단위로 한 단계 한 단계 빌드업 방식으로 일본어를 학습해나가는 학생들도 있지만, 처음부터 문장이나 문단의 단위로 통째로 학습하는 학생들도 있다는 사실을 깨달았다. 또 하나 일본어교육학에서 강조하는 것은 일본어 학습자의 최종목표는 일본어습득 그 자체가 아니라는 것이다. 그것은 즉 모든 일본어 학습자들의 궁극적인 학습목표는 일본사정(문화, 경제, 사회, 정치, 역사 등등)의 이해에 있다는 점이다. 이 점은 수업 초기에 일본어 학습목적을 학습자들에게 물어보면 바로 확인이 가능하다. 이들 사실들은 모두 영역의 통합과 확장을 지향하는 일본어교육학의 관점을 뒷받침해 주는 것이다(본서 제2부).

이상 설명한 일본어교육학의 사고관을 요약하면 하나는 특정 학문 영역에서만 일본어를 가르치거나 배우는 것은 아니라는 것, 다른 하나는 일본어 학습자들의 최종 학습목표는 일본어 그 자체가 아니라 일본사정을 이해하는 것이다. 이에 본서에서는 일본어교육학의 이러한 사고관에 입각한 연구 성과를 제시하고자 한다.

2. 본서의 구성

본서는 제2부 12장으로 구성되어 있다. 1부(제1장 - 제6장)는 일본어교육에 관련된 연구이다. 제1장 - 제4장에서는 일본어 교재와 언어 4기능 향상에 관련한 연구로 구성주의, 자기주도학습, 유비쿼터스, 다기능주의에 입각하여 특정한 기능의 향상이 아닌 복합적인 기능 능력의 향상을 염두에 두고 교재가 집필되어야 한다는 점을 강조하였다. 제5장은 일본어 학습자들의 온라인 교실활동을 통해서 보여준 전통문화, 생활문화, 대중문화에 대한 선호도를 분석한 것이다. 제6장은 가까운 미래의 어느 시점에서 가상현실 공간에서 일본어 수업이 행해질 경우, 교사와 관련하여 학습자들의 니즈를 고찰한 것이다. 제2부는 일본어 어휘 및 표현이 일본사정의 이해로 귀결되도록 하고자 한 연구이다. 제7장은 일본인의 한자 성씨를 중층적으로 분석함으로써 일본인의 한자 성씨 명명에 작동하는 메커니즘을 고찰한 것이다. 제8장은 일본의 슈퍼마켓 전단지에 나타나는 어휘 및 표현을 통해서 일본인들의 일상의 음식문화를 고찰한 것이다. 제9장은 일본 화장품 광고 동영상의 언어적 특성에서 나타난 일본 여성들의 미의식과 전달 방식을 고찰한 것이다. 제10장은 일본 화장품 광고 동영상에서 나타나는 비언어적 요소들을 고찰한 것이다. 제11장은 잉어꿈 해몽을 통하여 일본인들의 정신경관을 고찰한 것이다. 마지막으로 제12장은 신문광고 언어에서 나타난 일제강점기의 일본사정(조선사정)을 고찰한 것이다.

제1부

교재 제작 및 교실활동

제1장 일본어 학습교재 집필의 이론과 실제

- 중급 독해교재를 중심으로 -

1. 시작하며

본 장에서는 제4차 산업혁명의 시대를 맞이하여 구성주의, 자기주도학습, 유비쿼터스, 다기능주의 등을 나름대로 구현한 독해 학습교재의 학습운용 결과를 밝히고자 한다. 구체적으로 언급하면 우선 본 저자가 직접 집필한 독해 학습교재에 구성주의, 자기주도학습, 유비쿼터스, 다기능주의 등의 이념이 어떻게 반영되어 있는지, 둘째, 본 저자가 집필한 독해 학습교재가 다양한 교재들과 어떠한 차이점과 공통점을 지니는지, 마지막으로 본 저자가 집필한 독해 학습교재에 대해 학습자들이 구체적으로 어떠한 반응을 보였는지, 나아가 그러한 반응을 통해 금후의 독해 학습교재 집필에 어떠한 시사점을 제시해줄 수 있는지를 살펴보고자 한다.

2. 학습교재 집필의 이념

교사는 더 이상 교실활동의 주체가 아니다. 교실활동의 주체는 학습자이며, 교사는 학습자의 학습을 돕는 보조자이고 조력자(facilitator)로 인식되는 것이 요즘 추세이다. 당연한 말이지만 학습자는 저마다 개성이 다르고 학업성취도와 학습조건도 모두 다르다. 더구나 지금은 21세기이며 이미 제4차 산업혁명의 시대로 접어든 지도 오래이다.

이러한 시대적 상황 속에서 금후 독해 학습교재를 집필하고자 할 경우, 교재 집필자는 먼저 구성주의, 자기주도학습, 유비쿼터스, 다기능주의 이념들을 이해할 필요가 있다. 왜냐하면 이들 이념은 온라인 수업 방식에 친숙한 학습자들을 지도하는 데 도움이 되기 때문이다. 그러면 이하의 절에서는 이들 이념들에 대해 살펴보기로 한다.

1) 구성주의, 자기주도학습, 유비쿼터스

교실활동의 주체가 학습자들이 된 이상, 그리고 그 학습자들이 저마다 개성과 능력이 다르고 학습조건도 다르다는 것이 널리 인정된 이상, 교재 집필자는 구성주의 교육이념을 진지하게 수용할 필요가 있다. 먼저 구성주의란 학습자가 그 누군가의 도움이 없이 자신이 직접 학습의 주체가 되어 자신의 상황과 능력에 맞게 스스로 학습내용을 구성하여 학습활동을 할 수 있도록 하자는 이념이다. 이미 언급한 것처럼, 교실활동의 주체인 학습자가 다양한 학습조건을 지니는 것으로 인정된 이상, 교사(교재 집필자도 포함)는 싫든 좋든 이러한 구성주의 교육이념을 따를 수밖에 없다. 출중한 학습능력과 학습조건을 갖춘 학습자는 교재에 명시된 학습내용을 자유자재로 재구성해서 학습할 것이며, 그렇지 못한 학습자는 그것이 불가능할 것이다.

둘째, 구성주의 교육이념에는 필연적으로 자기주도학습의 개념이 수반된다. 자기주도학습이란 학습내용을 학습자 자신의 상황(능력, 학습조건 등등)에 맞게 임의로 재구성하여 능동적으로 학습하는 행위를 말한다. 따라서 구성주의 교육이념을 중시하는 교재 집필자는 교재 집필 전에 학습자들이 자기주도학습을 할 수 있도록 미리 설계를 해 둘 필요가 있다.

마지막으로 교재 집필자가 구성주의 교육이념을 가지고 학습자가 자기주도학습을 할 수 있도록 교재를 집필한다고 해서 그것으로 모든 것이 일단락된 것으로 생각해서는 안 된다. 제4차 산업혁명의 시대를 맞이하면서 현대인들은 기존의 아날로그 환경에서 디지털 환경 속에 놓이게 되었다. 디지털 환경 속에서 현대인들은 자신이 입수한 지식과 정보를 접하고 표현하고, 저장하며 나아가 그 정보들을 타인들에게 전달해 나갈 것이다. 따라서 교재 집필자는 학습자들이 이러한 디지털 환경에 걸맞게 학습해 나갈 수 있도록 유도할 필요가 있다. 그래서 필요한 개념이 바로 유비쿼터스이다. 유비쿼터스란 휴대가 가능한 컴퓨터 기기를 통해 언제 어디서든 시공의 제약을 받지 않은 채 원하는 정보를 입수할 수 있도록 하자는 개념이다. 현재 테이프나 CD로 일본어를 학습하는 학습자들은 거의 찾아볼 수 없다. MP3나 MP4에 학습내용을 다운로드 받는 것에 대해서도 소극적인 태도를 보인다. 따라서 교재 집필자는 자신이 집필하려는 교재를 통해 학습자들이 쾌적한 유비쿼터스 환경 속에서 학습내용을 자기주도적으로 학습할 수 있도록 다양한 방법을 미리 파악해둘 필요가 있다.*

2) 다기능주의의 구현

현재 시중에 나와 있는 일본어 독해 관련 서적을 보면 독해능력의 향상만을 염두에 두고 집필된 서적이 대부분이다. 그리고 독해서적의 구성 방식을 보면 대부분 문법역독식을 채택하고 있다. 문법역독식은 17세기 - 18세기에 크게 유행하던 매우 보수적인 교수 방식인데, 21세기에도 그 생명력이 끈질기게 발휘되는 현실이 그저 놀라울 따름이다. 문법역독식이란 교사(교재 집필자)가 일본어 문법규칙이나 용언의 활용 변화 패턴을 설명하면 일본어 학습자들(독자들)은 그것을 암기한 뒤, 다시 일본어 문장을 읽고 한국어로 번역을 함으로써 본래의 일본어 문장의 의미를 파악하도록 하는 방식이다. 이는 언뜻 독해교재로서의 요건을 충분히 갖추고 있는 것처럼 보인다. 그러나 문법역독식은 읽기기능(독해기능)의 향상은 기대되지만, 다른 기능, 즉 듣기기

* 구성주의, 자기주도학습, 유비쿼터스에 관련하여 천호재(2011)가 상세히 논의를 하고 있다.

능, 말하기기능, 쓰기기능은 기대하기 어렵다는 데에 문제점이 있다. 언어생활은 4기능이 유기적으로 결합하여 이루어지는 것이므로 독해교재의 집필에 있어 읽기기능(독해기능) 향상을 염두에 두었더라도 다른 기능도 아울러 발휘될 수 있도록 교재내용을 구성할 필요가 있다. 또 본 저자는 순수한 읽기(독해)기능에 덧붙여 인터넷 검색기능과 문화이해 능력도 향상되도록 구체적인 방안도 강구해 둘 필요가 있다고 생각한다. 그 이유는 텍스트 본문을 구성하는 단어를 학습자들이 직접 인터넷으로 검색하고 해당 이미지(동영상 포함)를 직접 눈으로 확인함으로써 학습자들이 해당 단어의 의미나 문화를 명확하게 이해를 할 수 있도록 해야 하기 때문이다.

3) 교재 집필 관련 선행연구

교재 집필에 관련한 대표적인 선행연구로 국제교류기금(国際交流基金, 2008)을 들 수 있다. 국제교류기금(国際交流基金, 2008)에서는 교재 집필을 위해서는 7단계가 필요하다고 하였다. 1단계는 교재를 만들기 전 단계, 2단계는 교재를 설계하는 단계, 3단계는 기획서를 작성하는 단계, 4단계는 교재 집필을 진행하는 단계, 5단계는 시험적으로 사용하고 평가하는 단계, 6단계는 교재를 출간하는 단계, 7단계는 교재를 사용한 뒤, 독자로부터 평가를 받아 개선하는 단계이다. 이 중에서 국제교류기금(国際交流基金, 2008)에서는 1단계에서 3단계까지만 다루고 있는데, 1단계는 교재를 만들기 전에 해야 할 일, 교재 작성의 절차, 언어 학습의 재주시, 교재 분석의 방법을 모색하는 단계이다. 2단계는 교재를 설계하는 단계로 구체적으로 무슨 교재를 만들 것인가, 교재에 배치될 실러버스와 각 장의 구성을 어떻게 작성할 것인지, 프로토타입을 어떻게 작성하고 평가할 것인지를 판단하는 단계이다. 3단계는 기획서를 작성하는 단계로, 구체적으로 말하면 기획서를 어떻게 만들 것인지, 체재(구성)와 기획 스케줄을 어떻게 짤 것인지를 판단한다.

본 저자는 국제교류기금(国際交流基金, 2008)이 제안한 교재 집필 방법이 매우 구체적이며 동시에 매우 이상적이기 때문에 이에 대해 더 이상 이의를 제기할 생각이 없다. 그러나 국제교류기금(国際交流基金, 2008)을 통해서 본 저자가 교재 집필의 이념으로 삼은 구성주의 교육이념, 자기주도학습, 유비쿼터스, 다기능주의가 교재 집필 이전에 집필자가 지녀야 할 이념들이므로 교재 집필의 1단계의 과정을 거쳤다고 생각한다. 그러나 국제교류기금(国際交流基金, 2008)에서는 교재 집필에 있어 자기주도학습, 유비쿼터스, 다기능주의 등의 필요성을 직접 언급하지는 않았다(구성주의는 약간 언급하고 있다.). 그다음으로 본 저자가 교재 집필에 있어 학습항목의 배열 모델을 나름 구체적으로 설계하고 적용을 했다는 점에서 국제교류기금(国際交流基金, 2008)에서 제안한 교재 집필의 2단계와 3단계의 과정을 거쳤다는 점을 강조하고자 한다.

한편 독해교재 집필 관련 연구는 아니지만 독해지도와 관련된 연구로 세키 마사아키(関正昭) · 다테오카 요코(舘岡洋子, 2012:

vii~ x)를 들 수 있다. 이들 연구에서는 일본어교육에 있어서 세 가지로 대표되는 독해지도 접근법으로 구조주의적 접근법, 인지주의적 접근법, 구성주의적 접근법이 있다고 하였다. 구조주의적 접근법은 텍스트의 이해를 위해 텍스트를 구성하는 문자, 어휘, 문형 등의 요소를 중시한다는 것이다. 인지주의적 접근법은 텍스트를 구성하는 문자, 어휘, 문형 등의 개별적 요소나 표현을 학습자에게 이해시킬 뿐만 아니라, 학습자가 이미 지니고 있는 지식을 텍스트에 투영하도록 함으로써 텍스트의 이해를 촉진시키는 데에 중점을 둔다. 예를 들어 학습자들이 특정한 텍스트를 읽기 전에 텍스트의 배경 지식이나 어휘의 지식을 습득시킨다. 그다음에 해당 텍스트 내용을 충분히 상상을 하도록 한 뒤 독해활동으로 들어가도록 하며 마지막으로 구성주의적 접근법을 통해서 학습자가 텍스트를 학습하도록 하며 나아가 스스로 문제점을 발견하고 직접 해결 방법을 탐색하도록 유도한다.

이상이 세키 마사아키(関正昭)・다테오카 요코(舘岡洋子, 2012)의 설명인데, 그들은 이 중에서 인지주의적 접근법에 서서 독해교재 집필 방법을 논의하고 있다. 또 제3장 5절(pp.145~159)에서 구성주의적 접근법으로서 개인 학습자가 아닌 학습자간의 협동에 의한 독해활동(peer reading)에 관련한 실천 사례도 제시하고 있다. 이와 같이 협동학습의 형태로 독해활동을 하는 것은 매우 바람직하기는 하지만, 협동학습에 참여하는 학습자들의 학습 조건이 모두 다르고, 능력의 우열 등이 늘 상존하기 때문에 완전한 구성주의적 접근책을 제시했다고는 할 수 없다. 본 저자는

이를 보완하기 위한 나름의 해결책으로 "③아래의 일본어 질문에 일본어로 대답합시다, ④아래의 일본어 문장의 내용이 본문 내용과 일치하면 ○를, 일치하지 않으면 ×를 기입하세요, ⑤일본어로 대화합시다, ⑥인터넷에서 泣いているお猫さん에 관련된 자료를 검색해봅시다." 코너를 설정함으로써 구성주의의 교육이념이 협동학습, 또는 개별학습의 형태로 가급적 다양한 채널을 통해서 실현될 수 있도록 하였다.

더구나 협동학습을 하는 학습자들 중에는 주의집중이 산만한 학습자도 있고, 조별활동에서 얻은 성과를 아무런 노력 없이 거두려는 학습자도 있다. 따라서 독해학습은 복수의 학습자와는 별도로 개인 학습자의 존재를 철저히 고려할 필요가 있다.

3. 독해 학습교재 집필의 실제

이 절에서는 본 저자가 직접 집필한 일본어 중급 독해교재(웹기반일본어리터러시, 역락)에 이들 이념들이 구체적으로 어떻게 반영되었는지를 살펴보고자 한다.

1) 독해 학습교재 내용의 선정 과정

교재를 집필하기 전에 가장 먼저 고려해야 할 점이 있는데, 그것은 바로 어떠한 일본어 텍스트를 선정할 것이냐는 점이다.

일본 원어민이 아닌 사람(외국인)이 독해교재를 집필하고자 할 경우, 본문 텍스트를 직접 작성하거나 아니면 해당 텍스트의 소유권을 지닌 저자나 출판사, 신문사, 잡지사에 동의를 구하거나 저작료를 지불하는 등의 절차를 거쳐야 한다. 하지만 그렇게 해서 입수한 텍스트로 교재를 집필할 경우, 설사 텍스트를 확보했다고 해도 유비쿼터스의 이념을 구현하기가 어려울 수 있다. 확보한 텍스트를 음성자료화한 뒤, 독자들(학습자들)이 원하는 시간에, 원하는 장소에서 학습할 수 있는 장치(예를 들면 유튜브)를 마련해야 하기 때문이다. 하지만 텍스트 사용 승인 건과는 별도로 해당 텍스트의 음성자료도 텍스트와 마찬가지로 사용 승인을 받아야 하는데 이 역시 쉬운 일은 아니다.

이에 본 저자는 일본어 텍스트를 기존의 서적이 아닌 유튜브에 들어 있는 청각 자료에 눈을 돌리게 되었다. 유튜브의 청각자료를 승인받을 수만 있다면 유비쿼터스와 텍스트 자료 확보 문제가 모두 해결되기 때문이다. 본 저자는 일단 유튜브에서 일본 관련 콘텐츠 영상을 검색한 뒤, 다양한 영상을 시청하였다. 유튜브는 잘 알려진 바와 같이 세계 최대의 동영상 공유서비스를 제공하는 미디어 플랫폼이며, 모바일에 애플리케이션이 기본적으로 설치되어 있기 때문에 접근성이 매우 양호하며 고로 유비쿼터스의 이념을 잘 구현할 수 있다는 이점이 있다. 검색해서 시청한 몇 가지 콘텐츠만 제시하면 우선 TEDx를 들 수 있다. TEDx는 Technology, Entertainment, Design의 약자로 각국이나 각 조직의 사람들이 일상을 살아가면서 획득한 지식을 흥미롭게, 청중들에게 웃음을 유발해 가면서 전달하는 미니 강연(20분

이내의 강연)을 말한다. 검색 결과「時間という財産」「見方を変える」「これから未来に必要な教育とは」「結果だけがあなたを守る」 등의 동영상 제목을 확인할 수 있었다. 본 저자는 이들 강연을 텍스트화하기 위해 TEDx와 접촉을 수차례 시도하였으나 TEDx의 운영 조직이 일본이 아닌 뉴욕과 밴쿠버에 있는 데다 교섭 채널이 너무 복잡하여 저작권 승인을 위한 접촉을 단념할 수밖에 없었다.

그다음으로 특정 인물이 올리는 유튜브 콘텐츠를 들 수 있는데, 예를 들어 武田邦彦(たけだくにひこ, 최근 혐한 발언으로 물의를 일으킨 인물이다)라는 일본 과학자가 발신하는 유튜브 콘텐츠는 나름 참신하고 흥미로운 부분이 많아서 그와 저작권 승인 문제 해결을 위해 접촉을 시도했으나 결국 불발로 끝나고 말았다(접촉을 시도한 것은 혐한 발언을 일으키기 훨씬 전의 일이다.). 저작권 관련하여 유튜브 관리자에게 문의를 해보았는데, 자신들에게는 저작권이 없다고 하였다. 그의 몇몇 발신 제목을 소개하면「頭のいい学者が信じる神を知っていますか?」「あの食品のやばい真実」「あなたはこの「日本の異常事態」に気づいていますか」「原発のウソの原因はここだった」 등을 들 수 있다. 그 외 중학교의 학력으로 일본의 10대 세금 납부자가 된 齊藤一人(さいとうひとり)의 강연도 상당히 흥미가 있었지만 역시 연락 방법이 없어 저작권 승인을 받기 위한 접촉을 시도할 수 없었다. 그의 주요 강연 제목을 소개하면「こういう人には気をつけるんだよ」「与えたものが返ってくるバランスの法則」「不満の数より「幸せ」を数えよう…」 등을 들 수 있다.

그러던 중에 「きくドラ/kikudora」라는 일본문학 사이트를 알게 되었다. 이 사이트는 명작 일본문학(해외문학) 작품을 라디오드라마(15분 내외)로 제작하여 불특정다수 문학 애호 청취자들에게 제공하는 회사(대표이사 金原隆史) 사이트이다. 대표이사에게 교재 제작의 취지를 충분히 설명한 메일을 보냈는데, 대표이사로부터 사이트에 게시된 200여 편의 드라마를 흔쾌히 교재로 사용해도 좋다는 승낙을 받았다.

2) 교재의 구성

이 절에서는 본 학습교재가 선정한 작품과 줄거리는 무엇이며, 나아가 학습자들이 가장 흥미롭게 생각한 작품은 무엇이었는지, 본 학습교재에서 구성주의, 자기주도학습, 유비쿼터스, 다기능주의가 어떻게 실천될 수 있는지에 대해 살펴보고자 한다.

(1) 선정 작품의 줄거리

본 학습 교재는 12과로 구성되어 있다. 선정한 작품은 다음과 같다.

①「泣いているお猫さん(村山壽子/9)」

②「星の王子さま(サンテグジュペリ/1)」

③「幸福な王子(オスカーワイルド/4)」

④「茄子畑(片山廣子/2)」

⑤「心と手(O・ヘンリー/5)」

⑥「アラカルトの春(O・ヘンリー/0)」

⑦「百合の花(小川未明/1)」

⑧「桜の園(チェーホフ/3)」

⑨「うた時計(新美南吉/3)」

⑩「それから(夏目漱石/1)」

⑪「夏の夜の夢(岡本かの子/2)」

⑫「愛の賛歌(水谷まさる/1)」

괄호 안에 명기된 성명은 작가명이고, 숫자는 해당 작품을 선호한다고 대답한 학습자들의 인원수이다.「泣いているお猫さん」은 욕심 많은 고양이가 오리에게 리본을 빌리면서 겪게 되는 이야기를 그린 작품이다.「星の王子さま」는 항공기로 우편배달을 하는 주인공이 사막 한가운데에 불시착하면서 그곳에서 만난 어떤 어린이와 나눈 이야기를 그린 작품이다.「幸福な王子」는 동상이 된 왕자가 참새의 협조로 가난한 사람들에게 자선을 베푼다는 작품이다.「茄子畑」는 제2차 세계 대전 직후, 먹을 것이 부족한 시대의 참상을 그린 작품이다.「心と手」는 여자 죄수가 감옥으로 호송되어 가는 열차 속에서 옛 애인을 만나면서 겪는 이야기를 그린 작품이다.「アラカルトの春」는 타자수로 근무하는 여자 주인공이 청혼을 하러 오는 애인과의 극적인 재회를 그린 작품이다.「百合の花」는 아이들이 사라진 그 자리에 백합꽃이 핀다는 다소 기괴한 내용을 다룬 작품이다.「桜の園」는 재정러시아 시대를 무대로 한 작품으로 자신의 주인이 남기고 간 저택과 토지를 구입하여 그곳에서 평생 살아가는 이야기를 다룬 작품이다. 「うた時計」는 부자지간의 인연을 타고 났지만, 아들의 타고난 도벽과 방랑벽으로 부자의 연을 잇지 못하고 결국은 아버지와 이별한다는 작품이다. 「それから」는 평소 이상이 높고 고귀하게 살던 주인공이 친구의 아내를 취함으로써 비참한 현실을 맞이한다는 작품이다. 「夏の夜の夢」는 결혼을 앞둔 여자 주인공의 복잡한 심경을 다룬 작품이다. 마지막으로 「愛の賛歌」는 발랄하고 유쾌한 세 명의 여자 주인공을 통해서 제2차 세계대전 후의 참상을 희망으로 극복한다는 이야기를 그린 작품이다.

(2) 본 교재의 구성

본 저자는 구성주의 교육이념, 자기주도학습, 유비쿼터스, 다기능주의를 염두에 두고 중급 독해교재를 아래와 같이 6개의 코너로 구성하였다. 이하에 제시하는 6개의 코너는 절대적인 것이 아니라 다양한 형태로 재구성이 될 수 있다. 이 절에서는 본 저자가 집필한 교재로 교실활동을 한다는 전제 하에 논의를 전개해 나가고자 한다.

① 아는 단어(모르는 단어)를 체크하면서 이하의 문장을 들어봅시다.

② 문장을 읽고 번역을 합시다.

③ 아래의 일본어 질문에 일본어로 대답합시다.

④ 아래의 일본어 문장의 내용이 본문 내용과 일치하면 ○를, 일치하지 않으면 ×를 기입하세요.

⑤ 일본어로 대화합시다.

⑥ 인터넷에서 泣いているお猫さん에 관련된 자료를 검색해봅시다.

첫째, ①은 해당 작품 내용에 대해 사전 지식이 전혀 없는(예습을 하지 않은) 학습자들에게 바로 일본어를 들려줌으로써 무슨 단어가 들리고, 무슨 단어가 들리지 않는지를 스스로 인지하도록 하기 위해 제시한 것이다. 예를 들어 泣いているお猫さん(村山寿子)의 본문에 나오는 あるところにちょっと欲張りなお猫さんがいました. ある朝新聞を見ますと, 写真屋さんの広告が出ていました. 「なになに?」写真屋さんを始めます. 今日写しにいらした方の中で一番よく写った方のは新聞に載せてご褒美に1円50銭差し上げます〈이하 생략〉를 들려준다. 이들 텍스트 본문을 학습자들에게 들려주면서 전체적인 대의파악보다는 가벼운 마음으로 이들 텍스트를 구성하는 단어를 아는지, 모르는지 체크하도록 한다. 1차적으로 듣기기능의 향상이 기대되는 부분이다.

둘째, ②는 발표의 형식으로 학습자들이 자신이 맡은 문장을 읽고 번역을 하기 위해서 마련한 코너이다. 자신이 맡은 문장에 나오는 단어와 연어, 문법적인 사항을 자기주도적으로 학습한 뒤, 다른 학습자들 앞에서 일본어를 읽은 뒤, 한국어로 읽고 번역한다(아래의 표를 참조). 아래의 표, 본문, 번역은 학습자가 학습자료실에 올린 실제 발표 내용 중의 일부이다.

欲張り	よくばり	욕심꾸러기
広告	こうこく	광고
載せる	のせる	싣다, 올리다
褒美	ほうび	포상
差し上げる	さしあげる	드리다
撫する	ぶする	쓰다듬다
お隣	おとなり	이웃집

あるところにちょっと欲張りなお猫さんがいました. ある新聞紙を見ますと, 写真屋さんの広告が出ていました.「なになに?」「写真屋さんを始めます. 今日写しにいらした方の中で一番よく写った方のは新聞に載せてご褒美に1円50銭差し上げます.」お猫さんは鏡を見ました. 体中の毛を撫すってピカピカ光らせました. そしてお隣のあひるさんのところへ行きました.「あひるさん, こんにちは. すみませんけど, リボンを貸してくださいな」「いいですけど, お猫さん. どうか失くさないでね」

어느 곳에 조금 욕심꾸러기인 고양이씨가 있었습니다. 어느 날 아침 신문을 보는데 사진관 광고가 나와 있었습니다.「뭐야? 뭐야?」「사진관을 시작합니다. 오늘 찍으러 오시는 분 중에서 가장 사진이 잘 나온 분은 신문에 싣고 포상으로 1엔 50전을 드리겠습니다.」고양이는 거울을 보았습니다. 털을 쓰다듬고 반짝반짝 빛을 냈습니다. 그리고 이웃집 오리에게 갔습니다.「오리님, 안녕하세요. 죄송하지만 리본을 빌려주세요.」「좋습니다만, 부디 잃어버리지 말아주세요.」

발표자에게는 읽기(독해) 기능의 향상이, 그 발표를 듣는 학습자에게는 2차적으로 듣기기능의 향상이 기대된다. 그리고 발표한 조원들에게는 해당 작품을 통해서 느낀 점이 무엇인지를 일본어로 작성해서 학습자료실에 올리도록 했다. 특정 작품 발표가 모두 끝나면 발표자와 나머지 학습자들 모두 1주일 동안 유튜브를 통해서 매일 최소 3번씩 해당 작품을 반복 청취하도록 하였다. 시공의 제약을 받는 일 없이, 자신이 원하는 곳에서, 원하는 시간에, 자신이 듣고 싶은 만큼 청취를 반복한 학습자가 존재하였다면 본 교재는 자기주도학습, 유비쿼터스, 구성주의의 이념을 충분히 구현한 셈이 된다.

셋째, ③은 본문에 관련된 일본어 질문에 일본어로 대답하도록 하기 위해서 마련된 코너이다. 본문 이해 능력을 충분히 기르게 하기 위한 장치인 셈이다. 예를 들어「泣いているお猫さん(村山寿子)」을 청취한 학습자들에게「ある新聞に何の広告が出ていましたか」라는 질문을 각조의 구성원들끼리 일본어로 서로 묻고 대답을 하도록 하였다. 물으면서 일본어 말하기기능이, 들으면서 일본어 청취기능이 향상되도록 한 것이다. 그리고 그렇게 해서 도출된 최종 답안을 학습자들 자신의 핸드폰과 노트북으로 일본어로 작성한 뒤 학습자료실에 등록하게 했다. 이 과정을 충실히 거친 학습자는 당연히 쓰기기능이 향상되었을 것이다. 이하의 문장은 학습자가 실제로 학습자료실에 올린 것이다.

⑴ ある新聞に何の広告が出ていましたか. －写真屋さんの広告が出ていました.

⑵ 一番よく写った人は写真屋さんにいくらもらいますか. －1円50銭もらいます.

⑶ お猫さんは誰のところに何をしに行きましたか. －リボンを借りにアヒルさんに行きました.

⑷ お猫さんには車がありましたか. －ありませんでした.

⑸ お猫さんは写真屋さんにどうやって行きましたか. －大急ぎで走って行きました.

⑹ カメラに向けたお猫さんはどんな顔でしたか. －泣きそうな顔でした.

⑺ どうしてお猫さんはそんな顔でしたか. －リボンを失ってしまったんですから.

⑻ お猫さんは何等をとりましたか. －1等を取りました.

⑼ アヒルさんが言ったリボン代はいくらでしたか. －1円50銭でした.

⑽ お猫さんのお財布の中にはいくら残っていますか. －0円

⑾ この話を聞いて何を感じましたか. －お猫さんが可哀そうでした. リボンのためにあちこち走って結局何も本当に得ることはないからです. また, もう一つの意見があります. お猫さんがやっとお金をもらったのに, 結局お金を払うことになったから, 可愛そうでたまらないんです.

넷째, ④는 일본어 문장의 내용이 본문 내용과 일치하는지 여부를 물음으로써 학습자들이 배운 내용을 상기하고, 또는 답을 맞히기 위해 이미 학습한 본문을 다시 읽어봄으로써 학습자들의 읽기(독해)기능이 향상되도록 하기 위해 마련한 코너이다. 또한 답안을 최종적으로 작성한 학습자들에게 본 저자가 재차 일본어로 묻고 학습자들은 일본어로 대답하도록 하였다. 이를 통해서 무의식적으로 학습자들의 말하기기능이 향상되었을 것으로 생각한다. 그리고 대답하거나 작성한 답안을 다시 학습자료실에 등록을 하도록 유도함으로써 자연스럽게 쓰기기능도 향상이 되도록 하였다. 학습자들이 올린 실제 예를 예시하면 다음과 같다.

1)あるところにちょっと欲張りなお猫さんがいました.(○)
2)今日写しにいらした方の中で一番よく写った方のは新聞に載せてご褒美に100円50銭差し上げます.(×)
3)写真を写し終えるとお猫さんはトボトボと学校へ帰ってきて鏡を見ました.(×)

다섯째, ⑤에서는 10문항 이내로 한국어로 제시된 문장을 읽고 학습자들에게 일본어로 대화를 나눔으로써 자연스럽게 말하기, 쓰기, 듣기, 읽기기능이 향상되도록 했다. 예를 들어「1)고양이처럼 신문이나 텔레비전, 인터넷에 난 광고를 보고 응모를 한 적이 있습니까? 있다면 어떠한 부분에 응모를 하고 싶은지 말해보세요」라는 문장을 서로 보면서 5명에서 10명 정도의 학습자들에게 일본어로 묻고 일본어로 대답(작성)을 하도록 하였다. 질문할 문장을 한국어로 작성한 이유는 학습자들이 일본어 대화 주제를 바로 파악하여 재빨리 일본어 대화로 몰입하도록 하기 위해서이다. 그리고 각과마다 본 저자는 ⑤에 조별로 디베이트를 할 수 있는 질문 문항을 넣었다. 예를 들면 오리에게 돈을 갚은 고양이의 행동에 대해 찬성 또는 반대하는 이유를 조별로 일본어로 토론하고, 그 토론 결과를 조별로 디베이트를 하고 그 결과를 일본어로 작성해서 학습자료실에 올리게 했다. 이로써 읽기, 쓰기, 말하기, 듣기기능이 복합적으로 향상되었을 것으로 보았다. 이하의 일본어 문장은 학습자들이 실제로 학습자료실에 올린 것이다.

1) 고양이처럼 신문이나 텔레비전, 인터넷에 난 광고를 보고 응모를 할 생각이 있습니까? 있다면 어떠한 부분에 응모를 하고 싶은지 말해보세요.

   したいです. ショピング後もらうレシートで景品をもらえる応募したいです.

2) 혹시 예전에 신문, 텔레비전, 인터넷 등을 보고 응모를 한 적이 있습니까? 있다면 무슨 응모를 했는지, 그 결과는 어떠했는지 구체적으로 말해보세요.

   スマホ - 体験談に応募したことがあります. 人が集まって

体験談にならなかった.

3) 리본이 없을 때 여러분은 오리에게 리본을 빌리겠습니까? 혹은 직접 구매하겠습니까? 구매를 한다면 어디에서 구매를 하겠습니까?

直接に買います. 近くのマートで買います.

4) 오리에게 빌린 리본을 잃어버렸을 때 당신이라면 그 오리에게 어떻게 말을 하겠습니까?

いちようすみませんと言った後もっとよいリボンを買ってあげるようにします.

5) 오리가 취한 행동에 대해 어떻게 생각하는지 말해보세요.

ご褒美の金額がわかってリボンの値段を言ったのならずるいと思います. そうじゃなくて本当のリボンの値段が1円50銭なら仕方ないと思います.

6) 당신이 고양이라면 오리의 행동에 대해 어떻게 말하겠습니까?

猫さんがリボンを失くしたが, 猫のお金を全部もらったのはやりすぎだと思います.

7) 오리에게 돈을 갚은 고양이의 행동에 대해 찬성 또는 반대하는 이유를 조별로 토론하고 그 토론 결과를 적어봅시다.

猫さんが失くしたから当然お金を支払うべきだと思います. だから賛成します.

마지막으로 ⑥에서는 각 작품명을 인터넷에서 검색하여 자신이 흥미를 느끼는 텍스트나 동영상, 이미지를 가지고 와서 일본어로 5분 이내에 발표를 하도록 하였다. 예를 들어「泣いているお猫さん」이라는 제목을 인터넷에서 검색하여 그 내용을 일본어로 발표를 한 학습자들은 정보검색, 문화 지식, 읽기, 말하기 능력 등의 다기능이 복합적으로 되었을 것으로 생각된다. 또한 다기능의 복합적인 향상이 이루어질 수 있도록, 부록에 신문, 뉴스, 잡지, 낭독, 영상 드라마, 일본 영화 제목과 사이트 주소를 제시하고 발표를 맡은 조원들이 사이트에 들어가서 자신이 흥미를 느끼는 제목과 글을 읽고 내용을 일본어로 발표를 하도록 했다.

이 여섯 가지 구성을 취한 본 교재를 통해서 학습자는 자신의 학습조건이나 능력에 따라서 원하는 시간에, 원하는 곳에서, 자신이 듣고 싶은 만큼 학습을 할 수 있으므로 학습자들은 구성주의, 자기주도학습, 유비쿼터스, 다기능주의의 이념 속에서 자신들의 능력과 학습조건에 맞춰 일본어 실력을 향상시켜 나갔을 것으로 확신한다.

3) 본 교재와 각종 교재와의 관련성

2절에서는 독해교재의 집필에 있어 구성주의, 자기주도학습, 유비쿼터스, 다기능주의적 교육이념 등이 충실히 구현되어야 한다는 점을 강조하였다. 그리고 독해교재가 다기능주의에 입각하여 듣기 - 말하기 - 쓰기 - 읽기 - 일본문화의 이해 - 인터넷 검색 능력이 아울러 발휘될 수 있도록 집필되어야 한다고도 하였다. 이와 마찬가지로 본 저자는 독해교재 역시 다양한 기능을 지닌 교재와 기능적 연결을 염두에 두고 집필이 되어야 한다고 생각한다.

일본어교육에서는 교재를 학습자들이 학습해야 할 내용을 구체적으로 명시한 것으로 정의하고 있다. 교재로 교과서를 비롯하여, 모듈형교재, 생교재, 테이프교재, 비디오교재와 DVD교재, CAI교재, 멀티미디어교재, 문자카드, 오십음도, 실물교재, 그림교재 · 사진교재, OHP, 슬라이드, 롤카드, 칠판 · 화이트보드, 노래교재 등을 일반적으로 들 수 있다. 교과서는 학습자의 학습목적을 최대한 반영하여 제작된 것이다. 모듈형교재는 교재를 구성하는 각 단원들이 내용적으로 서로 연계되지 않도록 해서 제작된 것이다. 생교재는 일본에서 발행되는(된) 신문 서적, 뉴스, 드라마, 전단지 등과 같이 일본의 일상생활에서 사용된 것을 일본어교육에 활용한 것이다. 테이프교재는 표준 일본어 발음을 테이프에 수록하여 학습자들이 청취할 수 있도록 한 것이며, 비디오교재와 DVD교재는 일본어 음성과 화면을 학습자들이 직접 시청하면서 일본어를 학습할 수 있도록 한 것이다. CAI교재는 학습자들이 컴퓨터를 이용하여 일본어 학습을 하도록 한 것이다. 멀티미디어 교재는 복수의 미디어를 통해 일본어 학습자들이 일본어 능력을 향상시킬 수 있도록 한 교재이다. 문자카드는 오십음도나 한자 등이 들어간 카드로 일본어를 학습할 수 있도록 한 것이다. 오십음도는 히라가나와 가타카나가 들어간 것을 포스터의 형식으로 교실 뒷면이나 앞면에 붙여 학습자들이 수시로 학습할 수 있도록 한 것이다. 실물교재는 교사가 어떤 단어의 의미를 학습자들이 잘 이해할 수 있도록 하기 위해 준비한 실물을 말한다. 그림교재·사진교재는 학습자에게 학습내용을 전달하기 위해 그림이나 사진을 제시한 것을 말한다. OHP는 학습내용을 투명한 시트에 담아 학습자들이 학습할 수 있도록 한 것이다. 슬라이드는 예를 들어 사진을 학습자들에게 연속적으로 제시하여 대상과 단어와의 관계를 시각적으로 포착할 수 있도록 하기 위한 것이다. 롤카드는 학습자의 학습내용을 적은 카드를 말한다. 칠판·화이트보드는 학습자들이 학습해야 할 내용을 일정 크기의 공간에 제시한 것이다. 노래교재는 노래를 통해 학습자들의 4기능(듣기-말하기-읽기-쓰기) 능력을 향상시키는 것이다. 이상이 일반적으로 거론되는 교재의 종류인데, 이들 교재는 모두 학습자들이 학습해야 할 내용을 구체적으로 명시하였다는 점에서 공통점을 지닌다.*

우선 본 교재와 교과서와의 관계이다. 교과서에는 교수항목,

* 천호재(2012: 52-74)에서 인용하였다.

문법항목, 언어 4기능, 문형연습, 연습문제, 기계드릴, 의미드릴, 삽화, 문화 학습 항목, 본문 등이 들어가야 한다. 본 교재에는 언어 4기능, 연습문제, 문화 학습 항목, 본문 등이 들어가 있으므로 교과서와 밀접한 관계를 지닌다고 할 수 있다.

둘째, 본 교재는 이미 언급한 바와 12장으로 구성되어 있다. 각 장은 전혀 다른 작품이므로 고로 각 장은 각각 독립적이라고 할 수 있다. 학습자의 학습조건이나 흥미에 따라 1→12의 순서로, 또는 12→1의 순서로, 혹은 학습자가 임의로 순서를 정해서 학습을 할 수 있기 때문에 본 교재는 모듈형교재와 관련이 깊다.

셋째, 본 교재의 텍스트는 일본어교육용으로 만들어진 것이 아니라, 일본문학을 좋아하는 일본의 일반 청취자를 대상으로 해서 제작된 것이므로 본 교재는 생교재와도 밀접한 관계가 있다. 그리고 본 교재는 성우의 음성이 들어간 본문을 핸드폰이나 컴퓨터를 통해 랜덤으로 자신의 형편(능력, 학습조건)에 맞춰서 임의로 반복 청취할 수 있기 때문에 테이프교재, 비디오교재, DVD교재, CAI교재, 멀티미디어교재와도 밀접한 관계가 있다.

마지막으로 본 교재의 본문을 구성하는 단어를 통해 다양한 검색이 가능한데, 예를 들어 일본의 고양이나 오리 그림이나 사진을 학습자들에게 제시할 수 있으므로 본 교재는 그림교재와 사진교재와도 관련을 지닌다. 또한 본 교재로 교실활동을 하면서 교사가 대형화면에 한자 한자 글자를 입력하여 학습자들에게 제시할 수 있으므로 칠판 및 화이트보드의 기능을 간접적으로 수행할 수도 있다. 또한 본 교재에 나오는 표현, 예를 들어

「それから」를 입력하면, 이 제목으로 된 노래를 링크해서 들려주거나 혹은 가사를 파워포인트의 형식으로 보여주면, 비록 간접적이긴 하지만 본 교재는 노래교재로서의 기능도 충분히 완수할 수도 있다. 또한 본 교재의 본문은 여러 성우들의 대사로 이루어져 있으므로 학습자들에게 배역을 롤카드로 제시할 수 있다. 따라서 본 교재는 롤카드의 기능도 발휘할 수 있다. 그리고 본 교재와 관련된 내용과 사진을 파워포인트로 연속적으로 제시할 수 있으므로, 본 교재는 슬라이드로서의 기능도 충분히 완수할 수 있다. 또 예를 들어 「浴衣」 실물을 학습자에게 보여주면 본 교재는 간접적으로 실물교재로서의 역할도 수행할 수 있으며, 스캔을 하는 방식으로 본 교재와 관련된 내용을 OHP와 같이 활용할 수도 있다.

4. 설문조사의 실시 및 결과

그러면 이 절에서는 설문조사 결과를 통해서, 본 저자가 집필한 교재와 그 교재를 이용한 교실활동이 학습자들로부터 어떠한 평가를 받았는지, 금후 개선해야 할 점은 무엇인지에 대해 살펴보기로 한다.

1) 설문조사의 개요

본 저자가 집필한 교재를 주 교재로 채택하여 1학기(20○○학년도 ○학기) 동안 운용한 뒤 학습자들의 반응을 파악하기 위해 설문조사를 실시하였다.

설문조사는 20OO학년도 제O학기 종강일에 이루어졌다. 설문조사 지역은 본 저자가 근무하는 K대학교이며, 설문조사 대상은 일본어문학과 ○, ○학년 학생들이다. 유효 답안을 제출한 학습자는 32명이었다. 설문 방법은 5지 선다형(매우 그렇다-그렇다-보통이다-아니다-전혀 아니다) 중, 하나를 선택하는 방법을 취했다. 설문문항은 아오키사키 노카(青木崎野加, 2017:91)가 만든 것을 그대로 가져온 것임을 미리 언급해 둔다.

2) 설문결과

이하에서는 언어 4기능 능력 관련 설문결과, 발음·문법·어휘·커뮤니케이션 관련 설문결과, 기타, 느낀 점으로 나누어서 살펴보기로 한다. 우선 첫째로 언어 4기능 관련 설문결과부터 보도록 하자.

〈표 1〉 언어 4기능 관련 설문결과

No	설문 내용	(매우) 그렇다	보통이다	(전혀) 아니다
2	읽기(독해) 능력 향상에 도움이 되었다.	97%	3%	0%
3	쓰기 능력 향상에 도움이 되었다.	34%	47%	19%
4	말하기 능력 향상에 도움이 되었다.	66%	34%	0%
5	듣기 능력 향상에 도움이 되었다.*	91%	9%	0%

〈표 1〉을 보면 97%의 학습자가 읽기(독해)기능이 향상되었으며, 91%의 학습자가 듣기기능이 향상되었다고 대답한 것을 알 수 있다. 말하기기능이 향상되었다고 대답한 학습자가 66%, 쓰기기능에 도움이 되었다고 대답한 학습자가 34%로 나타났다. 본 교재가 읽기(독해)기능, 듣기기능 향상에는 기여하는 바가 크다는 판정을 받았지만, 쓰기와 말하기기능에는 다소 미흡하다는 판정을 받았다고 할 수 있다. 따라서 앞으로 학습자들의 쓰기기능과 말하기기능의 향상까지도 충분히 고려한 교재 설계나 교실활동을 모색할 필요가 있다고 하겠다.

* 이러한 설문 대답이 나온 것은 Paul Chance(2015:49)의 시각으로 말하면 본 교재의 텍스트를 유비쿼터스화함으로써 학습자들이 시공의 제약을 거의 받지 않고 자신이 원하는 곳에서 자신이 원하는 시간에 반복해서 청취함으로써 결과적으로 듣기의 강도가 증가한 것으로 생각된다.

둘째, 발음, 문법, 어휘, 커뮤니케이션에 관련한 설문결과를 제시하면 〈표2〉와 같다.

〈표 2〉 발음, 문법, 어휘, 커뮤니케이션 관련 설문결과

No	설문내용	(매우) 그렇다	보통이다	(전혀) 아니다
6	발음 교정에 도움이 되었다.	84%	16%	0%
7	문법 능력 향상에 도움이 되었다.	38%	56%	6%
8	어휘 구사 능력 향상에 도움이 되었다.	72%	28%	0%
10	일본어 커뮤니케이션에 자신감을 가지게 되었다.	47%	53%	0%

〈표 2〉를 보면 본 저자가 집필한 교재가 발음 교정에 도움이 되었다고 대답한 학습자가 84%에 달한 것을 알 수 있다. 어휘 구사 능력 향상에 도움이 되었다고 대답한 학습자는 72%에 달했다. 그러나 문법 능력이나 커뮤니케이션에 자신감을 가지게 되었다고 대답한 학습자가 각각 38%, 47%로 과반수에 미치지 못함에 따라 본 교재의 한계가 드러난 것을 확인할 수 있다. 앞으로 문법 능력과 커뮤니케이션 능력을 신장할 수 있는 나름의 합리적인 교재 설계와 교실활동이 필요하다고 생각된다.

셋째, 기타 능력 관련 설문결과를 제시하면 〈표3〉과 같다.

〈표 3〉 기타 능력 관련 설문결과

No	설문 내용	(매우) 그렇다	보통이다	(전혀) 아니다
11	창의력을 키울 수 있었다.	44%	44%	12%
12	정보 검색 능력이 향상되었다.	72%	22%	6%
13	발표 능력이 향상되었다.	81%	19%	0%
1	본 수업을 통해 전체적으로 일본어 능력이 향상되었다.	84%	16%	0%

〈표 3〉을 보면 창의력을 제외하고는 정보검색 능력, 발표 능력, 전체적인 일본어 능력 향상에 본 교재가 크게 이바지하였다는 것을 알 수 있다. 즉 본 교재에서 표방한 다기능주의(듣기, 말하기, 읽기, 쓰기, 정보 검색, 문화 이해)가 학습자들의 발음 능력, 어휘 구사 능력, 발표 능력의 향상이라는, 예기치 않은 기능까지 향상시켰다는 점이다.

마지막으로 기타 설문결과를 표로 제시하면 〈표4〉와 같다. 〈표 4〉는 본 저자가 제작한 교재가 학습자들에게 장래에 하고 싶은 일이 무엇인지에 대한 영감을 주기에는 미약하지만, 본 교재가 일본어 학습에 흥미를 유발한 것만큼은 분명해 보인다.

〈표 4〉 기타 설문 결과

No	설문 내용	(매우) 그렇다	보통이다	(전혀) 아니다
9	일본어 학습에 흥미를 가지게 되었다.	75%	21%	3%
14	장래에 하고 싶은 일이 무엇인지 생각할 시간이 되었다.	28%	53%	19%

본 수업을 통해 느낀 점(좋았던 점, 힘들었던 점)을 제시하면 다음과 같다.

〈좋았던 점〉

- 일본인 성우가 직접 들려주는 자료를 활용한 수업이라서 지루하지 않았으며 듣기 능력이 향상되었습니다.
- 말하기 능력이 많이 향상되었습니다.
- 말하기, 듣기, 읽기 능력, 영상을 한 번에 공부하고 볼 수 있었던 실용적인 수업이었습니다.
- 제가 좋아하는 여러 소설을 접할 수 있어 좋았습니다.
- 교과서가 아닌 소설 등에서 사용되는 단어를 알게 되어 좋았습니다.
- 발표자들마다 발표하는 게 다 달라서 재미있게 듣고 본문을 눈으로

같이 따라 읽을 수 있었습니다.

- 발표를 통해 다양한 정보를 얻을 수 있었습니다.
- 어휘의 난이도나 한자의 어려움은 때로는 번역의 난이도와 크게 상관이 없을 수도 있다고 생각했습니다.
- 연극 톤의 캐릭터 말투가 조금 오글거리기는 했지만 머릿속에 많이 남았고 입에도 붙어서 가끔 머릿속에 내용이 떠올랐습니다. 다이나믹한 여러 이야기도 재미있게 들었습니다.
- 수업의 목적이 뚜렷하고 알기 쉬운 수업 방식이 좋았습니다.
- 본문 내용이 재미있어 따라 읽기도 즐거웠습니다.
- 수업이 타이트하지 않아서 즐기면서 소통하며 수업할 수 있어서 좋았습니다.

〈힘들었던 점〉

- 관련 자료 부분에 본문 제목과 동음이의어일 뿐이고 직접적으로 관련 있는 자료가 조금 부족한 것 같아 개선 부탁드려요.
- 처음 보는 단어와 일상생활에서 쓰일 것 같지 않은 단어를 외울 필요가 있나 싶습니다.
- 어려운 어휘가 나오지 않더라도 이야기의 맥락이나 의성어/의태어, 등장인물의 말투에 따라 한국어로의 번역에 꽤 큰 어려움이 따랐습니다.
- 생각보다 발표 부담이 컸습니다.
- 일본어 회화 시간이 적어서 아쉬웠습니다.
- 서로 의견을 공유하는 시간이 많았으면 좋았을 것입니다.

설문문항이 아닌 자유문항으로 얻은 학습자들의 의견은 교재 집필자가 미처 인식하지 못한 문제점을 알려주기 때문에 향후의 교재 설계에 크게 도움이 될 것으로 생각한다.

5. 마치며

본 장에서는 구성주의, 자기주도학습, 유비쿼터스와 다기능주의 등의 이념으로 교재를 집필해야 한다는 점을 강조하였다. 이들 이념들이 필요한 이유는 21세기 교육의 주체가 교사 중심에서 학습자 중심으로 이행되는 것, 제4차 산업혁명의 시대의 디지털 환경과 결코 무관하지 않기 때문이다.

본 장에서 논의한 내용을 요약하면 다음과 같다. 우선 첫째, 교재 집필자는 구성주의에 입각하여 학습자들의 능력이나 학습조건이 다양하므로 학습자들이 자신의 학습조건에 맞게 동일한 교과 내용을 임의로 구성해서 교실활동을 할 수 있도록 교재를 집필하여야 한다. 둘째, 교재 집필자는 교실에서, 또는 교실 외의 공간에서 학습자들이 자기주도학습을 할 수 있도록 교재를 집필해야 한다. 셋째, 교재 집필자는 유비쿼터스라는 이념에 입각하여 학습자가 교과의 내용을 자신이 원하는 시간에, 원하는 곳에서 주도적으로 학습할 수 있도록 교재를 집필해야 한다. 넷째, 교재 집필자는 이들 이념과 더불어 학습자들이 듣기 - 읽기 - 말하기 - 쓰기 - 인터넷 검색 - 문화의 이해와 같은 다기능 향상을 염두에 두고 교재를 집필해야 한다. 마지막으로 교재 집필자는 다양한 교재의 기능을 충족시킬 수 있어야 하며, 일정 기간 동안 학습을 끝낸 학습자들로부터 평가를 받아 늘 개선책을 수립하고 반영할 수 있도록 유념하여야 한다.

제2장 일본어 중급 독해교재의 운용과 실제

1. 시작하며

제1장에서는 일본어 독해교재를 집필하는 데에 있어 구성주의, 자기주도학습, 유비쿼터스, 다기능주의 등의 이념이 반영되어야 한다는 점, 이들 이념들을 구현함으로써 제4차 산업혁명의 시대에 걸맞은 학습이 가능하다는 점을 역설하였다.

이에 본 장에서는 제1장에서 내린 결론의 타당성을 검증하기 위해 본 저자가 집필한 다른 일본어 중급 독해교재의 집필 과정과 운용 결과를 살펴보고자 한다. 구체적으로 언급하면 제1장에서 언급한 바와 같이 다른 독해교재에도 구성주의, 자기주도학습, 유비쿼터스, 다기능주의 등의 이념이 반영되었는지, 그 교재를 채택한 실제의 교실활동, 본 교재를 채택하기 전과 채택한 후의 강의평가를 제시하여 유의미한 변화가 나타났는지를 살펴보고자 한다.

2. 수업 교재의 개요

본 장에서 고찰한 대상은 [천호재(2017) 라디오 명작 드라마로 배우는 일본어, 역락]이라는 중급 독해교재이다. 전공자들을 대상으로 하는 수업인데 이 교재에 구성주의, 자기주도학습, 유비쿼터스, 다기능주의가 구체적으로 어떠한 방식으로 구현되었는가를 언급하기 전에 간략하게나마 이 교재가 집필된 경위부터 언급하고자 한다.

제1장에서 언급한 바와 같이 일본 원어민이 아닌 사람이 일본어 텍스트를 작성하기란 쉬운 일이 아니다. 그리고 기존에 출판된 텍스트를 가지고 독해교재를 집필하고자 할 경우, 저작권 문제가 발생하므로 이 문제를 원만하게 해결할 필요가 있다. 그러나 저작권 문제를 원만하게 해결하기란 결코 쉬운 일이 아니다. 저작권 문제 해결에 매달리다 보면 결과적으로 교재 집필이 늦어지거나 교재 집필을 체념할 수밖에 없을 가능성이 크기 때문이다.

제1장에서 이미 언급한 바와 같이 본 저자는 구성주의, 자기주도학습, 유비쿼터스, 다기능주의의 구현을 염두에 둔 교재 집필을 지향하고 있었기 때문에 기존의 오프라인에 기반한 텍스트는 저자의 관심 밖에 있었다고 할 수 있다. 오프라인에 기반

한 텍스트로는 유비쿼터스를 구현할 수 없기 때문이다.

제1장에서 언급한 바와 같이 본 교재도「きくどら/kikudora」사이트에 들어 있는 라디오 드라마(일본문학 드라마) 12편을 녹취해서 집필하였다. 당연히 해당 사이트를 운영하는 대표이사 金原隆史(긴파라 다카후미) 씨로부터 승인을 얻었다. 본 교재는 독해 교재이기는 하지만 다기능주의의 구현이라는 슬로건에 걸맞게 듣기기능, 말하기기능, 쓰기기능의 향상도 염두에 두고 집필한 것이다.

1) 선정 작품의 줄거리 소개

앞에서 언급한 바와 같이 본 교재에는「きくどら/kikudora」사이트에 들어 있는 라디오 드라마(일본문학·해외문학 드라마) 12편이 들어가 있다. 제목과 작가를 제시하면 다음과 같으며,「きくどら/kikudora」사이트에서 제시하는 원문은 원작을 상당 부분 각색한 것이다.

(1)「松山鏡(昔話)」

(2)「女生徒(太宰治作)」

(3)「よだかの星(宮沢賢治作)」

(4)「手袋を買いに(新美南吉作)」

(5)「星の王子さま(サンテグジュペリ作)」

(6)「どんぐりと山猫(宮沢賢治作)」

(7)「小公女(フランシス・エリザ・バーネット作)」

(8)「こころ(夏目漱石作)」

(9)「漱石先生と私(中勘助作)」

(10)「野菊の墓(伊藤左千夫作)」

(11)「トロッコ(芥川龍之介作)」

(12)「駆け込み訴え(太宰治作)」

「松山鏡(昔話)」는 거울의 존재를 모르는 옛날사람들이 난생 처음 거울을 보면서 겪는 웃지못할 에피소드를 그린 작품이다. 「女生徒(太宰治作)」는 여학생의 고등학교 생활을 그린 작품인데, 여학생의 복잡 미묘한 심경이 잘 노출되어 있다. 「よだかの星(宮沢賢治作)」는 자존감이 낮은 주인공이 열심히 노력하여 아름다운 별이 되는 과정을 그린 작품이다. 「手袋を買いに(新美南吉作)」는 엄마여우와 아기여우와의 에피소드를 통해서 인간에 대한 불신을 해소하는 과정을 그린 작품이다. 「星の王子さま(サンテグジュペリ作)」는 어린왕자가 자신의 작은 행성에 핀 장미와의 에피소드를 통해 중요한 것은 눈에 보이지 않으며 마음으로만 볼 수 있다는 메시지를 전달하고 있다. 「どんぐりと山猫(宮沢賢治作)」는 인간들의 우열의식의 덧없음을 우화의 방식으로 전달한 작품이다. 「小公女(フランシス・エリザ・バーネット作)」는 원래 유복한 가정에 태어났으나 가세가 기울어 극도의 가난한 삶을 보내면서 겪는 한 소녀의 경험을 잘 전달한 작품이다. 「こころ(夏目漱石作)」는 인간에 대한 불신에서 헤어나지 못하는 지식인의 절규를 처절하게 그린 작품이다. 「漱石先生と私(中勘助作)」는 근대문학의 거장인 나쓰메 소세키의 추억을 그린 작품이다. 「野菊の墓(伊藤左千夫作)」는 남녀 간의 순수한 사랑이 결국 파국으로 이어지는 애잔하면서도 수채화 같은 아름다운 사랑을 그린 작품이다. 「トロッコ(芥川龍之介作)」는 어린 시절 주인공이 겪었던 무서웠던 경험을 생동감 있게, 사실적으로 잘 그려낸 작품이다. 「駆け込み訴え(太宰治作)」는 예수님을 은화 50냥에 팔아넘긴 유다의 고뇌를 풍부한 상상력으로 그려낸 작품이다.

2) 본 교재의 구성

본 교재는 각과마다 다음과 같은 구성을 따라 집필되었다.

◎ 아래의 문장을 들으면서 모르는 (혹은 아는) 단어를 체크해 봅시다.

○ 본문에 나오는 문화어를 인터넷에서 검색합시다.

○ 포즈 표시에 유의하면서 본문을 읽고 번역합시다.

줄거리를 파악합시다.
아래의 단어(연어)에 해당하는 히라가나와 그 뜻을 써 봅시다.
본문에 나오는 문법을 이해합시다.
본문 내용에 관련된 일본어 질문에 일본어로 대답합시다.
어법에 맞춰 단어(어구)를 정확하게 재배열한 뒤 번역을 하세요.
빈칸 안에 문장 순서를 표시하는 번호를 붙여 봅시다.
빈칸에 문단 순서를 표시하는 번호를 붙여 봅시다.

일본어로 토론을 하고 독후감을 적어봅시다.

이하의 절에서는 위에 제시한 순서로 이들 구성들에서 구성주의, 자기주도학습, 유비쿼터스, 다기능주의가 어떻게 구현되는지를 논의하고자 한다.

3. 아래의 문장을 들으면서 모르는(혹은 아는) 단어를 체크해 봅시다

우선 줄거리를 통해 본문 내용을 어느 정도 파악한 학습자들에게 아래의 문장을 들려준다.

> 松山鏡. 昔, 越後に松山村という, 鏡というものを全く知らない村があったそうです. そこに庄助という大変親孝行な男がいて, 18年前に亡くなった父親のお墓参りを毎日毎日欠かしたことがなかったそうです. -이하 생략-
>
> cf. 천호재(2017:14)에서 인용함

학습자들은 줄거리를 통해 본문 내용을 어느 정도 이해한 다음, 위의 텍스트가 들어간 본문을 보면서 듣는다. 의미를 세세하게 되새기려는 노력없이 단순히 듣기만 한다. 들으면서 아는 단어가 있는지를 체크하도록 한다. 1차적으로 듣기기능의 향상을 도모하기 위해 만들어진 코너인데 학습자들은 본 수업에서 저마다 자신들의 학습조건에 따라 본문을 청취했을 것으로 생각한다. 학습자들이 자신들의 학습조건을 고려하여 시공간의 제약을 거의 받지 않고 청취를 했을 것이므로 구성주의, 자기주도학습, 유비쿼터스의 이념이 실천될 것으로 생각된다.

○본문에 나오는 문화어를 인터넷에서 검색합시다.
○포즈 표시에 유의하면서 본문을 읽고 번역합시다.

본문에 나오는 문화어를 인터넷에서 검색하여 이미지 파일 또는 동영상으로 다른 학습자들에게 전달하므로 일본문화의 이해와 인터넷 검색기능이 향상되었을 것으로 기대된다. 그리고 포즈 표시(/)에 유의하면서 읽도록 하였기 때문에 학습자들의 읽기기능이 강화되었을 것으로 기대한다.

松山鏡. 昔, 越後に/松山村という, 鏡というものを全く知らない村が/あったそうです. そこに/庄助という/大変親孝行な男がいて, 18年前に亡くなった父親のお墓参りを/毎日毎日/欠かしたことがなかったそうです.

-이하 생략-

cf. 천호재(2017:14)에서 인용함

4. 줄거리를 파악합시다

「줄거리를 파악합시다」는 예를 들어 1과의 본문 내용을 본격적으로 독해를 하기 전에 한국어로 미리 파악함으로써 학습자들의 학습 불안을 미연에 방지하고 심적 여유를 가지고 본문 내용의 이해에 들어가게 하는 데에 그 목적이 있다. 아래의 문장은 「松山鏡」의 줄거리이다.

> 옛날옛날에 거울을 모르는 마을이 있었다. 그 마을에는 쇼스케라는 사람이 살았는데 18년 전에 돌아가신 아버지 무덤에 매일 성묘를 갔다. 그 소문이 영주님 귀에까지 들어갔는데 이를 기특하게 여긴 영주님은 쇼스케에게 원하는 선물을 주겠다고 한다. 쇼스케는 처음엔 선물이 필요 없다고 했지만, 성화에 못 이겨 아버지를 살려 보내달라고 한다. 이에 당황한 영주님의 부하들은 궁리 끝에 거울을 준다. 거울을 보면 아버지의 모습이 보일 거라는 말을 남기며 떠나간다.
>
> cf. 천호재(2017:18)에서 인용함

5. 아래의 단어(연어)에 해당하는 히라가나와 그 뜻을 써 봅시다

본 저자는 아래의 표에서 보듯 일본어 단어(연어)를 제시하고 학습자들이 히라가나와 뜻을 쓰도록 하였다. 그다음으로 수업

종료 10분 전에 아래의 단어를 보여주고 다시 히라가나와 의미를 쓰도록 하였다. 쓰는 연습과 병행하여 경우에 따라서는 읽고 뜻을 말하도록 하는 방식으로 교실활동(개인별, 조별)을 하기도 하였다. 이러한 교실활동은 경우에 따라 게임의 방식으로 진행을 할 수도 있다. 어떠한 방식을 취하느냐에 따라 쓰기와 읽기 연습이 기대되는 부분이라고 할 수 있다. 교재에는 단어만 제시되어 있으며 히라가나와 뜻은 공란으로 되어 있다.

단어	히라가나	뜻
墓参り	はかまいり	성묘
評判	ひょうばん	평판
感心	かんしん	감탄
褒美	ほうび	포상
家来	けらい	부하

cf. 천호재(2017:19)에서 인용함

6. 본문에 나오는 문법을 이해합시다

본 교재는 초급일본어 과목을 이수한 학습자들을 대상으로 집필된 교재인데, 초급일본어 과목을 이수한 학습자들의 문법 지식의 환기를 위해 본문에 나오는 텍스트 일부를 아래와 같이 제시하고 발표자들이 해당 텍스트 문장구조를 파악하고 번역을 하도록 하였다. 교재 원문에는 구조와 번역 부분이 공란으로 되어 있다.

① お墓参りを毎日毎日欠かしたことがなかったそうです.
구조 欠かす + こと + が + ない + た + そう + です.
번역 매일 매일 성묘를 거른 적이 없었다고 합니다.

② 知恵をしぼったあげく, 一計を案じたのであります.
구조 知恵をしぼる + た + あげく
번역 지혜를 짜낸 끝에 하나의 묘책을 생각해 냈습니다.

③ つづらの中には1枚の大きな鏡が収められていたのです.
구조 収める + られる + ている + た + の + です
번역 옷고리짝 속에는 한 개의 커다란 거울이 들어 있었습니다.

cf. 천호재(2017:22-23)에서 인용함

7. 본문 내용에 관련된 일본어 질문에 일본어로 대답합시다

조 발표가 끝나고 다시 본문을 들려주며 본문 내용을 학습자들이 숙지할 수 있도록 하였다. 그다음으로 본 교재에서는 본문 내용에 관련된 일본어 질문을 제시하였다. 본 저자는 학생들에게 본문 내용에 관련된 내용을 대답을 하거나 쓰도록 하였다.

8. 어법에 맞춰 단어(어구)를 정확하게 재배열한 뒤 번역을 하세요

학습자들의 문법 능력이 좀 더 향상되도록 하기 위해 본문의 텍스트 일부를 흩트려 제시하면 학습자들이 그 문장을 보고 원래대로 복구하는 과정을 거치도록 하였다. 이 부분은 학습자들로 하여금 고도의 집중력을 요구하는데 생각보다 학습자들이 많이 힘들어하는 모습을 보였다. 또한 단어들을 재배치하고 번역을 한다는 점에서 읽기(독해)능력이 강화될 것으로 기대하고 있다. 본 교재에는 배치, 번역 부분이 공란으로 되어 있다.

① 知らない　村が　越後に　あった　鏡というものを　松村という，そうです．昔，全く

배치 昔，越後に松村という，鏡というものを全く知らない村があったそうです．

번역 옛날 에치고에 마쓰무라라는, 거울이라는 것을 전혀 모르는 마을이 있었다고 합니다.

② 一枚の　収められて　大きな鏡が　中には　いたのです．

つづらの

배치 つづらの中には1枚の大きな鏡が収められていたのです.

번역 옷고리짝 안에는 1개의 큰 거울이 들어 있었습니다.

cf. 천호재(2017:14-15)에서 인용함

9. 빈칸 안에 문장 순서를 표시하는 번호를 붙여 봅시다

본 교재에서는 학습자들의 독해능력을 심화시키기 위해서 아래에 보는 것처럼 원래 본문에 제시된 문장 순서를 흩트려 나열하였다. 학습자들은 문장 하나하나를 읽고 그 시간적 전후의 맥락을 이해하고 아래의 동그라미 안에 문장 번호를 먼저 나온 순서로 기입하면 된다. 이 과정을 충실히 수행한 학습자들은 문장과 문장 사이의 시간차에서 비롯되는 인과관계를 이해함으로써 스토리라인을 구성하는 문장의 흐름을 충실히 파악할 수 있을 것으로 기대된다.

○ - ○ - ○ - ○ - ○ - ○ - ○ - ○ - ○

① しかし大きな口を聞いた手前，いまさらそればっかりはでき

ぬとは言えません.

② そこで家来たちは集まって知恵をしぼったあげく，一計を案じたのであります.

③「はーい，45でした」

④「こーれ，庄助. お前の父親はいくつで亡くなった?」

⑤「は，はい. 43になります.」

⑥「そうか，してお前は今いくつじゃ.」

⑦「はい. 父親そっくりだとみんなに言われます.」

⑧「ところでお前は父親似か. どうじゃ?」

cf. 천호재(2017:29)에서 인용함

10. 빈칸에 문단 순서를 표시하는 번호를 붙여 봅시다

아래의 단락들은 교재 본문의 일부로 본문에 제시된 단락의 번호를 먼저 나온 순서로 괄호 안에 기입하는 것이다. 9절이 문장 단위의 읽기 능력을 도모함과 동시에 복수의 문장의 시간적 전후 관계를 읽어내는 능력을 도모한 것이라면, 10절은 학습자들이 문장 단위보다 큰, 문단 읽기 능력과 복수의 문단 배열에서 나타나는 시간적 전후 관계를 파악하도록 하기 위해 개설한 코너이다.

(　　　　)－(　　　　)－(　　　　)－(　　　　)

1)　松山鏡. 昔, 越後に松山村という, 鏡というものを全く知らない村があったそうです. そこに庄助という大変親孝行な男がいて, 18年前に亡くなった父親のお墓参りを毎日毎日欠かしたことがなかったそうです.

2)　「何を言う?殿の力でできぬことなどはない. 必ず望みをかなえてつかわすから, 申してみよ」「あ, そうでございますか. それじゃ申しますが, 死んだ親父を生き返らせてください」これには家来も慌てました.

3)　しかし大きな口をきいた手前, いまさらそればっかりはできぬとは言えません. そこで家来たちは集まって, 知恵をしぼったあげく, 一計を案じたのであります. 「こーれ, 庄助. お前の父親はいくつで亡くなった?」「はーい, 45でした」「そうか, してお前は今いくつじゃ」「は, はい. 43になります」「ところでお前は父親似か. どうじゃ?」「はい, 親父そっくりじゃとみんなに言われます.」

4)　その評判が殿さまの耳に入り, 「感心な者である. 呼び出して褒美をとらせよう」「汝の孝行に殿が大変喜んでおられ, 褒美をくださるそうじゃ. なんなりと望みのものを申してみよ」「へえ, ありがとうございます. 私にはこれといってほしいものとてありませんが, 一つだけかなえてほしい願いがあります. しかし, これぱっかりはいかにお殿様でもできぬそうだんでございますから…」

cf. 천호재(2017:30-31)에서 인용함

마지막으로 일본어로 토론을 하고 독후감을 적는 교실활동은 하지 않았는데 그 이유는 이러한 교실활동을 수행할 시간적 여유가 없었기 때문이다. 그러나 일본어로 토론을 함으로써 말하기 능력을 향상시키고, 독후감을 작성함으로써 쓰기 능력의 극대화를 도모하기 위한 교실활동은 반드시 수행되어야 할 것으로 본다.

이상, 이상 살펴본 바와 같이 본 교재의 구성을 통해 학습조건을 달리 하는 학습자가 교재에 적용된 구성주의, 유비쿼터스, 자기주도학습, 다기능주의의 이념으로 일본어 학습의 극대화가 실현될 여지가 있음을 확인할 수 있었다.

11. 학습자들의 평가

이 절에서는 본 교재를 학습한 일본어 학습자들의 실제 강의 평가를 살펴보고자 한다.

1) 평가의 개요

먼저 강의평가 공개에 들어가기 전에 강의평가의 개요를 간단히 소개한다.「라디오 명작 드라마로 배우는 일본어」교재를 주 교재로 채택하여 1학기 동안 운용하였다. 본 교재를 수업교재로 채택한 것은 두 번째인데 평가 결과의 변화를 알기 위해 본 교재를 수업교재로 채택하기 전, 채택 후(1), 채택 후(2)의 평가를 제시하는 방식을 취했다. 강의평가를 시행한 기관은 본 저자가 소속된 대학이다. 평가 방법은 5지 선다형(매우 그렇다(5점)-그렇다(4점)-보통이다(3점)-아니다(2점)-전혀 아니다(1점)) 중에 특정한 부분을 선택하도록 하는 것이다. 결론적으로 말하면 본 교재를 채택하기 전의 강의평가 채택한 후의 강의평가 결과에 차이가 많이 보였다. 평가항목은 다음과 같다.

① 수업은 체계적으로 구성되고 성의 있게 준비되었다.

② 수업은 학생들의 수업 이해 정도를 고려하여 진행하였다.

③ 교과 내용을 명확하게 정리한 자료와 설명이 제공되었다.

④ 예제와 사례를 중심으로 효과적인 연습/토론이 제공되었다.

⑤ 참여와 협력을 유도하는 다양한 학습활동이 제공되었다.

⑥ 교수는 학생들의 질문에 성실하게 응답하였다.

⑦ 학습활동과 과제에 대한 적절한 피드백이 제공되었다.

⑧ 성적평가 기준 및 방식은 객관적이고 합리적으로 제시되었다.

⑨ 교수는 엄정한 수업관리(출결, 휴보강)를 하였다.

⑩ 해당 분야에 대한 이해와 지식 습득에 도움이 되었다.

2) 평가결과(본 교재 채택 전과 채택 후의 비교)

본 교재를 채택하기 전 수업과 채택한 후의 수업에 대한 평가는 개인정보보호 관계로 수치를 넣어서 설명을 하지는 않겠다. 본 교재를 채택하기 전과 채택한 후의 강의평가 결과가 전반적으로 상승하였지만 ①에 대한 평가는 오히려 본 교재를 채택하기 전보다 낮게 나왔다. 이것은 교재의 문제라기보다는 교재를 활용한 교실활동을 미숙하게 운용한 것에서 비롯된 결과가 아닌가 생각한다. ②③④⑤⑥에 대한 평가는 본 교재를 채택한 후의 결과가 훨씬 좋았다. 그 이유로 본 교재가 비교적 교과내용을 명확하게 정리하여 자료와 설명이 제공될 수 있는 방식으로 집필한 점, 다양한 예제와 사례를 중심으로 효과적인 연습·토론이 가능했다는 점, 본 교재의 다기능주의적 구성을 통해 결과적으로 학습자의 참여와 협력을 유도하는 다양한 학습활동이 가능했다는 점이 작용한 것으로 생각된다. ⑥의 평가 결과는 또한 본 교재에 다양한 질문이 제시된 것을 토대로 실제적으로 학생들이 일본어로 질문을 하고 그 질문에 대답을 하는 등의 상호작용을 통해서 수업 참여 분위기가 고조되었기 때문이 아닌가 생각된다. ⑦의 평가결과는 본 교재를 채택하기 전보다 오히려 평가결과가 좋지 못했다. 그러나 이것은 본 교재의 문제라기보다는 학습활동과 과제에 대해 피드백을 철저히 하지 못한 데에서 비롯된 결과가 아닌가 하고 생각된다. ⑧에 대한 평가결과는 성적평가 기준 및 방식에 대한 평가결과이고, ⑨에 대한 평가결과는 양호하였으나 엄정한 수업관리(출결, 휴보강)에 대한 평가결과이므로 본 교재와는 직접적인 관계가 없다고 할 수 있다. 마지막으로 ⑩에 대한 평가결과는 본 교재를 채택한 후가 채택 전보다 훨씬 좋았는데 그것은 본 교재가 본문 텍스트뿐만 아니라 일본문화 이해로의 확장을 염두에 두고 집필한 것에 대한 학습자 나름의 긍정적인 평가가 반영된 결과로 생각한다.

12. 마치며

제2장에서는 제1장에 이어 일본어 중급 독해교재에서 구성주의, 자기주도학습, 유비쿼터스, 다기능주의 등의 이념이 어떻게 반영되었는지, 그 교재를 채택한 실제의 교실활동, 본 교재를 채택하기 전과 채택한 후의 강의평가를 제시하여 어떠한 변화가 나타났는지를 살펴보았다. 그 결과, 본 저자가 집필한 교재의 집필에 있어 구성주의, 자기주도학습, 유비쿼터스, 다기능주의가 충실하게 반영되었다는 사실이 밝혀졌다. 그리고 자기주도학습, 유비쿼터스, 다기능주의적 이념을 통한 학습자들의

교실활동 상황을 설명하였으며, 본 교재를 채택하기 전보다, 본 교재를 채택한 후의 교실활동에 대해 학습자들의 강의평가 결과가 높았다는 점에서 본 저자가 주장하는 교재 집필의 이념이 타당하다는 사실을 확인할 수 있었다.

제3장 일본어 통번역 교재의 운용과 실제

1. 시작하며

본 장에서는 제1장과 제2장에 이어 마지막으로 일본어 통번역서 집필에 있어서도 구성주의, 자기주도학습, 유비쿼터스, 다기능주의 이념 등을 충실히 반영할 필요가 있다는 점을 실제 본 저자가 집필한 교재를 통해서, 그리고 그 교재를 도입한 교실활동과 학습자들의 평가(만족도)를 통해서 구체적으로 살펴보고자 한다.

2. 수업 교재의 개요

본 장에서 고찰하고자 하는 교재는 일본어 통번역 교재로 본 저자(천호재)가 2017년도에 집필한 것이다(「일본어 통번역 기초, 역락 출판사」). 본 교재를 집필하면서도 당연히 구성주의, 자기주도 학습, 유비쿼터스, 다기능주의를 구현하고자 노력하였다. 제1장과 제2장에서도 언급한 것처럼 일본어 모어 화자가 아닌 사람이 일본어 텍스트를 독자적으로 작성하기란 거의 불가능하다고 할 수 있다. 타인이 작성한 일본어 원문을 가지고 독해교재를 집필하고자 할 경우, 당연히 저작권 문제가 발생할 소지가 있다. 저작권 문제를 원만하게 해결하기란 결코 쉽지는 않지만 다양한 노력을 통해 저작권이 해결되면 구성주의, 자기주도학습, 유비쿼터스, 다기능주의 등의 이념이 반영된 교재 집필과 그 교재를 기반으로 한 교실활동이 가능해진다는 점을 강조하고자 한다.* 그리고 일본어 학습에 있어 기존에는 독립된 언어 4기능 영역이 듣기 - 말하기 - 읽기 - 쓰기 - 문화 이해 - 검색 능력으로 보듯 별개의 영역이 아니라 서로 밀접한 관계를 지닌다는 점에서 특정 영역만을 강조하는 교재 집필은 바람직하지 않다는 점을 제1장, 제2장에 이어서도 강조할 것이다.

* 일본어 통번역 교재 역시 「きくどら/kikudora」 사이트에 들어 있는 라디오 드라마(일본문학 드라마) 13편을 우선 녹취하는 방식으로 집필하였다(해당 사이트의 책임자인 金原隆史 대표이사로부터 당연히 승인을 받았다.).

3. 선정 작품의 내용 소개

본 교재에는 모두 13편의 일본문학(해외문학) 작품으로 구체적으로 언급하면 다음과 같은 작품들이 수록되어 있다.

1)「銀河鉄道の夜(宮沢賢治作)」
2)「注文の多い料理店(宮沢賢治作)」
3)「走れメロス(太宰治作)」
4)「赤毛のアン(ルーシー・モード・モンゴメリ作)」
5)「少女地獄(夢野久作)」
6)「それから(夏目漱石作)」
7)「こころ(夏目漱石作)」
8)「風立ちぬ(堀辰雄作)」
9)「初恋(イワン・ツルゲーネフ作)」
10)「舞姫(森鴎外作)」
11)「恩讐の彼方に(菊池寛作)」
12)「杜子春(芥川龍之介作)」
13)「蜘蛛の糸(芥川龍之介作)」

괄호 안의 표기된 이름은 원작자명을 의미한다. 이들 작품은「きくどら/kikudora」사이트 외에 유튜브에서도 시청할 수 있다. 이들 작품은「きくどら」에서 새롭게 각색한 것이다.

「銀河鉄道の夜(宮沢賢治作)」는 주인공이 꿈속에서 친구와 함께

기차를 타고 은하를 여행하는 이야기이다. 이 여행을 통해서 주인공은 인생에 대한 다양한 가치관을 깨닫는다. 「注文の多い料理店(宮沢賢治作)」은 생명의 소중한 가치를 전달하고자 한 작품으로 생명을 가볍게 여기는 두 사냥꾼이 혹독한 시련을 통해 생명의 소중함을 깨닫는다는 이야기를 담고 있다. 「走れメロス(太宰治作)」는 인간 불신이라는 늪에서 헤어나오지 못하는 왕과 인간의 신의를 강조하는 두 젊은이들의 극명한 대립을 통해 왕이 결국 인간에 대한 신뢰심을 회복한다는 이야기를 담고 있다. 「赤毛のアン(ルーシー・モード・モンゴメリ作)」은 험난한 인생 여정을 힘차고 긍정적으로 살아가고자 하는 어린 여주인공의 의지를 그려낸 작품이다. 「少女地獄(夢野久作)」는 여간호사를 통해 헛된 공상, 거짓말이 얼마나 무서운 결과를 낳는지를 극명하게 보여주는 역작으로 평가된다. 「それから(夏目漱石作)」는 지식인의 고고한 이상과 그 이상을 떠받쳐 주지 못하는 비참한 현실과의 괴리를 처절하게 그려낸 작품이다. 「こころ(夏目漱石作)」는 인간 불신의 늪에 빠져 허우적거리는 주인공의 심경을 적나라하게 그려낸 작품이다. 「風立ちぬ(堀辰雄作)」는 사랑하는 연인을 죽음으로 떠나보내고 홀로 남겨져도 좌절하지 않고 열심히 살아가고자 하는 주인공의 결의를 독백의 형식으로 잘 그려낸 작품이다. 「初恋(イワン・ツルゲーネフ作)」는 사랑의 쓴잔을 맛본 젊은 청춘의 좌절과 절규를 잘 그려낸 작품이다. 「舞姫(森鴎外作)」는 댄서였던 한 여인이 사랑하는 남자를 만나 완전한 행복을 누리고자 노력하였지만 끝내 그 꿈을 성취하지 못하고 결국 비극으로 치닫는

잔인한 결말을 드라마틱하게 그려낸 작품이다. 「恩讐の彼方に(菊池寛作)」는 주인공이 과거에 저지른 악업을 떨치고자 몸부림친 한 스님의 고군분투를 그린 작품이다. 「杜子春(芥川龍之介作)」은 정직하고 소박한 삶의 진정한 가치를 깨닫게 되는 과정을 그린 작품이다. 마지막으로 「蜘蛛の糸(芥川龍之介作)」는 살아생전에 온갖 악행을 저지른 지옥 영혼이 극락세계에 올라가고자 몸부림치는 과정을 그린 작품이다.

4. 본 교재의 구성

본 교재는 이미 언급한 바와 같이 일본어 통번역서로 다음과 같은 구성으로 집필되었다.

◇줄거리의 제시

① 먼저 본문을 들어봅시다. 아는 단어(모르는 단어)에 동그라미를 쳐봅시다.

② 아래의 문장을 읽고 번역합시다.

③ 원문을 읽을 때 포즈(/)가 표시된 부분에 유의하며 읽읍시다.

④ 단어 및 연어를 설명합시다.

⑤ 단어와 연어를 불러주면 보지 않고 한국어로 해당 일본어 단어와 연어의 의미를 말해봅시다.

⑥ 한국어로 물으면 해당 일본어 단어를 말해봅시다.

◇번역하기

① 직역하기

② 의역하기

◇통역하기

① 원문을 보면서 한국어로 번역해서 들려주기

② 순차통역하기(1) - 원문 한 문장 듣고 한국어로 통역하기

③ 순차통역하기(2) - 전체 일본어 원문을 듣고 한국어로 통역하기

④ 전체 문장을 동시통역하기

이하의 절에서는 위에서 제시한 순서대로 구성주의, 자기주도학습, 유비쿼터스, 다기능주의가 어떠한 방식으로 구현이 되었는지 학습자들의 교실활동으로 어떠한 사례가 있었는지를 논의하고자 한다.

5. 번역과 통역의 준비 단계 - 줄거리의 제시

본 교재가 통번역서라고 해서 곧바로 통번역으로 들어가는 것은 아니다. 일본어 학습자들이 통번역 스킬을 익히기 위해서는 일정한 준비가 필요하다. 먼저 학습자들이 통번역할 작품 내용을 이해하도록 줄거리를 제시하였다. 줄거리를 미리 파악하

여 원문을 이해하는 것에 대한 심적 불안을 우선 해소하기 위해서이다. 다음은 미야자와 켄지(宮沢賢治)의 「銀河鉄道の夜(은하철도의 밤)」 줄거리이다.

> 미야자와 켄지(宮沢賢治)의 동화작품 중의 하나이다. 언덕 위에서 별을 바라보다 잠이 든 주인공 죠반니가 꿈속에서 친구인 캄파넬라와 기차를 타고 은하를 여행하는 이야기이다. 이 여행을 통해서 주인공은 인생에 대한 다양한 가치관, 행복관, 종교관을 가진 사람들을 만나면서 진정한 행복의 가치를 깨닫는다.
>
> cf. 천호재(2017:19-20)에서 인용

위에 제시한 줄거리는 「銀河鉄道の夜(은하철도의 밤)」의 내용을 구체적으로 나타낸 것이 아니다. 너무 상세하게 줄거리를 제시하면 독해(번역) 활동에 방해가 되기 때문이다. 흥미롭게도 학습자들은 이 정도의 줄거리만으로도 본문을 쉽게 이해할 수 있었다고 대답하였다.

6. 번역과 통역의 준비 단계
- 본문 듣기, 아는 단어(모르는 단어) 체크하기

전체 줄거리를 학습자들에게 알려준 다음, 유튜브를 통해 성우의 음성을 들으면서 학습자들에게 본문에 나오는 아는 단어 또는 모르는 단어를 체크하도록 하였다. 그리고 듣기에 자신이 있는 학습자들에게는 눈을 감고 본문을 어느 정도 이해할 수 있는지를 스스로 가늠해보도록 하였다. 단순히 거수의 방식으로 낸 집계이기는 하지만 처음부터 다 이해된다고 대답한 학습자가 약 20%, 절반 정도 이해된다고 대답한 학습자가 30%, 10분의 1 정도 이해된다고 대답한 학습자가 30%, 전혀 이해되지 않는다고 대답한 학습자가 20%정도 되었다.

7. 번역과 통역의 준비 단계
- 문장 읽고 번역하기, 포즈 표시 유의해서 읽기

그다음으로 본문의 문장을 읽고 번역하기 단계인데, 본 저자는 학습자들이 문장을 단순히 읽고 번역하는 것이 아니라 포즈 표시, 즉「/」가 표시된 부분을 0.5초 정도 정지하면서 읽도록 하였다.

どうしてぼくは/一人寂しいのだろう. ぼくと一緒に行

く人は/いないのだろうか. あ, ぼくの友だち/カムパネルラ. 「銀河ステーション, /銀河ステーション. まもなく/銀河ステーション」「あれ, /ここ/どこだろう. ぼくはたしか/丘の上で星を…. ああ, 大変だ. おかあさんが病気なんだ. 早く帰らなくちゃ」

cf. 천호재(2017:33)에서 인용

포즈의 지정은 실제 성우들의 발화를 근거로 한 것으로 늘 학습자들에게 포즈의 중요성을 강조하였지만 실제로 포즈를 넣어 본문을 읽은 학습자는 10%가 채 되지 못했다. 오히려 포즈가 없는 곳에 포즈를 넣는 경우가 상당히 많았다.

8. 번역과 통역의 준비 단계
- 단어 및 연어 설명, 단어 및 연어 암기 및 번역

본 저자는 본 교재 본문에 나오는 단어와 연어의 의미를 대부분 제시하였는데 그 이유는 학습자들이 사전을 찾는 시간을 절약함으로써 통번역 행위에 힘을 집중하도록 하기 위함이었다. 간단히 문법 사항을 이해할 수 있도록 코너도 마련하였다. 그다음으로 조별로 학습자들이 서로 일본어 단어와 연어를 읽어주면 나머지 학습자들은 책을 보지 않고 그 뜻을 말하거나, 한국어를 읽어주면 해당 일본어 단어와 연어를 대답하도록 하였다.

이러한 일련의 과정들은 학습자들이 본격적으로 일본어 통번역으로 들어가는 준비단계라고 할 수 있다.

9. 번역하기
- 직역하기, 의역하기

이제 학습자는 본문을 읽고 번역을 한다. 번역은 장래 직장에서 근무하면서 일반적인 업무의 일환으로 번역을 하는 경우가 많음을 감안하여 가급적 평이한 한국어로 번역할 것을 당부하였다. 직역이 어색하면 의역을 하는 쪽을 권장했다. 학습자들이 읽고 번역한 것을 교실활동을 통해서 피드백을 해 준 뒤, 온라인 학습자료실에 번역한 것을 올리도록 하였다. 실제 예를 들면 다음과 같다.

원문) どうしてぼくは/一人寂しいのだろう.
ぼくと一緒に行く人は/いないのだろうか.

학습자 번역) 왜 나는 늘 혼자인 것 일까.
나와 함께 갈 사람은 없는 걸까.

저자 번역) 나는 왜 늘 외톨이인 걸까?
나와 같이 갈 사람은 없는 걸까?

원문) あ, ぼくの友だち/カムパネルラ.

학습자 번역) 아, 내 친구 캄파넬라.

저자 번역) 아, 내 친구, 캄파넬라가 보고 싶구나.

원문) 「銀河ステーション, /銀河ステーション. まもなく/銀河ステーション」「あれ, /ここ/どこだろう. ぼくはたしか/丘の上で星を…. ああ, 大変だ.」

학습자 번역) "이번 역은 은하역, 은하역입니다." 어라, 여기는 어디지. 분명 나는 언덕 위에서 별을… 아, 큰일이다.

저자 번역) "이번 역은 은하역, 은하역입니다." 여긴 어디지? 분명히 언덕 위에서 별을 보고 있었는데…. 앗, 큰일이다.

원문) おかあさんが病気なんだ. 早く帰らなくちゃ.

학습자 번역) 어머니가 편찮으신데. 어서 돌아가야 해.

저자 번역) 참, 엄마가 몸이 아프시지, 빨리 집에 가야겠어.

학습자들의 번역 상태를 보면 대부분 직역체이다. 한국어 의미는 통하지만 대부분 부자연스러우며 그 결과 가독성이 떨어지는 것을 볼 수 있다. 따라서 학습자들의 번역을 존중하면서 의역의 방식으로 한국어 문장을 수정해주는 데에 주력하였다.

10. 통역하기

이번에는 통역의 과정을 설명하고자 한다. 먼저 첫 단계로 조별로 조장이 조원들에게 원문을 보면서 한국어로 번역해서 들려주도록 하였다. 이 부분이 간단해 보일지 모르나 원문을 마음속으로 이해한 것을 타인에게 전달하기가 그리 쉬운 일이 아니다. 따라서 학습자들이 통역을 충분히 할 수 있도록 가급적 많은 기회를 제공할 필요가 있다. 두 번째 단계는 순차통역(1)의 단계로 원문 한 문장을 들은 후 한국어로 통역하기이다. 예를 들어 조 대표로 한 명이 나와서 교수자가 유튜브의 음성을 한 문장의 단위로 들려주면 학습자들이 그 일본어 문장에 해당하는 한국어 번역을 하는 방식으로 교실활동을 하였다. 실제 사례를 제시하면 다음과 같다.

원문 들려주기) どうしてぼくは一人寂しいのだろう. ぼくと一緒に行く人はいないのだろうか.

학습자 통역) 왜 나는 늘 혼자인 것일까. 나와 함께 갈 사람은 없는 걸까.

원문 들려주기) あ, ぼくの友だちカムパネルラ.

학습자 통역) 아, 내 친구 캄파넬라.

원문 들려주기) 「銀河ステーション, 銀河ステーション. まもなく

銀河ステーション」「あれ，ここどこだろう．ぼくはたしか丘の上で星を…．ああ，大変だ．

학습자 통역) "이번 역은 은하역, 은하역입니다." 어라, 여기는 어디지. 분명 나는 언덕 위에서 별을… 아, 큰일이다.

세 번째 단계는 한 단락 단위로 일본어 원문을 들려준 뒤, 한국어로 통역하도록 하는 단계이다. 실제 교실활동에서는 세 번째 단계를 거치지는 않았다. 인간에게는 기억의 한계가 있기 때문에 한 단락의 일본어 내용을 암기해서 그것을 통역하기는 결코 용이하지 않다. 따라서 본 저자는 학습자들에게 단락 단위의 통역을 위해서는 속기 능력이 필요하다는 점을 강조하였다. 마지막으로 전체 문장을 동시통역하는 방식으로 교실활동을 진행하였다. 화자의 입에서 무슨 내용이 나올지를 청자로서는 예측이 불가능하기 때문에 비록 동시통역이라고 해도 원문과 거의 동시에 동시통역이 이루어지기란 불가능하다고 할 수 있다. 따라서 본 저자는 원문의 음성보다 약 2-3초 늦게 통역을 하는 방식으로 교실활동을 진행하였다(원래 동시통역은 실제 발화보다 2-3초 늦게 진행된다.). 흥미로웠던 것은 동시통역을 하는 학습자들의 성공률이 매우 높았다는 점이다.

どうしてぼくは一人寂しいのだろう．ぼくと一緒に行く人はいないのだろうか．あ，ぼくの友だちカムパネルラ．「銀河ステーション，銀河ステーション．まもなく銀河ステーション」「あれ, ここどこだろう. ぼくはたしか丘の上で星を…. ああ, 大変だ. おかあさんが病気なんだ. 早く帰らなくちゃ」

<학습자 통역> 왜 나는 늘 혼자인 것 일까. 나와 함께 갈 사람은 없는 걸까. 아, 내 친구 캄파넬라. “이번 역은 은하역, 은하역입니다.” 어라, 여기는 어디지. 분명 나는 언덕 위에서 별을… 아, 큰일이다. 어머니가 편찮으신데. 어서 돌아가야 해.

이상, 본 교재의 구성을 살펴보았는데, 통번역 교재라고 해도 듣기, 말하기, 읽기기능 향상이 골고루 구현될 수 있도록 구성된 것을 볼 수 있다. 그리고 각 과의 본문 내용을 학습자에게 일본어로 독후감을 작성하도록 하면 훌륭한 쓰기(작문) 기능 향상으로 연결될 수도 있다. 또한 학습자들이 자신의 수준에 맞게, 계획을 짜서 본문 음성을 청취하며 통번역 연습을 하였다고 한다면 구성주의, 자기주도학습의 이념이 충실히 구현되었을 것으로 생각된다. 마지막으로 학습자들이 통번역 기능의 향상을 위해 시공의 제약을 받지 않고 본문 음성을 반복적으로 청취했다면 유비쿼터스의 이념도 충실히 구현되었을 것으로 생각한다.

11. 학습자들의 평가

이 절에서는 본 교재를 통해 본 수업을 수강한 일본어 학습자들의 실제 강의평가를 살펴보고자 한다.

1) 평가의 개요

먼저 강의평가에 들어가기 전에 강의평가의 개요를 간단히 소개한다. 본 교재는 「일본어통번역기초」라는 제목의 교재를 주 교재로 채택하여 2학기 동안 운용하였다. 본 저자는 본 교재를 사용한 강의평가를 알아보기 위해 본 교재를 주 교재로 채택하기 전, 채택 후(1), 채택 후(2)의 평가를 비교하였다. 본 교재를 수업 교재로 채택하기 전의 시기는 2016년도 2학기이다. 본 교재를 수업교재로 채택한 후(1)의 시기는 2017학년도 2학기이며, 본 교재를 수업교재로 채택한 후(2)의 시기는 2019학년도 2학기이다. 강의평가 시행 기관은 본 저자가 소속된 대학으로 평가는 이미 제2장에서 언급한 바와 같이 5지선다형(매우 그렇다(5점)-그렇다(4점)-보통이다(3점)-아니다(2점)-전혀 아니다(1점)) 중에 특정한 부분을 선택하는 방식으로 행해졌다. 원래는 수치로 환산하여 변화의 추이를 제시하여야 하지만 개인정보보호를 위해 구체적인 수치를 제시하지 않겠다. 평가항목은 제2장에서 명시한 것과 같은데, 파악의 편의를 위해 다시 제시한다.

①수업은 체계적으로 구성되고 성의 있게 준비되었다. ②수업은 학

생들의 수업 이해 정도를 고려하여 진행하였다. ③교과 내용을 명확하게 정리한 자료와 설명이 제공되었다. ④예제와 사례를 중심으로 효과적인 연습/토론이 제공되었다. ⑤참여와 협력을 유도하는 다양한 학습활동이 제공되었다. ⑥교수는 학생들의 질문에 성실하게 응답하였다. ⑦학습활동과 과제에 대한 적절한 피드백이 제공되었다. ⑧성적평가 기준 및 방식은 객관적이고 합리적으로 제시되었다. ⑨교수는 엄정한 수업관리(출결, 휴보강)를 하였다. ⑩해당 분야에 대한 이해와 지식 습득에 도움이 되었다.

2) 평가결과(본 교재 채택 전과 채택 후의 비교)

결론적으로 말하면 채택하기 전의 강의평가 결과보다 채택한 후의 강의평가 결과가 훨씬 높았다. ①에 대한 강의평가 결과는 본 교재를 채택한 후가 훨씬 높게 나왔다. 본 교재가 구성주의, 유비쿼터스, 자기주도학습, 다기능주의의 이념으로 집필된 데에서 비롯된 당연한 결과로 생각된다. ②에 대한 강의평가 결과는 2015년과 2016년도에는 다소 부침이 나타났으나, 교재를 채택한 후(2017년도, 2019년도)에는 평가 결과가 높게 나왔다. ③④⑤⑥에 대한 강의평가 결과는 본 교재를 채택한 이후가 훨씬 높게 나왔다. ⑦⑧⑨⑩은 본 교재와 직접적인 관계가 없기 때문에 논외로 한다.

12. 마치며

우선 제3장에서는 제1장과 제2장에 이어 일본어 통번역 교재의 집필에 있어서도 구성주의, 자기주도학습, 유비쿼터스, 다기능주의 등의 이념을 도입할 필요가 있음을 강조하였다. 둘째, 본 교재를 채택한 실제의 교실활동을 살펴보고, 마지막으로는 본 교재를 채택하기 전과 채택한 후의 강의평가의 추이를 살펴보았다. 본 교재를 채택한 후의 평가결과가 훨씬 높아지는 사실에서 본 교재에서 채택한 구성주의, 자기주도학습, 유비쿼터스, 다기능주의 등의 이념이 결과적으로 학습자의 수업 만족도를 높인다는 점이 확인됨으로써 이들 이념들의 타당성을 확인할 수 있었다.

제4장 일본 화장품 광고 영상을 활용한 일본어 4기능 향상 방안

1. 시작하며

본 장에서는 일본 화장품 관련 동영상을 활용한 일본어 4기능의 향상 방안을 모색하고자 한다. 이하에서는 우선 언어 4기능 향상을 위한 수업자료로써 화장품 관련 동영상이 가지는 의미, 그다음으로 언어 4기능 향상 방안에 대해 살펴보고자 한다.

2. 일본 화장품 관련 동영상의 일본어교육적 가치

일본 화장품 관련 동영상은 일본어 학습자료로써 매우 유용한 가치를 지니는 것으로 본다. 그 이유는 우선 일본어 학습자 중에 여학생이 차지하는 비중이 매우 높다는 데에 있다. 여학생들은 남학생들에 비해 자신의 신체적 아름다움을 창출하고자 하는 의식이 강하기 때문이다. 따라서 화장품 관련 동영상을 통해 일본어 학습자(여학생 학습자)가 일본어 학습환경에 자신을 지속적으로 노출할 가능성이 높다. 물론 상당수의 남성들도 여성 화장품 광고 동영상에 관심을 표명한다.

두 번째의 이유는 화장품 광고 관련 동영상에 나오는 자막이나 대사 속에는 여성의 미용에 관련된 어휘와 표현들이 많이 출현한다는 데에 있다. 이들 어휘와 표현들이 많이 나오는 동영상에 노출되는 빈도가 높으면 높을수록 일본어 학습자들의 일본어 습득이 강화될 것이다.

세 번째 이유는 동영상에 나오는 자막이나 어휘, 그리고 표현들이 대부분 성우의 음성을 통하여 매우 감성 있고 정확한 발음으로 전달되는 것으로 보기 때문이다. 따라서 악센트와 인토네이션 등이 어우러진 어휘와 표현들이 나오는 동영상에 노출되는 빈도가 많아질수록 일본어 학습자들의 일본어 음성 습득이 강화될 것이다.

네 번째 이유는 동영상에 나오는 어휘, 표현 등이 시청각의 방식으로 전달되므로 그만큼 의미 습득이 용이하게 이루어질 것으로 예측되기 때문이다.

마지막 이유는 화장품 광고 동영상은 일본어 4기능 능력의 향상뿐만 아니라 일본 여성과 한국 여성이 지니는 보편적인(개별적인) 생활문화의 특성을 이해하는 데에 도움을 줄 수 있을 것으로 예측되기 때문이다. 본 저자의 수업을 수강하는 스리랑카,

베트남, 중국, 한국 학생들에게 자국의 화장품 관련 동영상을 학습자료실에 링크하는 과제를 낸 적이 있었는데, 나라마다 미적 기준에 있어 스펙트럼의 폭이 다른 사실을 알 수 있었다.

3. 미디어를 활용한 일본어교육의 이론적 배경

미디어를 활용한 일본어교육 방안을 제시한 대표적인 선행연구로 천호재(2011)와 송연희(2021)를 들 수 있다. 먼저 천호재(2011)의 연구에서는 일본어 학습자들(교수자도 포함하여)이 일본의 상업광고(속눈썹 광고와 남성용 스킨 광고) 동영상을 녹취하여 일본어와 그것에 대응하는 한국어 번역을 제시한 뒤, 구글 검색사이트를 통해 화장품 광고에 등장하는 모델(예를 들면 마쓰모토 쥰(松本潤))의 일본어 신상 정보를 독해하도록 하는 교실활동을 제안하였다. 그다음으로 녹취한 광고문에 등장하는 개별어휘수를 명사, 동사, 형용사 등을 기준으로 발췌함으로써 학습자들이 광고문에 등장하는 일본어 어휘에 친숙해지도록 한 뒤, 한국의 화장품 광고에 등장하는 어휘를 품사별로, 어종별로 추출하여 이를 일본어 상업광고 동영상과 비교하도록 하였다. 또 등장인물, 성별, 직업, 음악 스타일, 전달 방법, 성우의 유무 등등을 기준으로 일본과 한국의 화장품 광고에 등장하는 언어 외적 요소를 비교하였다. 마지막으로 미디어(뉴스)를 활용한 언어 4기능 향상을 위한 교실활동 방안을 제시하였는데 주요 골자를 살펴보면 먼저 말하기기능 향상을 위한 교실활동으로 뉴스문을 가지고 반복드릴, 대입드릴, 결합드릴, 확장드릴, 완성드릴, 적절하게 말하기, 장면드릴, 소회화드릴, 인포메이션 갭, 인터뷰 태스크, 롤플레이를 제안하였다. 쓰기기능 향상을 위한 교실활동으로 문자교육, 정확하게 쓰기 위한 문장교육 가능성을 제안하였으며 듣기기능 향상을 위한 교실활동으로는 필요한 정보를 찾는 스캐닝과 전체의 대의를 파악하기 위한 스키밍, 자세하게 듣기 등을 제안하였다. 읽기기능 향상을 위한 교실활동으로는 뉴스 문장에서 필요한 정보만을 찾아내는 스캐닝, 대의를 파악하는 스키밍, 문장을 구성하는 모든 단어를 정확하게 이해하고 모든 내용을 파악하기 위한 정독 방법을 제시하였다. 또한 천호재(2012abcd)에서는 언어 4기능의 이론적 배경과 향상 방안을 다양하게 제시하였다.

송연희(2021)는 미디어를 활용한 일본어 청해 능력의 향상 방안을 제시하였다. 송연희(2021:166)는 듣기를 "언어 정보에 대한 올바른 해석과 배경지식과의 연관성을 활용하여 추측, 예측해내고 그것에 대한 검증을 해나가는 과정"으로 규정짓고 일본어 학습자들의 설문조사를 토대로 청해 능력 향상 방안을 제시하였다. 구체적 수업 방안으로 영상 시청(단어 공부)→받아쓰기(전체 받아쓰기·부분 받아쓰기)→스크립트 해석을 제시하였다. 이들 방안을 통한 일본어 청해 수업이 효율적으로 이루어지기 위해서는 학습자의 수준에 맞는 자료의 활용과 교실활동이 이루어져야 한다고 하였다.

송연희(2021)의 연구가 시사하는 바는 미디어를 활용한 교실활동이 결과적으로 고급, 중급, 초급 학습자들에게 청해 능력의 향상과 높은 수업 만족도를 가져왔다는 데에 있다. 이하의 절에서는 이러한 송연희(2021)의 연구 결과에 힘입어 천호재(2011)에서 제시된 일본어 4기능 향상 방안을 구체적으로 제시하고자 한다. 미디어를 활용한 교실활동 방안(일본어 4기능 향상 방안)을 천호재(2011)에서 찾고자 하는 이유는 천호재(2011)에서 제시된 교실활동 방안이 송연희(2021)에서 제시된 방안보다 훨씬 다채롭기 때문이다.

4. 언어 4기능의 이론적 배경

이하의 절에서는 언어 4기능(듣기, 말하기, 읽기, 쓰기) 향상에 관련된 구체적 방법을 천호재(2012:270-328)를 토대로 제시하고자 한다.

1) 듣기기능

듣기기능은 타인이 전달하는 음성을 통해서 청자가 필요한 정보를 수용하도록 함을 목적으로 하는 것이다. 듣기의 종류로는 식별, 받아쓰기, 스캐닝(scanning), 스키밍(skimming), 자세히 듣기, 노트 정리, 예측 등이 있다. 먼저 식별이란 예를 들면 처음 듣는 일본어 문장 속의 단어(어구를 포함)가 학습자에게 있어 아는 단어인지, 모르는 단어인지를 식별하는 행위를 말한다. 받아쓰기란 들은 일본어 단어나 문장을 학습자가 받아쓰는 행위를 말한다. 스캐닝이란 청취한 일본어 본문에서 특정 단어나 어구의 의미를 파악하는 행위를 말한다. 스키밍이란 학습자가 청취한 전체 내용을 개략적으로 듣고 전체적 대의를 파악하는 행위를 말한다. 자세하게 듣기는 청취한 일본어 내용을 하나도 놓치지 않고 정확하게 이해하는 행위를 말한다. 노트 정리란 청자가 청취하여 이해한 내용을 일본어로 혹은 한국어로 노트에 정리하는 행위를 말한다.

2) 말하기기능

말하기기능은 학습자 자신이 말하고자 하는 일본어를 어법에 맞춰서 구두로 상대방에게 전달하도록 하는 기능을 말한다.

말하기에는 기계드릴(pattern practice)로 대표되는 정확하게 말하기와 실제 회화에 어느 정도 근접한 적절하게 말하기로 크게 구별된다. 기계드릴로는 반복드릴, 대입드릴, 변형드릴, 결합드릴, 확장드릴, 완성드릴, 문답드릴 등이 있다.

반복드릴은 교사가 특정한 일본어 단어나 문장을 말하면 학습자들도 동일한 단어나 문장을 따라 말하는 것이다. 예를 들어 교사가 「こんにちは」라고 말하고 학습자들도 「こんにちは」로 따라 말했다면 이는 반복드릴이 교실활동에 적용된 전형적인 사례라고 할 수 있다.

대입드릴은 학습자가 교사에게 제시받은 단어를 대입하여 말

하는 것을 말한다. 예를 들어 「昨日, 友だちと一緒にデパートへ行きました」라는 문장의 「デパート」 자리에 교사의 지시에 따라 「郵便局」를 넣어 학습자가 말했다면 이는 대입드릴이 교실활동에 적용된 훌륭한 사례라고 할 수 있다.

변형드릴은 교사가 제시한 단어 형태를 다른 형태로 바꾸어서 말하는 것을 말한다. 예를 들어 「飲む」라는 동사를 교사가 제시하고 학습자가 「飲みます」나 「飲みながら」로 대답을 하도록 하였다면 이는 변형드릴이 교실활동에 적용된 전형적인 사례라고 할 수 있다.

결합드릴은 두 문장을 하나의 문장으로 결합하여 말하는 것을 말한다. 예를 들어 교사가 「私は韓国人です. 鈴木さんは日本人です」를 제시한 뒤 학습자가 「私は韓国人で鈴木さんは日本人です」로 말하도록 하였다면 이것은 결합드릴이 교실활동에 적용된 전형적인 사례로 볼 수 있다.

확장드릴은 교사가 학습자에게 단어나 어구를 제시하면서 학습자 스스로가 발화 영역을 확장해 나가도록 하는 것이다. 예를 들어 교사가 학습자에게 「買いました→プレゼントを買いました→誕生日のプレゼントを買いました→友だちの誕生日のプレゼントを買いました」와 같이 발화량을 늘려가는 방식으로 말을 하도록 하였다면 이는 교실활동에서 확장드릴이 도입된 전형적인 사례라고 할 수 있다.

완성드릴은 교사가 나열한 단어를 학습자가 듣거나 보고 문장으로 완성하는 것이다. 예를 들면 「郵便局, 10時, 5時, です」

라는 문장요소를 제시하고 이를 학습자가 「郵便局は10時から5時までです」라고 말을 했다고 하면 이는 교실활동에서 완성드릴이 적용된 전형적인 사례로 볼 수 있다.

문답드릴은 교사가 자신의 발화에 「はい」나 「いいえ」라는 응답사를 지정해주면 학습자가 그 응답사에 걸맞게 긍정문 혹은 부정문을 만드는 것이다.

그다음으로 적절하게 말하기를 보도록 하자. 적절하게 말하기는 다시 장면연습과 소회화드릴, 인포메이션 갭, 인터뷰 태스크, 짝 활동, 롤플레이 등으로 나뉜다. 장면연습은 교사가 특정한 상황이나 장면을 제시하면 학습자가 그 상황이나 장면에 적합한 일본어 문장을 말하는 것이다. 소회화 연습은 교사가 제시한 간단한 일본어 문장을 말하면 학습자는 자신이 아는 문장으로 대답하는 것이다. 인포메이션 갭은 교사가 일본어 의문문을 말하면 학습자는 평서문으로 대답을 하도록 함으로써 정보의 공백을 메꿔가는 방식이다. 인터뷰 태스크는 화자와 청자가 인터뷰의 형태로 필요한 정보를 태스크 시트에 기입하는 방식으로 획득하는 것이다. 짝 활동은 교재에 제시된 일본어 문장을 배역을 바꾸어 가며, 보면서 혹은 암기하여 서로 말을 주고받는 행위를 말한다. 마지막으로 롤플레이란 교사가 학습자들에게 특정한 상황과 역할을 제시하면 학습자들이 그 상황과 역할에 부합된 일본어를 말하는 행위를 말한다.

3) 읽기기능

읽기기능은 교재에 쓰여진 일본어 단어나 문장을 정확하게 발음하여 읽을 수 있는 행위, 나아가 소리내어 읽거나 침묵하는 방식으로 교재 내용을 이해할 수 있는 스킬을 갖추도록 하는 것이다. 읽기에는 스캐닝, 스키밍, 정독이 있다.

스캐닝은 학습자들이 교재에 제시된 필요한 정보를 찾을 수 있도록 하는 것이다. 예를 들어 교재에 제시된 한자, 히라가나, 가타카나로 표기된 단어를 학습자들이 찾도록 했다면 이는 교실활동에서 스캐닝이 적용된 전형적인 사례로 간주할 수 있다.

스키밍은 교재 본문에 나온 내용의 대의를 파악하는 것이다. 세세한 내용은 몰라도 중요한 내용을 파악하도록 했다면 이는 전형적으로 스키밍이 교실활동에 도입된 것으로 볼 수 있다.

마지막으로 정독이다. 정독은 학습자들이 교재 본문의 전체 내용을 정확하게 이해하는 것이다. 예를 들어 교재 본문에 나오는 내용을 묻는 질문지에 학습자들이 구두로 혹은 서면으로 대답을 하도록 했다면 전형적으로 정독이 교실활동에 도입된 예라고 할 수 있다.

4) 쓰기기능

쓰기기능이란 학습자가 자신이 전달하고자 하는 일본어 단어나 문장을 손으로 혹은 메일로 상대방에게 전달할 수 있는 능력을 말한다. 쓰기는 문자쓰기와 문장쓰기가 있다. 문자쓰기로는 히라가나, 가타카나, 한자로 표기된 단어를 정확하게 쓰는 활동을 들 수 있다. 그다음으로 문장 쓰기인데 이것은 일본어 문자를 정확하게 표기하면서 정확한 어휘와 어법으로 문장을 쓸 수 있도록 하는 활동이다.

5. 화장품 광고 대사를 활용한 언어 4기능 향상 방안

본 장에서는 화장품 광고 대사를 활용한 듣기, 말하기, 읽기, 쓰기기능 향상 방안을 살펴보도록 하겠다.

1) 듣기기능의 향상 방안

이 절에서는 화장품 광고 대사를 바탕으로 듣기기능 향상 방안을 살펴보고자 한다. 본 장에서 선정한 화장품 광고는 유튜브에서 인용한 것이다. 인용 개요를 제시하면 아래와 같다.

제목1

: 花王ビオレマシュマロホイップ「清潔な洗顔」篇(세안크림, 2020)

유튜브 주소

: https://www.youtube.com/watch?v=HieV8212jy4

(검색연월일:2021.05.26.)

제목1에 해당하는 대사를 제시하면 다음과 같다.

女：毎日の洗顔は洗いとすすぎ.
女：こすらずに洗っているのに，すすぎは大丈夫？
女：えッ！
女：「マシュマロホイップ」の泡なら.
女達：すすぐ時まで，摩擦を減らして清潔に.
女：今こそ「マシュマロホイップ」「ビオレ」

먼저 식별을 위한 방안부터 살펴보도록 하자. 교수자가 학습자들에게 위의 문장을 유튜브를 통해 2, 3회 들려준다. 그다음 교수자는 위의 대사에 출현하는 단어들을 들려주며 학습자들이 아는 단어인지, 아닌지를 물어보고 학습자들이 대답하도록 한다. 예를 들어 교수자가 「毎日, 洗顔, 洗い, すすぎ, 大丈夫, 摩擦, 減らす, 清潔」라는 단어들을 차례로 묻고 학습자들이 해당 단어의 의미를 말하도록 한다. 아울러 모르는 단어는 의미를 한국어로 들려준다. 이러한 과정을 거쳐 어느 정도 식별의 과정이 끝나면 최종적으로 위의 문장이 들어간 유튜브를 보면서, 또는 보지 않으면서 2, 3회 들려준다.

둘째, 받아쓰기이다. 예를 들어 교수자가 「毎日, 洗顔, 洗い, すすぎ, 大丈夫, 摩擦, 減らす, 清潔」라는 단어들을 불러주면 학습자들이 한자 혹은 히라가나(가타카나)로 해당 단어와 의미를 쓰게 한다. 최종적으로 교사는 「毎日(まいにち, 매일), 洗顔(せんがん, 세안), 洗い(あらい, 씻기), すすぎ(헹굼), 大丈夫(だいじょうぶ, 괜찮음), 摩擦(まさつ, 마찰), 減らす(へらす, 줄이다), 清潔(せいけつ, 청결)」를 학습

자들에게 보여주면, 학습자들은 자신들이 받아 쓴 단어 표기와 의미가 정확한지를 확인한다. 그다음 교사는 학습자들에게 위의 단어들을 보여주며 2, 3회 따라 읽게 한다음, 위의 문장이 들어간 유튜브를 시청하거나 시청하지 않는 방식으로 2, 3회 들려준다.

셋째, 스캐닝이다. 예를 들어 교사는 학습자들에게 위의 문장을 2, 3회 들려주기 전에 「洗い, 洗顔, すすぐ」라는 단어가 각각 몇 회 출현하는지를 유념하도록 한다. 그다음 실제로 유튜브를 통해 위의 문장들을 들려주며 「洗い, 洗顔, すすぐ」라는 단어가 몇 회 출현했는지를 대답하도록 한다. 마지막으로 편한 마음으로 위의 문장을 보면서 유튜브 동영상을 시청하도록 한다.

넷째, 스키밍이다. 교사는 아래의 질문을 준비한 다음, 학습자들에게 해당 동영상을 2, 3회 시청하도록 한다. 그다음에 아래의 질문에 대답하도록 한다(쓰도록 한다). 질문이 많아지면 많아질수록 자세하게 듣기기능 향상을 위한 교실활동이 충실하게 이루어지는 것으로 생각할 수 있다.

① 무슨 화장품 광고입니까?
② マシュマロホイップ의 거품으로 무엇을 할 수 있나요?
③ 이 화장품의 브랜드명은 무엇입니까?

마지막으로 노트 정리이다. 위의 문장을 2, 3회 청취한 학습자들이 일본어로 혹은 한국어로 각자 자신들의 노트에 화장품 동영상의 내용들을 정리하도록 하는 방안을 생각해볼 수 있다.

2) 말하기기능의 향상 방안

이 절에서는 화장품 광고 대사를 토대로 말하기기능 향상을 위한 교실활동 방안을 모색한다.

먼저 반복드릴이다. 다음과 같이 단어나 어구를 교사가 말하고 학습자에게 그것을 따라 읽도록 하였다면 이것은 전형적으로 반복드릴이 교실활동에서 적용된 사례로 볼 수 있다. T는 교사(teacher), L은 학습자(learner)를 의미한다.

T: 毎日の洗顔

S: 毎日の洗顔

T: 摩擦を減らす

S: 摩擦を減らす

T: 毎日の洗顔は洗いとすすぎ.

S: 毎日の洗顔は洗いとすすぎ.

T: すすぐ時まで, 摩擦を減らして清潔に.

S: すすぐ時まで, 摩擦を減らして清潔に.

대입드릴이다. 예를 들어 교사가 아래의 문장을 말한 뒤, 「毎朝」와 「きれいに」를 제시하면, 학습자는 교사가 제시한 단어를 대입하여 말하는 것이다.

T: 毎日の洗顔は洗いとすすぎ. 毎朝

S: 毎朝の洗顔は洗いとすすぎ.

T: すすぐ時まで, 摩擦を減らして清潔に. きれいに

S: すすぐ時まで, 摩擦を減らしてきれいに.

변형드릴을 교실활동에 적용하는 방안으로 교사가 제시한 단어 형태를 학습자들이 다른 형태로 바꾸어서 말하는 방안을 생각해볼 수 있다.

T: すすぐ時　(과거형으로 바꿔 말하세요.)

S: すすいだとき

T: 洗うとき　(부정형으로 바꿔 말하세요.)

S: 洗わないとき

결합드릴을 교실활동에 적용하는 방안으로 다음과 같이 학습자가 두 문장을 하나의 문장으로 결합하여 말하도록 하는 방안을 생각해볼 수 있다. 교사가 두 문장을 각각 읽으면 학습자는 그 두 문장을 하나의 문장으로 연결하는 방식으로 말하는 것이다.

T: 毎朝の洗顔は洗いです. 毎朝の洗顔はすすぎです.

S: 毎朝の洗顔は洗いとすすぎです.

T: こすらずに洗っています. すすぎは大丈夫ですか.

S: こすらずに洗っているのに, すすぎは大丈夫ですか.

확장드릴을 교실활동에 적용하는 방안으로 다음과 같이 교사가 학습자에게 단어나 어구를 제시하면서 학습자가 자신의 발화 수를 늘려나가도록 하는 방안을 생각해볼 수 있다.

T: すすぎです.

S: すすぎです.

T: 洗いと

S: 洗いとすすぎです.

T: 洗顔は

S: 洗顔は洗いとすすぎです.

T: 毎朝の

S: 毎朝の洗顔は洗いとすすぎです.

완성드릴을 교실활동에 적용하는 방안으로는 다음과 같이 교사가 나열한 단어를 학습자가 듣거나 보고 문장으로 완성하는 방식으로 말하는 것을 들 수 있다.

T: 毎日, 洗顔, 洗い, すすぎ.

S: 毎日の洗顔は洗いとすすぎ.

T: こすらずに, 洗う, ている, のに, すすぎ, 大丈夫?

S: こすらずに洗っているのに, すすぎは大丈夫?

문답드릴을 교실활동에 적용하는 방안으로 아래의 예에서 보듯이 교사가 자신의 발화에 「はい」나 「いいえ」라는 응답사를 지정해주면 학습자가 그 응답사에 걸맞게 긍정문 혹은 부정문을 만들어 말하도록 하는 방안을 생각해볼 수 있다.

T: 毎日の洗顔は洗いとすすぎですか. はい

S: はい, 毎日の洗顔は洗いとすすぎです.

T: こすらずに洗っているのに, すすぎは大丈夫ですか. いいえ

S: いいえ, こすらずに洗っていると, すすぎは大丈夫ではありません.

그다음 적절하게 말하기이다. 적절하게 말하기에는 장면드릴과 소회화드릴, 인포메이션 갭, 인터뷰 태스크, 짝활동 등이 있다. 화장품 광고 대사를 하나 더 추가해서 적절하게 말하기를 보도록 하자.

제목2

: コーセー ONE BY KOSE セラムヴェール(미용액, 2020)

유튜브 주소

: https://www.youtube.com/watch?v=f3ANKL_AtE4

(검색연월일:2021.05.26.)

제목2에 해당하는 대사를 제시하면 다음과 같다.

女：ONE BY KOSE(ワンバイコーセー)
女：かわいたり，くすんだり.
女：私たちの肌は変わりやすい.
男：美肌の基礎を立て直そう！
男：新美容液セラムベール.
女：肌人生を原点から変える.
アナ女：KOSE (コーセー)

먼저 장면드릴을 교실활동에 적용하는 방안으로 위의 화장품 광고 대사가 들어간 동영상을 수차례 들려준 다음, 다음과 같이 연습을 해보는 것이다. 이미 수차례에 걸쳐 교사와 학습자들간의 상호작용이 이루어졌으므로 아래와 같은 대화가 자연스럽게 이루어질 가능성이 높다고 생각된다.

T: あなたの肌は変わりやすいですか. 変わりにくいですか.

S: 私の肌は変わりにくいです.

T: あなたは洗顔するときはこすらずにしますか.

S: いいえ，私は洗顔するときはいつもこすりながらします.

소회화드릴을 교실활동에 적용하는 방안으로 교사가 위의 화장품 광고 대사에 관련된 단어나 내용을 제시하면 학습자는 자신이 아는 단어를 대입하여 다른 문장으로 말하는 방안을 모색해 볼 수 있다.

T: KOSEという化粧品を使ったことがありますか.

S: はい, あります.

T: 日本の化粧品と韓国の化粧品のうち, どちらが好きですか.

S: 私は韓国の化粧品が好きですが, でも両方を使ってもいいと思いますよ.

T: ああ, そうですか.

인포메이션 갭을 교실활동에 적용하는 방안으로 교사가 의문문으로 묻고 학습자가 평서문으로 말을 하도록 하는 방안을 생각해볼 수 있다.

T: KOSEは日本の化粧品ですか. 韓国の化粧品ですか.

S: 日本の化粧品です.

T: KOSE以外に日本の化粧品を使ったことがありますか.

S: はい, あります.

T: 何ですか.

S: ソフィーナとカネボウを使ったことがあります.

짝 활동을 활용한 교실활동으로 화장품 광고 대사의 배역을 바꾸어 가며 서로 말을 주고받는 방안을 모색해볼 수 있다.

인터뷰 태스크를 활용한 교실활동으로는 3개~5개 정도의 화장품 광고 동영상을 보여준 뒤, 복수의 질문지를 만들어 교사와 학습자가 인터뷰하는 방식으로 질문하면 학습자가 대답을 하는 방식을 생각해볼 수 있다.

마지막으로 롤플레이를 활용한 교실활동으로는 교사가 학습자들에게 화장품 종류를 지정하고 개인 혹은 조별로 배역(출연자1, 출연자2, 성우)을 설정하도록 한 뒤, 대사를 만들어 각자 무대 위에서 말을 하도록 하는 방안을 생각해볼 수 있다.

3) 읽기기능의 향상 방안

읽기기능의 향상 방안을 설명하기 위해 다시 한번 제목2의 화장품 광고 대사를 보도록 하자.

女 : ONE BY KOSE(ワンバイコーセー)
女 : かわいたり，くすんだり.
女 : 私たちの肌は変わりやすい.
男 : 美肌の基礎を立て直そう！
男 : 新美容液セラムベール.
女 : 肌人生を原点から変える.
アナ女 : KOSE (コーセー)

먼저 위의 문장에 나오는 단어들을 정확한 발음으로 읽을 수 있도록 한다. 이를 위해서는 교사는 위의 한자가 들어간 단어들을 읽는 법과 의미를 학습자들에게 알려준다. 학습자들이 단어 읽는 법과 의미를 수차례 복습한 후에, 교사는 위의 문장이 들어간 유튜브 동영상을 2, 3회 들려준다. 그리고 학습자들이 따

라 읽기를 한 뒤, 성우가 된 느낌으로 문장 전체를 읽도록 하는 것이다. 읽기기능 향상에 관련한 또 다른 교실활동 방안으로는 위의 문장을 침묵하는 방식으로 문장 내용을 이해할 수 있도록 하는 것도 생각해 볼 수 있다.

스캐닝을 교실활동에 적용하는 방안으로 본문 내용에 나오는 단어들 가운데 학습자들에게 한자, 히라가나, 가타카나로 표기된 단어를 읽도록 하는 것이다. 이때 단지 읽기에만 치중하지 말고 단어의 의미도 읽도록 한다. 혹은 특정한 한국어 의미를 말하고, 그 의미에 해당하는 일본어 단어를 읽도록 하는 방안도 생각해볼 수 있다.

스키밍을 교실활동에 적용하는 방안으로는 예를 들어 위 본문 내용의 대의를 파악하도록 하는 것이다. 세세한 내용이 아니라 대략의 내용을 말하기나 쓰기의 방식으로 표현하도록 했다면 이는 스키밍을 교실활동에 적용한 전형적인 사례로 생각할 수 있다.

마지막으로 정독을 교실활동에 적용하는 방안으로 위의 본문 내용을 빠짐없이 구두나 서면으로 질문한 뒤, 읽거나 쓰기 방식으로 질문에 대한 대답을 하도록 하는 방안을 생각해 볼 수 있다.

4) 쓰기기능의 향상 방안

앞에서 이미 언급한 바와 같이 쓰기로는 문자쓰기와 문장쓰기가 있다. 문자쓰기로는 히라가나, 가타카나, 한자로 표기된 단어를 정확하게 쓰는 활동을 들 수 있다. 아래의 제목2의 문장을 다시 보도록 하자.

女：ONE BY KOSE(ワンバイコーセー)
女：かわいたり，くすんだり.
女：私たちの肌は変わりやすい.
男：美肌の基礎を立て直そう！
男：新美容液セラムベール.
女：肌人生を原点から変える.
アナ女：KOSE (コーセー)

예를 들어 가타카나 쓰기로 「ワンバイコーセー, セラムベール, コーセー」를 읽으면서 쓰도록 하는 방안을 생각해볼 수 있다. 그 외에 한자나 히라가나를 쓰고 읽기를 반복적으로 하는 방안도 생각해볼 수 있다. 연습이 충분히 이루어지면 위의 문장을 보면서 반복적으로 학습자들이 듣고 의미를 쓰거나 말하도록 하면 쓰기기능뿐만 아니라 듣기기능의 향상도 이루어질 수 있을 것이다. 그다음으로 문장 쓰기인데 위의 문장을 2, 3번 쓰게 한 뒤, 쓴 문장을 보면서 학습자들이 읽도록 하는 방안도 생각해볼 수 있다. 혹은 본문 내용에 관련된 질문을 제시하고 해당 질문에 일본어로 쓰거나 읽도록 하는 방안도 생각해볼 수 있다.

6. 마치며

송연희(2021)는 미디어를 활용한 일본어 청해 수업을 위해 설문조사를 실시한 결과, 일본어 청해 수업이 효율적으로 이루어지려면 우선 학습자의 수준에 맞는 미디어가 수업자료로 선정되어야 한다고 하였다.

본 장에서도 화장품 광고를 활용한 일본어 학습자의 듣기기능 향상 방안을 제시하였는데, 본 장에서 거론한 화장품 광고는 그 텍스트가 길지 않으며, 자연스러운 장면이나 상황, 친숙한 일상의 표현을 담고 있는 데다 학습자의 수준에 맞춰 유동적으로 적용할 수 있다는 장점 때문에 학습자들의 듣기기능 향상을 위한 최적의 자료로 생각된다. 또한 화장품 광고는 일본의 영화나 드라마에 출연하는 유명한 여배우 등이 등장하므로 학습자의 관심도 끌기 쉽고, 게다가 다양한 색채효과와 배경음악이 가세하여 학습자들이 듣기에 몰입할 수 있는 가능성을 한층 더 높혀주기 때문에 화장품 광고야말로 듣기기능 향상을 실천할 수 있는 최적의 자료로 생각한다.

둘째, 송연희(2021)는 수준별로 받아쓰기, 자막쓰기 등의 교실활동을 통해 학습자들이 결과적으로 청해 수업에 대한 흥미도가 제고되고 그 결과 일본어에 대한 자신감을 가지게 되었다고 하였는데, 제4절에서 제시한 언어 4기능 향상 방안을 교실활동에 접목하면 학습자들은 듣기를 포함한 쓰기, 말하기, 읽기에 대해서도 상당한 자신감과 흥미를 가지게 될 것으로 생각한다.

따라서 송연희(2021)에서 제시한 교실활동에 더해 본 장에서 제시한 다양한 수업 방안을 교실활동에 적용하면 더더욱 유의미한 학습효과를 기대할 수 있을 것으로 생각된다.

본 장에서 제안한 다양한 수업방안은 송연희(2021:177)가 결론에서 언급하고 있듯이 "금후 자료대상을 더욱 확대하여 미디어를 활용한 효율적인 일본어 청해 능력 향상 방안에 대해 연구해 나가고자 한다."고 결의한 그녀의 결심을 한층 더 확고하게 다져 줄 수 있는 좋은 방안이 될 수 있으리라 믿어 의심치 않는다.

제5장 한국인 대학생 일본어 학습자의 일본문화 관심 영역 고찰

1. 시작하며

일본어교육에 있어서 일본문화교육은 두 가지 점에서 꼭 필요하다. 하나는 언어(일본어) 속에 문화가 내재되어 있기 때문이다. 이 말은 역으로 일본문화 속에 일본어가 내재되어 있다는 뜻도 된다. 예를 들어 초밥 중에 「여우초밥(きつね寿司)」이라는 것이 있는데, 이 초밥명은 여우고기가 초밥 안에 들어 있기 때문에 붙여진 것이 아니다. 내용물은 다름 아닌 유부인데, 그 유부를 여우가 매우 좋아한다는 전설로 인해 붙여진 것이다. 즉 유부를 여우가 매우 좋아한다는 일본인들의 민간신앙에 의해 여우초밥이라는 이름이 붙여진 것이다. 일본어 속에 문화가 내재되는 것으로 보는 또 다른 예로는 일본인들이 사건의 발생에 화자(표현자)가 직접 개입하는(한) 것을 꺼리기 때문에 타동사문보다 자동사문 혹은 수동문이, 경우에 따라서는 「させていただく」문이 사용되는 것을 들 수 있다. 예를 들어 일본의 작은 병원 앞을 지나가면 특정 요일에 휴진하는 경우, 「休診します」가 아니라 「休診させていただきます」라고 쓴 문구를 쉽게 볼 수 있다. 이러한 모든 것은 언어 표현 속에 문화가 내재되어 있다는 사실을 보여주는 좋은 예이다.

다른 하나는 학습자들의 일본어 학습목적이 일본어 그 자체가 아니라 일본문화를 습득하려는 경향이 높기 때문이다. 대부분의 일본어 학습자(이하에서 말하는 학습자는 한국인 대학생 일본어 학습자이다. 이하 일본어 학습자로 약칭한다.)는 일본어 그 자체를 학습하기 위해서 일본어를 학습하는 것이 아니라 최종적으로 일본문화(일본사정)를 습득하기 위해서 일본어를 학습한다고 해도 과언이 아니다. 이러한 저자의 견해는 본 저자가 운영한 교수학습용 홈페이지(교수학습지원센터)에 올린 학습자의 글을 통해서도 여실히 드러난다.

① 안녕하세요 저는 O학년 OOOO학과 OO라고 합니다. 저는 일본어를 공부하는 이유가 2가지 있습니다. 하나는 올해 여름에 일본에 꼭 가고 싶기 때문입니다. 그래서 일본에 가기 전에 일본어를 좀 배우고 싶습니다. 그리고 일본 영화를 좋아합니다. 일전에 〈나는 내일 어제의 너를 만나다〉를 보고 일본어 공부하고 싶은 마음이 더 생겼습니다.

② 안녕하세요 OO학번 OOOO학과 OOO입니다. 기본적인 일본어 회화를 배우고 싶었고, 일본 문화(애니메이션, 만화)를 번역 없이 보고 싶은 마음에 이번 수업을 듣게 되었습니다. 개인 사정으로 시작이 늦었지만, 뒤쳐지지 않게끔 열심히 하겠습니다!

③ 안녕하세요 OOOO학과 OOO입니다. 평소에 일본 영화를 보거나 일본으로 여행 다니는 거 좋아합니다. 하지만 일본어는 잘 몰라서 초급일본어 수업을 통해 일본어에 대해 배우고 싶습니다. 그리고 이번 여름방학 때 도쿄를 갈 예정인데, 그때 수업에서 배운 내용을 통해 간단한 인사나 대화 정도는 해 보는 게 제 목표입니다.

일본어 수업을 하면서 일본문화에 관련된 영상이나 사진을 일본어 학습자들에게 보여주면 수업 분위기가 한층 밝아지는 경향이 있는데, 이는 일본문화가 일본어 학습자들의 학습의욕을 고취시키는 훌륭한 매개체임을 강력히 뒷받침해주는 것이라고 할 수 있다.

그런데 교실활동을 통해서 일본문화를 지도한다고 해서 저절로 일본어 학습자들의 학습이 고취되는 것은 아니다. 일본문화를 효율적으로 지도하기 위해서는 우선 일본어 학습자들이 관심을 가지는 일본문화 영역이 무엇인지를 사전에 알아둘 필요가 있다.

이에 본 장에서는 일본어 학습자들이 일본문화 중에서 어떠한 영역에 관심을 지니는지를 살펴보고자 한다. 구체적으로 언급하면 일본문화를 전통문화, 생활문화, 대중문화 영역으로 분류하고, 다시 각 영역을 세분화한 뒤, 각 영역에 대한 일본어 학습자들(전체 학습자, 전공자·비전공자, 남녀 학습자)의 관심도를 고찰하고자 한다.

2. 일본문화의 지도방침과 선행연구의 검토

이 절에서는 일본문화를 바라보는 관점으로 어떠한 것이 있으며, 그 가운데 바람직한 지도방침은 어떠한 것인지, 일본문화 지도와 관련된 선행연구로는 어떠한 것이 있는지를 살펴볼 것이다.

1) 일본문화의 지도방침

이문화(이하, 일본문화로 통칭함)에 대한 자국인(이하 한국인으로 통칭함)들이 가지는 관점으로 일반적으로 자문화중심주의, 문화상대주의, 다문화주의가 많이 거론된다. 이하의 절에서는 미야 타가야스(宮耕, 2009:32-43)에서 제시된 것을 저자의 사견을 덧붙이는 방식으로 설명하고, 나아가 일본어 학습자들을 어떻게 지도해야 하는지를 살펴보고자 한다.

먼저 자문화중심주의이다. 이것은 한국사람들이 한국문화중심적인 관점을 고수하는 태도와는 반대로 일본문화는 경시하는 태도를 일컫는다. 이러한 태도는 우리나라뿐만 아니라 다른 나라의 사람들에게도 쉽게 찾아 볼 수 있다. 일상을 통해 고착화된 사고 패턴을 고수하면서 획득한 자문화중심주의적 사고를 기준으로 일본문화를 판단할 가능성이 있다. 따라서 일본어 교수자(교수, 강사, 일본어교사 등등)은 일본문화를 지도함에 있어서 일본어 학습자들이 자문화중심주의에 빠지는 일이 없도록 지도를 해야 할 것이다. 실제로 많은 사람들이 일본어를 배우는 학습자나 일본문화(애니메이션, 특촬, 게임 등등)를 좋아하는 사람들에 대해 오타쿠(오덕후)라는 이미지를 덧씌우는 방식으로 막연한 편견과 비난을 가하는 경우가 있는 것으로 알고 있다.

둘째, 문화상대주의적 관점이다. 이 관점은 자국문화에 대한 가치관과 세계관의 중요성을 일본문화에도 그대로 인정하는 관점이다. 일본문화에 관심이 있는 사람들은 그렇지 않은 사람들에 비해 주도적으로 일본문화를 이해하고 나름의 방식으로 수용하면서 생활하고 있기 때문에 이 관점을 지니고 있을 가능성이 높다. 즉 일본문화에 관심이 있는 사람들은 주도적으로 일본문화를 수용하고 그것을 삶의 일부로 여기며 살아가기 때문에 일본문화에도 한국문화와 마찬가지로 고유의 가치관과 세계관을 인정할 것이다. 이 점은 문화상대주의적 관점이 지니는 커다란 장점으로 지적이 되지만, 일본인들에게 한국문화에 대해서도 독자적인 가치관이나 세계관의 우수성을 용인하도록 강요할 가능성이 있다는 점에서 비판을 받기도 한다.

마지막으로 다문화주의적 관점이다. 이 관점은 예를 들어 일본문화에 지속적인 관심을 가지면서 일본문화에 대한 오해나 편견이 일어나지 않도록 한국문화와 일본문화의 심리적 간격을 조정해 가는 것을 말한다. 쉽게 말하면 자국문화와 일본문화의 차이점과 마찬가지로 공통점을 강조함으로써 양국의 문화에 대한 심리적 간격을 좁혀가도록 하는 것이다. 이를 통해 일본어 교수자는 일본어 학습자들이 일본문화와 한국문화 어느 한 쪽의 우열을 가리지 않도록, 나아가 일본문화 속에 내재된 가치관을 일본 고유의 가치관으로 국한하지 않고 인류문화의 보편적 가치로 받아들이며 일본문화를 수용해 나갈 수 있도록 지도할 필요가 있다고 하겠다.

2) 선행연구의 검토

저자가 볼 때, 일본문화에 관련된 선행연구는 많이 있지만, 대부분의 선행연구는 다양한 일본문화를 학습자나 독자들에게 단순히 소개하는 정도이다(cf. 천호재(2010, 2014), 천호재・이은선(2010), 천호재・윤명옥(2011), 국제교류기금(国際交流基金, 2010), 미즈타니 오사무(水谷修, 1995)・사사키 미즈에(佐々木端枝)・호소카와 히데오(細川英雄)・이케다 유타카(池田裕, 1995), 미야 타가야스(宮耕, 2009)).이들 선행연구는 일본어 교실활동의 일환으로 일본문화의 도입을 고려하는 교수자들에게 상당한 지식(지견, 정보)을 제공할 수 있을 것으로 생각한다. 하지만 이들 연구는 다음의 세 가지 점을 해결해 주기에는 한계가 있다고 본다. 우선 이들 선행연구에서 다루고 있는 광범위한 일본문화를 교수자가 이해하여 그것을 교실활동에 도입하면 일본어 학습자들이 무조건적으로 관심을 보일 것이냐는 점이다. 즉 일본문화를 세부적으로 나누어 일본어 학습자들이 어느 부분에 대해 관심을 보이는지를 좀 더 구체적으로 파악할 필요가 있다. 둘째, 선행연구에서 제시하는 지식들은 철저히 교수자(저자) 중심이라는 점이다. 즉 선행연구들이 제시하는 문화항목들은 저자가 자의적으로 선정을 한 것이다. 이는 왜 특정한 문화 실러버스가 교수항목으로 선정되었는지에 대한 설명이 없다는 점에서 확인할 수 있다. 따라서 선행연구에서 제시된 문화항목들을 실제 교실활동에서 학습자들에게 충실히 전달했다고 해도 모든 학습자들이 저자 중심에서 바라본 일본문화에 관심을 보일지는 미지수이다.

셋째, 일본어 학습자를 일률적으로 규정할 수 없다는 데에 문제점이 있다. 예를 들어 학습자 중에는 남자 학습자와 여자 학습자가 있고, 전공자와 비전공자가 있고, 일본어 학습 경력이 많은 학습자와 그렇지 않은 학습자가 있다. 따라서 본고에서와 같이 일본어 학습자를 전체 학습자, 성별(남자와 여자), 전공별(전공자와 비전공자)로 나누어 일본문화에 대한 일본어 학습자의 관심도를 보다 구체적으로 살펴볼 필요가 있는데 선행연구에서는 이 부분의 연구가 미흡하다.

그런데 선행연구 중에서 일본문화의 세부 영역에 대한 일본어 학습자를 유형별로 나누어 고찰한 연구가 전혀 없는 것도 아니다. 먼저 천호재(2010)와 천호재·이은선(2010)의 연구를 들 수 있는데, 이들 연구에서는 일본의 대중문화(시각적 대중문화(일본 영화, 일본 드라마, 일본 애니메이션, 일본 만화), 청각적 대중문화(발라드, 댄스, 랩, 록, 엔카), 운동적 대중문화(게임, 스포츠, 코스프레), 기타(영화배우, 가수, 탤런트, 코미디언, 모델))에 대한 한국인 대학생 일본어 학습자(전체 학습자, 남녀 학습자, 일본의 대중문화에 대해 관심이 있는 학습자와 그렇지 못한 학습자, 전공 학습자와 비전공 학습자)의 선호도를 고찰하였다. 천호재·윤명옥(2011)에서는 위에서 제시한 대중문화 커리큘럼에 의거하여 한국인 고등학생의 일본 대중문화에 대한 선호도를 조사하였다. 그리고 천호재(2014)에서는 스시, 라멘, 우동, 소바, 일본 영화, 일본 드라마, 일본 연예인, 일본 애니메이션, 일본 만화, 일본 캐릭터, 일본 코스프레에 대한 일본어 학습자들의 선호도를 고찰하였다. 이들 연구는 일본어 학습자를 성별로, 전공별로, 일본문화에 대한 관심의 유무로 나누어 일본문화 중에서 어떤 영역에 대해 각 유형의 학습자들이 관심을 지니는지, 혹은 지니지 않는지에 대한 다양한 정보를 일본어 교수자들에게 제공해 줄 수 있다는 점에서 나름 의의가 있다고 할 수 있다.

그런데 이들 선행연구에서 제시된 문화 요소들도 주관적으로 선정되었기 때문에 앞에서 제시한 선행연구와 별반 차이를 보이지 못한다. 이들 선행연구에서는 일본어 학습자의 관심을 배제한 채, 대중문화의 세부 영역을 일방적으로 정해서 각 영역에 대한 일본어 학습자들의 선호도를 조사하고 있기 때문이다. 따라서 일본어 학습자들이 주체적으로 표명한 일본문화 영역과 각 영역의 관심도를 측정할 필요성이 대두된다. 이에 본 저자는 이 점을 감안하여 설문조사 방식이 아니라 학습자들이 일정 기간(1학기 동안)을 통해 주도적으로 관심을 표명한 일본문화 관련 등록글(자유게시판 등록글)을 통해 그들의 관심 영역을 고찰하고자 한다.

3. 조사의 개요 및 조사 방법

우선 일본어 학습자가 관심을 가지는 일본문화 영역을 고찰하기 전에 조사의 개요 및 조사 방법에 대해 언급하고자 한다. 조사 대상은 본 저자가 근무하는 K대학교의 교수학습지원센터 자유게시판(2017학년도 O학기)에 본 저자의 강의를 수강한 일본어 학습자들이 올린 등록글이다. 개인정보 보호를 위해 내용은 언급하지 않았으며 제목만 다루었다(작성자도 개인정보 보호를 위해 공개하지 않음). 자유게시판에 글을 올린 전체 학습자는 모두 186명이었다. 정치, 경제, 사회, 문화와 관련된 등록글이 모두 1107건으로 1인당 6건 정도의 비율로 등록이 이루어졌다. 이를 좀 더 세분화하여 제시하면 전공자가 129명, 비전공자가 57명이다. 전공자(129명)가 등록한 글은 719건, 비전공자(57명)가 등록한 글은 388건이었다. 성별을 기준으로 하면 남자 학습자가 60명(323건), 여자 학습자가 126명(784건)으로 여자 학습자 쪽이 훨씬 많다.

조사 방법으로는 첫째, 일본어 학습자들이 자유게시판에 등록한 글을 정치, 경제, 사회, 문화로 대분류한 뒤, 이들 네 영역

중에서 학습자들의 등록글이 어느 영역에 속하는지를 전체, 남녀별, 전공자별로 각각 체크하였다.

둘째, 문화를 다시 전통문화, 생활문화, 대중문화 영역으로 세분화하여, 일본어 학습자들의 등록글이 이들 세 영역 중에서 구체적으로 어느 영역에 속하는지를 전체, 남녀별, 전공자별로 나누어서 각각 체크하였다.

셋째, 생활문화를 다시 음식, 언어생활, 여행, 공익광고(AC), 관습(의식, 예절), 오락시설, 축제(놀이), 대중교통, 일상, 기타로 세분화한 뒤, 일본어 학습자들의 등록글이 이들 세부 영역 중에서 구체적으로 어느 영역에 속하는지를 전체, 전공자별, 남녀별로 나누어 각각 체크하였다.

마지막으로 대중문화를 다시 음악, 드라마, 영화, 예능, 상업광고(CM), 연예인, 기타로 세분화한 뒤, 일본어 학습자들의 등록글이 이들 세부 영역 중에서 어느 영역에 속하는지를 전체, 남녀별, 전공자별로 나누어 각각 체크하였다.

4. 분류의 근거

3절에서 언급한 바와 같이 본 저자는 자유게시판에 등록된 글들을 우선 정치, 경제, 사회, 문화로 나누어서 면밀히 체크하였다. 그중에서 국가를 통치하는 활동, 권력을 행사하여 집단을 움직이거나 권력을 얻거나 유지하는 일체의 모든 활동에 관련된 등록글들은 모두 정치에 속하는 글로 규정하였다. 정치에 속하는 실제 일본어 학습자의 등록글로는 예를 들면 "한일합병(1910)으로 조선은 어떻게 바뀌었는가?"를 들 수 있다.

둘째, 자유게시판에 등록된 글 중에서 개인, 가계, 기업, 국가 등이 재화를 생산하거나 소비하는 또는 그와 관련된 모든 행위에 관련된 글들은 경제 영역에 속하는 글로 규정하였다. 경제에 속하는 실제의 일본어 학습자 등록글로는 "マッハバイト 구인구직 사이트 모음", "32살 한국인, 日대기업 임원된 비결은?", "일본 세금에 대한 동영상입니다", "일본 맥도날드 구인 광고" 등을 들 수 있다.

셋째, 자유게시판에 등록된 글 중에서 인간이 모여 생활을 영위하는 일정한 집단(역사, 근대, 현대)의 생활상을 나타낸 글들은 모두 사회 영역에 속하는 것으로 규정하였다. 예를 들면 "나가노현 마츠모토성", "1964년 신칸센 개통 모습입니다", "1970년대 도쿄 모습입니다", "인형 같은 시바견" 등을 들 수 있다.

마지막으로 자유게시판에 등록된 글 중에서 일본인들의 행동양식에 관련된 글들은 모두 문화 영역에 속하는 것으로 규정하였다. 문화를 다시 전통문화, 생활문화, 대중문화로 나누고 일본에서 발생하여 전통적으로 전해 내려오는 일본 고유의 문화 관련 글들은 전통문화에 속하는 것으로 규정하였다. 예를 들어 "전래 동화가 들어 있는 일본 통신사 광고 CM송"이나 "일본 문화 닌자쇼" 등을 들 수 있다. 일본사회의 영향을 받아 변용하는 일본인들의 모든 생활 현실(실상)에 관련된 글들은 생활문화 영역에 속하는 것으로 규정하였다. 음식, 언어생활, 여행, 공익광고(AC), 관습(의식, 예절), 오락시설, 축제(놀이), 대중교통, 일상, 기타 등의 세부 영역은 모두 생활문화 영역에 속하는 것으로 규정하였다.* 예를 들어 "일본 지역별 사투리"는 언어생활의 범주에 넣었다. "복중 문안인사"는 관습(의식, 예절)의 범주에 넣었으며, "10.7 - 10.10 일본여행 혼자 갔다 와서 알게 된 것들", "한국에서는 하지만 일본 여행시 안 되는 행동들"은 여행의 범주에 넣었다. "지진이 일어났을 때", "일본 워킹홀리데이 집 구하는 법"은 일상의 범주에 넣었다. "엄마로 산다는 것"은 공익광고(AC)의 범주에 넣었다. "오키나와 맛집, 도쿄에서 먹어야 할 라멘 9가지"는 음식의 범주에 넣었다.

한편 자유게시판에 올린 글 중에서 일본의 대중들이 누리는 문화 관련 글들은 모두 대중문화에 속하는 것으로 규정하였다. 구체적으로 말하면 음악, 드라마, 영화, 예능, 상업광고(CM), 연

* 생활문화와 대중문화의 하위분류는 본 저자가 직접 한 것인데 이들 분류에 대한 타당성에 대해서는 언급하지 않기로 한다.

예인, 기타 등의 세부 영역에 속하는 등록글은 대중문화와 관련된 것으로 간주하였다. 구체적으로 "와다코지 butter-fly"와 "너와 100번째 사랑 OST アイオクリ입니다."는 음악의 범주에 넣었다. "일본 드라마 '니게하지' 추천합니다"는 드라마의 범주에 넣었다. "일본 소프트뱅크 광고"는 상업광고(CM)의 범주에, "안잣슈 불량학생 개"는 예능, "일본의 아역배우 아시다 마오"는 연예인의 범주에 넣었다. 몇몇 범주에 관련된 예는 6절에 들어가서 제시하겠다.

5. 결과 분석

이 절에서는 일본어 학습자들이 자유게시판에 등록한 글을 전체 학습자, 전공별, 성별로 나누어 살펴보도록 하겠다.

1) 전체 학습자

전체 학습자가 올린 정치, 경제, 사회, 문화 관련 등록글을 분석한 바, 다음의 〈표 1〉과 같은 결과가 나왔다(소수점 이하 반올림, 이하 동일함).*

* 정치의 경우 0.3%를 반올림해도 5가 되지 않으므로 0%로 명기해야 하지만, 1107건 중에서 정치 관련 등록글이 전혀 없는 것은 아니기 때문에, 0.3%로 부득불 명기하였음을 양해 바란다.

〈표 1〉 정치, 경제, 사회, 문화(전체 학습자)

정치	경제	사회	문화	합계
0.3%	1%	2%	97%	100%

〈표 1〉을 통해서 전체 일본어 학습자는 정치, 경제, 사회, 문화 중에서 문화 영역에 가장 많은 관심을 보이는 것을 알 수 있다. 즉 문화 영역에 대한 관심이 97%로 정치, 경제, 사회 영역의 0.3%, 1%, 2%와는 비교가 되지 않을 정도이다. 등록글 중에서 정치 영역에 관련된 예로는 "일본이 느끼는 북한 미사일 공포", "한국과 위안부에 대한 일본인의 생각" 등을 들 수 있으며, 경제 영역에 관련된 예로는 "일본 환율 전망, 일본 세금에 대한 동영상입니다", "일본 IT기업의 취직에 대한 정보를 얻을 수 있는 사이트입니다." 등을 들 수 있다. 사회 영역에 관련된 예로는 "나가노현 마츠모토성", "1970년대 도쿄 모습입니다", "日 내외국인에게 출국세 물린다", "2019년부터 1만원 부과 추진", "쿠마몬", "질질 끌려다니는 걸 좋아하는 개", "도쿄 담뱃가게 시바견" 등을 들 수 있다.

둘째, 문화의 세부 영역인 전통문화, 생활문화, 대중문화 영역에 대한 전체 일본어 학습자들의 관심을 살펴보면 〈표 2〉와 같이 정리할 수 있다.

〈표 2〉 전통문화, 생활문화, 대중문화(전체 학습자)

전통문화	생활문화	대중문화	합계
1%	36%	63%	100%

〈표 2〉를 보면 전통문화 영역에 대한 일본어 학습자의 관심은 1%로 매우 낮으며, 대부분의 관심이 생활문화와 대중문화에 쏠려 있음을 알 수 있다. 자세하게 말하면 전체 일본어 학습자의 63%가 대중문화에, 36%가 생활문화에 관심이 쏠려 있다. 전통문화에 관련된 등록글로는 "가부키와 관련된 퀴즈 방송", "일본 칠석(七夕)" 등을 들 수 있다. 생활문화, 대중문화에 관련된 등록글은 후술한다.

셋째, 생활문화의 세부 영역인 음식, 언어, 여행, AC(공익광고), 관습, 오락시설, 축제, 교통, 일상, 기타에 대한 전체 일본어 학습자들의 관심을 살펴보면 〈표 3〉과 같이 정리할 수 있다.

〈표 3〉 생활문화(전체 학습자)

음식	언어	여행	AC	관습	오락	축제	교통	일상	기타	합계
19%	34%	16%	2%	9%	3%	2%	1%	4%	10%	100%

〈표 3〉을 보면 생활문화 가운데, 언어 영역에 대한 전체 일본어 학습자의 관심이 34%로 가장 많고, 각각 음식(19%), 여행(16%), 관습(9%)이 그 뒤를 잇고 있음을 알 수 있다. 언어 영역에 관련된 등록글로는 "데이브 - 미국/한국/일본 단어 발음 차이",

"일본어 콜로케이션 공부하기 좋은 사이트 소개합니다", "간사이 사투리", "일본어 로마자 타자연습 사이트", "일본 만자이 - 팔꿈치의 신", "사전에 없는 일본어"를 들 수 있다. 음식에 관련된 등록글로는 "빅뱅 승리 일본 방송 카라쿠리 먹방", "일본의 자동판매기 식당", "일본 대식가이자 먹방 bj인 기노시타 유우카에 관한 유튜브입니다", "일본 가루쿡 타코야키 만들기", "일본 포핀쿠키 만들기", "일본인이 가장 좋아하는 일품요리" 등을 들 수 있다. 여행에 관련된 등록글로는 "일본 가서 꼭 들러야 할 브랜드5", "일본 나고야 여행", "[여행 팁] 일본 여행에서 필요한 필수 어플", "겨울의 삿포로 여행", "일본 여행 - 기치조지", "오사카 여행 사진입니다", "오사카 여행 유니버셜 스튜디오", "일본 여행시 주의 사항", "오키나와 디저트 카페10", "일본 쇼핑 추천" 등을 들 수 있다.

마지막으로 대중문화의 세부 영역인 음악, 드라마, 영화, 예능, 상업광고(CM)에 관련된 전체 일본어 학습자의 등록글을 정리하면 다음의 〈표 4〉와 같다.

〈표 4〉 대중문화(전체 학습자)

음악	드라마	영화	예능	CM	연예인	기타	합계
39%	9%	14%	21%	13%	3%	0.7%	100%

〈표 4〉를 보면 음악 영역이 39%로 가장 높고, 예능(21%), 영화(14%), 상업광고(13%)가 각각 그 뒤를 잇고 있음을 알 수 있다.

음악 관련 등록글로는 "tokyo7th sisters - 오프닝 뮤비입니다", "〈벼랑 위의 포뇨〉ost", "トリセツ취급설명서", "きみにしか聞こえない", "일본 원곡인 리메이크 원곡", "월피스카트 - 청천전야(晴天前夜)", "나카시마 미카 - 내가 죽으려고 생각한 것은", "일본 노래 ハサミズキ" 등의 예를 들 수 있다. 예능에 관련된 등록글로는 "일본 방 탈출 예능 - 최홍만 편", "일본 예능 - 프로선수1 vs 일반인10", "일본 예능 - 올라갈 수 없는 계단", "일본 예능 - 기린 분장", "일본 예능 도쿄03 - 편의점 강도(개그)" 등을 들 수 있다. 영화에 관련한 등록글로는 "러브레터 - 남겨진 사람들의 이야기", "(영화 추천) 세상에 고양이가 사라진다면", "(영화 추천) 목소리의 형태", "언어의 정원", "귀를 기울이면", "心が叫びたがってるんだ", "너의 췌장을 먹고 싶어" 등을 들 수 있다. CM(상업광고)에 관련해서는 "일본의 자동차 광고", "일본 재미있는 광고 영상", "도요타 도라에몽 광고", "세가 세턴 CM", "일본 과자 광고" 등을 들 수 있다. 드라마에 관련해서는 "바이올렛 에버가든 예고편3", "노다메 칸타빌레 NG장면", "일본 드라마 추천 - N을 위하여", "리갈하이 시청률 1위 장면", "일본의 유명한 고독한 미식가에 나온 장면입니다" 등의 예가 확인되었다. 연예인에 관련해서는 "재미있는 일본 유튜버 추천 - 히카겐", "일본 아이돌 AKB48 멤버에게 저렴이 국민템 화장품 추천 받기", "일본인 유튜버 에리나", "헬륨 가스를 마셔도 목소리가 변하지 않는 성우", "하다라보 고쿠쥰 일본광고 2화", "이시하라사토미 도요타 광고", "이시다 아키라 1인 7역" 등의 예가 확인되었다.

2) 전공별 학습자

이 절에서는 일본어 학습자를 일본어 전공자와 비전공자로 나누어 그들의 관심 영역을 살펴보기로 하겠다. 다음의 〈표 5〉를 보자.

〈표 5〉 정치, 경제, 사회, 문화(전공별)

	정치	경제	사회	문화	합계
전공자	0.4%	1%	1%	97%	100%
비전공자	0%	1%	2%	97%	100%

〈표 5〉를 보면 일본어 학습자는 전공자이든 비전공자이든 문화 영역에 대한 관심도가 97%로 가장 높은 반면, 정치, 경제, 사회 영역에 대해서는 거의 관심이 없다는 사실을 확인할 수 있다.

둘째, 문화 영역의 세부 영역인 전통문화, 생활문화, 대중문화 영역에 대한 전공자와 비전공자들의 관심도를 살펴보면 〈표 6〉과 같다.

〈표 6〉 전통문화, 생활문화, 대중문화(전공별)

	전통문화	생활문화	대중문화	합계
전공자	1%	35%	64%	100%
비전공자	1%	37%	63%	100%

〈표 6〉을 보면 전공자와 비전공자 모두 대중문화 영역에 대해 가장 높은 관심을 보이며, 그 뒤를 생활문화 영역이 잇고 있음을 알 수 있다. 전통문화 영역에 대해서는 전공자, 비전공자

모두 거의 관심이 없다는 점이 확인된다.

셋째, 생활문화의 세부 영역인 음식, 언어, 여행, 공익광고(AC), 관습, 오락, 축제, 교통, 일상, 기타에 대한 전공자와 비전공자의 관심도를 살펴보도록 하자.

〈표 7〉 생활문화(전공별)

	음식	언어	여행	AC	관습	오락	축제	교통	일상	기타	합계
전공	23%	29%	15%	1%	5%	4%	2%	2%	6%	14%	100%
비전	12%	44%	19%	4%	16%	3%	0%	0%	0%	3%	100%

〈표 7〉을 보면 생활문화의 세부 영역에서 전공자와 비전공자의 관심도에 차이가 나타나는 사실이 확인된다. 전공자는 음식, 오락시설, 축제, 교통, 일상, 기타에서 우위를 보이는 반면, 비전공자는 언어, 여행, 공익광고(AC), 관습 영역에서 우위를 보인다. 음식의 경우, 전공자의 관심도는 비전공자에 비해 거의 2배 이상 높다. 반면에 언어나 관습의 경우, 비전공자의 관심도가 전공자보다 10% 이상 높다. 음식, 오락시설, 축제, 교통, 일상, 기타 영역에서 전공자가 우위를 보이는 것은 전공자가 일본의 생활문화에 노출된 시간이 많기 때문인 것으로 생각된다. 반면에 언어, 여행, 공익광고(AC), 관습 영역에서 비전공자가 우위를 보이는 것은 전공자에 비해 일본의 생활문화에 노출된 시간이 상대적으로 적기 때문으로 생각된다.

그러면 전공자와 비전공자의 등록글 제목을 보도록 하자. 먼저 전공자가 올린 등록글부터 보도록 하자. 음식에 관련 등록글로는 “팬케이크 아트”, “다코야키 만들기”, “시바견 당고 만들기”, “일본인의 돈까스” 등의 예를 들 수 있다. 오락시설에 관련된 등록글로는 “추워지는 날씨엔 역시 온천!”, “일본 온천 추천지”, “유니버셜 스튜디오” 등의 예가 확인되었다. 축제에 관련된 등록글로는 “삿뽀로 눈꽃 축제”, “일본 불꽃놀이” 등의 예가 확인되었다. 교통에 관련된 등록글로는 “일본 전국 지하철/열차 환승 검색”, 일상에 관련된 등록글로는 “코이댄스”, 기타로는 “일본 캡슐호텔”이 있었다.

비전공자가 올린 등록글을 살펴보면 다음과 같다. 언어에 관련된 등록글로는 “히라가나 배우기”, “일본어 쉽게 배우는 방법”, “날짜송”, “요일송”을 들 수 있다. 여행에 관련해서는 “후쿠오카 여행 사진”, “오사카 여행 영상입니다”가 확인되었다. 공익광고(AC)에 관련해서는 “(광고) 음악은 언어를 뛰어넘는다”가, 관습 영역에 관련해서는 “일본의 친절함”이 확인되었다.

마지막으로 대중문화의 세부 영역인 음악, 드라마, 영화, 예능, 상업광고(CM), 연예인, 기타에 대한 전공자와 비전공자의 관심도를 살펴보면 〈표8〉과 같다.

〈표 8〉 대중문화(전공별)

	음악	드라마	영화	예능	CM	연예인	기타	합계
전공	23%	6%	15%	25%	16%	4%	1%	100%
비전공	49%	14%	13%	14%	9%	0%	1%	100%

〈표 8〉을 보면 흥미롭게도 음악, 드라마에 대한 관심이 전공

자보다 비전공자 쪽이 훨씬 높은 것을 알 수 있다. 일본 음악이나 드라마에 관심이 많은 비전공자들이 우연히 본 저자의 수업을 수강했기 때문에 그러한지, 혹은 다른 이유가 있는지는 잘 모르겠다. 반면에 영화, 연예인에 대한 관심은 전공자 쪽이 조금 높고, 예능, 상업광고(CM)에서는 비전공자보다 전공자 쪽이 5% 이상 높다. 이것은 아마도 일본어를 전공하면서 일본문화에 노출된 시간이 비전공자보다 상대적으로 길고, 일본어 이해 능력이 비전공자보다 높기 때문으로 생각된다.

전공자가 올린 영화 관련 등록글로는 "10/25 개봉 예정 영화 너의 췌장을 먹고 싶어 예고편", "10/12 개봉영화 나는 내일 어제의 너와 만난다 예고편", "영화 나미야 잡화점의 기적" 등을 들 수 있다. 전공자의 예능에 관련한 등록글로는, "(일본 개그) 도쿄 03-편의점 강도", "행인 몰래 카메라", "택시기사가 방귀를 자주 뀐다면" 등을 들 수 있다. 전공자의 상업광고(CM)에 관련한 등록글로는 "일본의 자동차 광고", "일본 과자 광고" 등을 들 수 있으며, 전공자의 연예인에 관련한 등록글로는 "블루종×치에미 광고", "아유미 근황입니다" 등을 들 수 있다.

비전공자의 음악에 관련한 등록글로는 "도라에몽 ost yamano satoko", "쿠라키마이-tomorrow is the last time", "벼랑 위의 포뇨 ost" 등의 예가 확인되었다. 드라마에 관련해서는 "고쿠센이라는 일본 드라마입니다", "일본 드라마 아스코마치" 등의 예가 확인되었다.

이상, 전공자와 비전공자가 올린 등록글을 살펴보았다. 그 결과, 전통문화, 생활문화, 대중문화 영역에 대한 전공자와 비전공자의 관심도가 거의 유사한 수준으로 나타났지만, 생활문화와 대중문화 영역을 세분화한 하위 영역에 대해서는 전공자와 비전공자의 관심도가 많은 차이를 보이는 사실이 확인되었다.

3) 남녀별

그러면 이번에는 일본어 학습자를 남녀로 나누어 각 유형의 학습자들이 등록한 글을 살펴보도록 하자.

〈표 9〉 정치, 경제, 사회, 문화(남녀별)

	정치	경제	사회	문화	합계
여자 학습자	0%	1%	1%	98%	100%
남자 학습자	1%	2%	4%	93%	100%

〈표 9〉를 보면 여자 학습자이든 남자 학습자이든 문화 영역에 대한 관심이 가장 높으며, 남자 학습자보다 여자 학습자 쪽이 문화 영역에 대해 더 많은 관심을 보이는 것을 알 수 있다. 즉 여자 학습자 쪽이 남자 학습자보다 5% 가량 높다. 사회 영역에서는 반대로 남자 학습자 쪽이 여자 학습자보다 3% 가량 높은 것을 확인할 수 있다.

그러면 문화의 세부 영역인 전통문화, 생활문화, 대중문화 영역에 대한 남자 학습자와 여자 학습자의 관심도를 살펴보도록 하자.

〈표 10〉 전통문화, 생활문화, 대중문화(남녀별)

	전통문화	생활문화	대중문화	합계
여자 학습자	1%	34%	65%	100%
남자 학습자	1%	25%	74%	100%

〈표 10〉을 보면 생활문화 영역에 대해 여자 학습자가 남자 학습자보다 훨씬 높다는 점을 확인할 수 있다. 즉 여자 학습자의 관심도가 남자 학습자보다 9%가량 높은 것을 알 수 있다. 반면에 대중문화 영역에 대한 관심은 여자 학습자보다 남자 학습자가 9% 가량 높다는 사실을 알 수 있다. 전통문화 영역에 대한 여자 학습자와 남자 학습자의 관심도는 1%로 동일하다.

그러면 이번에는 생활문화의 세부 영역인 음식, 언어, 여행, 공익광고(AC), 관습, 오락, 축제, 교통, 일상, 기타 영역에 대한 남자 학습자와 여자 학습자의 관심도를 살펴보도록 하자.

〈표 11〉 생활문화(남녀별)

	음식	언어	여행	AC	관습	오락	축제	교통	일상	기타	합계
여	24%	28%	15%	1%	8%	4%	2%	1%	6%	12%	100%
남	16%	34%	22%	0%	12%	1%	1%	4%	0%	10%	100%

〈표 11〉을 보면 음식, 오락시설, 일상, 기타 영역에서 여자 학습자의 관심도가 남자 학습자보다 높은 것을 알 수 있다. 즉 음식에서 여자 학습자는 남자 학습자보다 8%, 오락시설에서 3%, 일상에서 6%, 기타에서 2% 가량 우세를 보였다. 반면에 남자 학습자는 언어, 여행, 관습, 교통 영역에서 여자 학습자보다 높

은 관심도를 보였다. 즉 남자 학습자가 여자 학습자에 비해 언어에서 8%, 여행에서 7%, 관습에서 4%, 교통에서 3% 가량 우세를 보였다.

여자 학습자의 등록글에서 음식에 관련해서는 "스시 종류, 도쿄에서 먹어야 할 라멘 9가지", "오사카, 교토, 고베 맛집, 원나잇 푸드 트립" 등의 예가 확인되었다. 오락 시설에 관련해서는 "오사카 유니버셜 스튜디오", "유후인, 일본 최고의 놀이 기구", "유니버셜 스튜디오 해리포터 후기", "일본 디즈니랜드" 등의 예가 확인되었으며, 일상에 관련해서는 "일본 고양이섬 아오시마", "일본 아이스크림 자판기", "코이댄스", "일본 미신" 등의 예가, 기타에 관련해서는 "[일본문화] 숫자 세는 제스쳐", "쿠마몬 레전드", "일본 고등학교 댄스팀", "일본 취주악 대회 영상입니다" 등의 예가 확인되었다.

남자 학습자의 등록글에서 우선 언어에 관련해서는 "나이 물어볼 때 쓰는 일본어/몇 살이에요?", "い형용사 활용 총정리"가, 여행에 관련해서는 "[여행 일본어 회화] 일본 여행 갈 때, 식당에서 사용하는 회화 표현", 관습에 관련해서는 "한국과 일본 여고생의 차이", "일본 식사문화 예절", "일본의 선물 및 식사예절 문화", "일본 여자의 혼네와 다테마에" 등의 예가 확인되었다. 교통에 관련해서는 "일본 택시가 자동문이라면서? 찾아봤는데 진짜임, 일본 택시" 등의 예가 확인되었다.

이번에는 대중문화의 세부 영역에 대한 남자 학습자와 여자 학습자의 관심도를 살펴보도록 하자. 〈표 12〉는 대중문화 하위 영역에 대한 남자 학습자와 여자 학습자의 관심도를 정리한 것이다.

〈표 12〉 대중문화(남녀별)

	음악	드라마	영화	예능	CM	연예인	기타	합계
여	44%	10%	12%	16%	12%	5%	1%	100%
남	49%	9%	6%	22%	10%	3%	1%	100%

〈표 12〉를 보면 드라마, 영화, 상업광고(CM), 연예인에 대한 여자 학습자의 관심도가 남자 학습자보다 높은 것을 알 수 있다. 반면에 남자 학습자는 음악, 예능에서 강세를 보였다. 여자 학습자의 등록글에서 드라마에 관련해서는, "일드 추천 ライアーゲーム(라이어 게임)", "노다메 칸타빌레 NG 장면", "일본 드라마 추천-N을 위하여", "리갈하위 시청률 1위 장면" 등의 예가 확인되었다. 영화에 관련해서는 "일본 영화-조제, 호랑이 그리고 물고기들 〈평론 영상〉", "[해피 해피 브레드]", "일본 로맨스 영화 추천" 등의 예가 확인되었다. 상업광고(CM)에 관련해서는, "일본 광고(한국어 자막)", 일본 달걀 브랜드 "きよらグルメ仕立てCM", "일본 포카리스웨트 광고" 등의 예가 확인되었다. 연예인에 관련해서는 "이시하라 사토미 훈와리 쿄게츠 CF", "하시모토칸나 맨소레담 광고", "하다라다 고쿠쥰 일본 광고" 등의 예가 확인되었다.

남자 학습자의 음악에 관련해서는, "일본 노래 SHISHAMO-明日も", "光るなら-Goose house", "세상 전부가 적이라 하더라

도” 등의 예가, 예능에 관련해서는 “일본 예능 - 공룡이 나타난 다면”, “걸어가기 힘든 길”, “노래 부르다가 함정에 빠진다면”, “토시타이 - 재미있고 귀여운 장면 모음”, “일본의 예전 장난감으로 노는 영상”, “미끄러운 계단 오르기 게임” 등의 예가 확인되었다.

6. 마치며

일본어 교사가 일본어 학습자에게 일본어를 지도하는 만큼이나 일본문화를 지도하는 것도 중요하다. 그 이유로 두 가지를 들 수 있는데 하나는 일본어 학습자들의 최종 학습 목적지가 일본문화(일본사정)이기 때문이다. 이는 일본어를 학습하여 일본에 유학을 가서, 일본문학이나 일본어를 연구하거나 일본에서 취업을 하고, 일본여행을 가거나, 일본에서 일본 음식을 먹거나, 일본인과 교류를 하고 하는 등등의 모든 행위가 일본문화라는 거대한 틀 속에서 일어나는 것이라고 보면 된다. 요컨대, 대부분의 일본어 학습자는 일본어 그 자체를 배우기 위해서 일본어를 학습하는 것이 아니라, 자신들의 삶을 영위하기 위한 수단으로 일본어 학습을 선택한 것이라고 할 수 있다.

다른 하나는 일본문화가 일본어 학습동기를 강화시켜 줄 가능성이 크기 때문이다. 예를 들어 일본여행을 좋아하는 학습자는 일본 여행지에서 만나게 될 일본인들과 자유롭게 대화를 하기 위한 목적으로 일본어 학습에 더더욱 매진을 하게 될 것이다. 또한 교수자는 일본어 학습에 매진하지 못하는 학습자들의 학습동기나 주의 집중을 강화시키기 위한 목적으로 일본문화를 교실활동에 도입을 할 수도 있을 것이다. 따라서 교수자는 각양각색의 유형을 지니는 일본어 학습자들이 어느 문화 영역에 대해 구체적으로 어느 정도의 관심을 지니는지 파악해 둘 필요가 있다고 하겠다.

그러면 5절에서 살펴본 일본어 학습자들의 문화 영역에 대한 관심도를 요약해보자. 먼저 〈표 13〉을 보도록 하자.

〈표 13〉 정치, 경제, 사회, 문화(요약)

	정치	경제	사회	문화	합계
전체 학습자	0.3%	1%	2%	97%	100%
전공자	0.4%	1%	1%	97%	100%
비전공자	0%	1%	2%	98%	100%
여자 학습자	0%	1%	1%	98%	100%
남자 학습자	1%	2%	4%	93%	100%

〈표 13〉을 보면 일본어 학습자가 문화 영역에서 가장 많은 관심을 보이는 것을 알 수 있다. 문화 영역에 대한 관심도는 각 학습자별로 그 수치가 조금씩 다르기는 하지만 유의미한 차이는 보이지 않는다. 이는 교수자가 교실활동에서 문화 영역을 도입하는 것이 효율적일 수 있다는 근거가 될 수 있다.

둘째, 문화 영역을 전통문화, 생활문화, 대중문화 영역으로 세분화하면 각 학습자별로 차이점이 나타나는 것을 볼 수 있었다. 〈표 14〉를 보도록 하자.

〈표 14〉 전통문화, 생활문화, 대중문화(요약)

	전통문화	생활문화	대중문화	합계
전체 학습자	1%	34%	63%	100%
전공자	1%	35%	64%	100%
비전공자	1%	37%	63%	100%
여자 학습자	1%	34%	65%	100%
남자 학습자	1%	25%	74%	100%

〈표 14〉을 보면 전체 일본어 학습자는 대중문화 영역에서 가장 높은 관심을 보이며 전통문화 영역에서는 관심이 거의 없는 것을 알 수 있다. 각 학습자별로 보면 생활문화 영역에서는 비전공자의 관심도가 가장 높다. 대중문화 영역에서는 남자 학습자가 74%로 가장 높다.

셋째, 문화 영역을 전통문화, 생활문화, 대중문화 영역으로 나누면 각 학습자별로 차이가 나타나는 것과 마찬가지로 생활문화 영역을 다양한 하위 영역으로 세분화해도 각 학습자별로 관심도에 있어 차이점이 나타나는 것을 볼 수 있다. 〈표 15〉를 보도록 하자.

〈표 15〉 생활문화(요약)

	음식	언어	여행	AC	관습	오락	축제	교통	일상	기타	합계
전체	19%	34%	16%	2%	9%	3%	2%	1%	4%	10%	100%
전공	23%	29%	15%	1%	5%	4%	2%	2%	6%	14%	100%
비전	12%	44%	19%	4%	16%	3%	0%	0%	0%	3%	100%
여자	24%	28%	15%	1%	8%	4%	2%	1%	6%	11%	100%
남자	16%	34%	22%	0%	12%	1%	1%	4%	0%	10%	100%

〈표 15〉를 보면 전체 일본어 학습자가 언어에서 가장 높은 관심을 보이는 것을 알 수 있다. 각 학습자별로 보면 음식에서는 여자 학습자의 관심도가 24%로 가장 높은 것을 알 수 있다. 언어에서는 비전공자의 관심도가 44%로 가장 높다. 여행에서는 남자 학습자의 관심도가 22%로 가장 높다. 공익광고(AC)에서는 비전공자의 관심도가 각각 4%로 가장 높다. 관습에서는 비전공자가 16%로 가장 높으며, 오락과 축제 부문에서는 유의미한 수치가 확인되지 않으며 교통 부문에서는 남자 학습자가 4%로 가장 높았다. 일상 부문에서는 전공자와 여자 학습자의 관심도가 6%로 가장 높았다. 기타에서는 전공자의 관심도가 14%로 가장 높았다. 〈표 15〉는 교사가 지도하는 특정 유형에 학습자들에게 생활문화의 어떤 부분을 지도하면 효율적인 교실활동이 가능한지를 보여주는 중요한 정보가 될 수 있다.

마지막으로 대중문화 영역을 세분화함으로써 전체 학습자, 전공자별 학습자, 성별 학습자의 관심도가 제각기 차이를 보이는 것을 알 수 있었다. 〈표 16〉을 보도록 하자.

〈표 16〉 대중문화(요약)

	음악	드라마	영화	예능	CM	연예인	기타	합계
전체	39%	9%	14%	21%	13%	3%	1%	100%
전공	23%	6%	15%	25%	16%	4%	1%	100%
비전	49%	14%	13%	14%	9%	0%	1%	100%
여자	44%	10%	12%	16%	12%	5%	1%	100%
남자	49%	9%	6%	22%	10%	3%	1%	100%

〈표 16〉을 보면 전체 학습자의 음악에 대한 관심도가 39%로 가장 높은 것을 알 수 있다. 음악 부문에서는 비전공자와 남자 학습자의 관심도가 49%로 가장 높았다. 드라마에서는 비전공자의 관심도가 14%로 가장 높았다. 영화에서는 전공자가 15%로 가장 높았다. 예능에서는 전공자가 25%로 가장 높았으며, 상업광고(CM)에서 전공자가 16%로 가장 높았다. 연예인에서는 여자 학습자가 5%로 가장 높았으며, 기타에서는 유의미한 차이가 보이지 않았다.

제6장 가상현실(VR)에 기반한 일본어 교실활동 가능성의 모색

1. 시작하며

SF영화를 보면 가상의 세계에서 자신이 원하는 때에 자신이 선호하는 교사에게 원하는 시간에, 원하는 장소에서 수업을 듣는 것이다. 교사의 이미지를 학습자가 임의로 선택하여 원하는 시간에, 원하는 장소에서 수업을 듣는 것이다. 이러한 장면은 게임에 들어가기 전 캐릭터의 이미지나 속성을 자유로이 선택할 수 있는 요즘의 청년들에게는 더 이상 낯설지만은 않다. 또 최근 가상현실(VR)의 발달로 인해 눈앞에 펼쳐지는 사물과 인물들이 현실인지 비현실인지 구분이 어려울 정도이다. 그 예로 2018년도에 구글의 3D홀로그램(체육관 바닥에서 고래가 튀어 오른다)이나 가수들의 홀로그램을 보면 실물보다 더 실물처럼 보여 혀를 내두를 정도이다. 머지않아 기술은 더더욱 발전하여 현실보다 더 현실적인 가상현실의 세계에서 일본어 수업을 받을 날이 도래하리라 믿어 의심치 않는다.

제6장에서는 가까운 미래의 어느 시점에서 가상현실에서 일본어 수업이 행해질 경우, 교사와 관련하여 학습자들의 니즈를 고찰하고자 한다.

2. 설문 개요 및 설문 문항

설문조사는 2008년 2학기에 실시하였다. 설문조사에 응해준 학습자들은 모두 153명이었다. 여학생이 117명, 남학생이 36명이었다. 학습자들은 모두 저자의 수업을 수강한 학생들이었다.

설문 문항은 모두 20문항이며 설문 내용은 다음과 같다. 경우에 따라서는 복수응답을 허용하였다.

1) 교사의 성별
2) 교사의 인종
3) 교사의 헤어스타일
4) 교사의 얼굴형
5) 교사의 눈빛과 표정
6) 교사의 멘트
7) 교사의 목소리
8) 교사의 체형

9) 교사의 옷차림새

10) 교사의 연령

11) 교사의 자세

12) 학습 공간

그런데 여기에서 두 가지의 문제점이 있는 것을 언급하지 않을 수 없다. 하나는 설문에 응답해준 153명으로는 설문 결과가 객관적일 수 없다는 것, 따라서 설문 대상자를 늘려야 한다는 것이다. 다른 하나는 여학생과 남학생의 성비가 불균형을 이루고 있다는 것이다. 그러나 본 장에서는 이러한 문제점을 해결하기보다는 가상세계에서 활동하는 학습자들의 니즈 조사 그 자체에 역점을 두고 고찰을 진행하고자 한다. 고찰에 들어가기 전에 설문 대상자의 연령을 보면 〈표 1〉에서 보는 것처럼 만 20세의 학습자가 54%로 가장 많은 것을 알 수 있다.

〈표 1〉 설문 대상자의 연령

연령	19세	20세	21세	22세	23세	24세	25세	26세	27세	28세
남학생	0%	42%	14%	14%	6%	17%	3%	0%	1%	1%
여학생	3%	57%	23%	9%	4%	3%	1%	1%	0%	0%
전체	2%	54%	21%	10%	5%	6%	1%	1%	1%	1%

3. 교사의 성별

| 설문 1 | 당신이 가상세계에서 원하는 교사의 성별은?

성별	남자 교사	여자 교사
남학생	31%	69%
여학생	62%	38%
전체	54%	46%

위의 표를 보면 가상현실에서 학습자들이 남자교사를 선호한다고 대답한 학습자가 54%로 여자교사의 46%보다 많은 것을 알 수 있다. 그러나 남녀별로 보면 남학생은 68%로 여자교사를 선호하는 비율이 높고, 여학생은 62%로 남자교사를 선호하는 비율이 높은 것을 알 수 있다. 남학생은 여자 교사를 선호하고 여학생은 남자교사를 선호한다는 결론을 도출해낼 수 있다.

4. 교사의 인종

가상현실에서 약 61%의 학습자들이 황인종의 교사를 선호하는 것으로 나타났다. 이것은 일본이 아시아국가이고 황인종인 것과 무관하지는 않지만 백인과 흑인, 그리고 혼혈에 대한 선호도도 일정 비율로 나타나는 점에서 이 설문 결과는 중요하다고 생각된다.

| 설문 2 | 당신이 가상세계에서 원하는 교사의 인종은?

성별	백인	황인	흑인	혼혈
남학생	17%	69%	3%	11%
여학생	21%	59%	3%	17%
전체	20%	61%	3%	16%

위의 표를 보면 황인종이 61%로 가장 많았고 백인종이 20%, 혼혈종이 16%, 흑인종이 3%로 각각 그 뒤를 잇고 있음을 알 수 있다. 성별로 수치는 조금씩 다르지만 황인종〉백인종〉혼혈종〉흑인종의 순서로 황인종에 대한 선호도가 가장 높은 것으로 나타났다. 이에 가상현실 콘텐츠 제작자는 학습자의 이러한 니즈를 충족하고자 다양한 대응책을 마련해둘 필요가 있다고 생각한다.

5. 교사의 헤어스타일

가상현실에서뿐만 아니라 현실세계에서도 헤어스타일은 매우 중요성을 지니는데 그 이유는 이미지에 있어 헤어스타일이 차지하는 비중이 매우 크기 때문이다. 우선 남성 헤어스타일부터 살펴보도록 하자. 남성 헤어스타일의 종류는 다양하지만 본 장에서는 리젠트컷, 투블럭컷, 댄디컷, 소프트모이칸컷, 예수머리, 샤기컷, 레이어컷, 언더컷, 댄디볼륨, 남자웨이브펌, 기타로 분류하여 학습자들의 니즈를 조사하였다.

리젠드컷은 이마를 3분의 2정도 드러나 보이게 하는 남자머리 스타일을 말한다. 투블럭컷은 윗머리는 비교적 풍성하게 두고 옆머리를 짧고 과감하게 밀어올린 스타일을 말한다. 댄디컷은 동서남북 방향의 머리카락을 특출나게 돋보이지 않게 자연스럽고 차분한 느낌을 주는 헤어스타일을 말한다. 소프트모이칸컷은 강렬하고 남성스러움을 어필하는 헤어스타일이다. 예수머리는 우리가 일반적으로 상상하는 예수님의 헤어스타일을 말한다. 샤기컷은 머리면이 고르지 않고 머리카락의 숱을 가볍게 잘라, 왁싱을 함으로써 전체적으로 머리카락이 삐죽삐죽하게 올라오도록 한 스타일을 말한다. 레이어컷은 기본적으로 댄디컷과 유사하지만 다른 점은 머리카락을 층을 내어서 자른 헤어스타일을 말한다. 언더컷은 윗머리를 자연스럽게 넘기고 옆머리는 짧게 밀거나 다운시켜 윗머리와 옆머리의 대비를 이루도록 한 헤어스타일을 말한다. 댄디볼륨은 기본적으로 댄디컷을 한 다음에 파마를 하여 볼륨을 넣은 헤어스타일을 말한다. 남자웨이브펌은 머리카락의 상태를 마치 파도가 이는 것처럼, 그러나 그리 격렬하지 않게 자연스럽고 풍성하게 파마를 한 헤어스타일을 말한다. 각 헤어스타일에 해당하는 그림을 남녀 학습자들에게 보여주고 가상현실에서 원하는 남자교사의 헤어스타일에 대한 학습자들의 니즈 선호도로 다음과 같은 결과를 얻을 수 있었다.

| 설문 3 | 가상세계에서 원하는 남자 교사의 헤어스타일은 무엇입니까?

성별	리젠트 컷	투블럭 컷	댄디 컷	소프트 모이칸 컷	예수 머리	샤기 컷	레이어 컷	언더 컷	댄디 볼륨	남자 웨이브 펌	기타
남학생	11%	3%	39%	0%	11%	0%	11%	0%	8%	8%	8%
여학생	2%	15%	39%	7%	3%	2%	9%	2%	15%	8%	0%
전체	4%	12%	39%	5%	5%	1%	10%	1%	13%	8%	2%

위의 표를 보면 남학생과 여학생 모두 댄디컷의 남자교사를 39%의 비율로 가장 많이 선호하는 것으로 나타났다. 댄디볼륨(13%), 투블럭컷(12%)로 각각 그 뒤를 이었다. 남학생의 경우 댄디컷 39% 외에 리젠드컷과 예수머리, 레이어컷이 각각 11%로 동률을 이루었다. 여학생의 경우도 댄디컷이 39%로 가장 많았고, 댄디볼륨과 투블럭컷이 각각 15%로 동률을 이루었다.

그다음으로 여성 헤어스타일을 보도록 하자. 여성 헤어스타일 종류는 남성 이상으로 매우 다양하지만 필자는 2008년 현재 유행하는 다양한 헤어스타일 가운데 무작위로 러블리펌, 롱스트레이트, 굵은 웨이브펌, 단발, 숏커트, 내츄럴 똥머리, 미디움 헤어스타일, 롱펌헤어스타일을 선택하여 학습자들에게 제시하였다.

러블리펌은 비교적 긴 머리카락을 굵게 자연스러운 웨이브가 되도록 파마를 한 헤어스타일을 말하는데 사랑스런 여성의 이미지를 염두에 둔 것이다. 롱스트레이트는 긴머리카락을 열 파마하여 일직선으로 곧게 편 것을 말한다. 굵은 웨이브펌은 글자 그대로 머리카락을 굵게 파도치듯 파마를 한 것을 말하는데 러블리펌처럼 사랑스런 여성의 이미지를 강조하는 측면은 약간 배제되었다고 할 수 있다. 단발은 귀밑이나 목덜미 언저리에서 머리털을 가지런히 자른 헤어스타일을 말한다(나무위키 2016.08.22). 숏커트는 단발보다 좀 더 짧은 헤어스타일을 말한다. 내츄럴 똥머리는 똥모양의 올림머리를 말한다. 내츄럴이란 단어는 똥머리의 상태가 흔히 항공기나 KTX 여승무원들이 하는 똥머리와는 달리 가지런하게 정돈되지 않은 상태를 말한다. 미디움 헤어스타일은 어깨나 쇠골 부분까지 내려온 길지도 짧지도 않은 길이의 헤어스타일을 말한다. 롱펌헤어스타일은 긴 머리카락 전체를 파마한 헤어스타일을 말한다.

이상 설명한 해당 그림을 남녀 학습자들에게 보여주고 가상현실에서 원하는 여자 교사의 헤어스타일이 무엇인지 물어본 결과를 정리하면 다음과 같다.

| 설문 4 | 당신이 가상세계에서 원하는 여자 교사의 헤어스타일은 무엇입니까?

성별	러블리펌	롱 스트레이트	굵은 웨이브펌	단발	숏커트	내츄럴 똥머리	미디움 헤어스타일	롱펌 헤어스타일	기타
남학생	28%	17%	17%	14%	0%	8%	6%	11%	0%
여학생	18%	0%	36%	8%	2%	3%	18%	15%	0%
전체	20%	4%	31%	9%	1%	5%	15%	14%	0%

전체 학습자들 중에서 굵은 웨이브펌을 한 여자 교사를 31%

의 비율로 가장 선호하는 것으로 나타났다. 러블리펌(20%), 미디움 헤어스타일(15%)과 롱펌헤어스타일(14%)이 각각 그 뒤를 이었다. 남자 학습자들은 러블리펌이 28%로 가장 많았고, 롱스트레이트와 굵은 웨이브펌이 각각 17%로 동률을 이루었다. 여자 학습자들은 굵은 웨이브펌이 36%로 가장 많았고, 러블리펌과 미디움헤어스타일이 18%로 각각 그 뒤를 이었다.

가상현실 수업 콘텐츠 제작자들은 이러한 교사의 다양한 헤어스타일을 고려하여 학습자들의 니즈를 충족하고자 현실적인 노력을 기울여야 할 것이다.

6. 교사의 얼굴형

이번에는 가상현실에서 남녀 학습자들이 요구하는 교사의 얼굴형에 대해서 살펴보도록 하자. 가상현실에서 원하는 남자 교사의 얼굴형은 무엇인가라는 설문5에 대한 결과를 정리하면 다음과 같다.

| 설문 5 | 당신이 가상현실에서 원하는 남자 교사의 얼굴형은?

성별	둥근 얼굴형	긴 얼굴형	사각 얼굴형	역삼각 얼굴형	마름모 얼굴형	기타
남학생	72%	8%	0%	11%	6%	3%
여학생	68%	6%	3%	13%	3%	7%
전체	69%	7%	3%	12%	4%	6%

위의 표를 보면 전체 학습자 가운데 둥근 얼굴형의 남자 교사를 선호한다고 응답한 학습자가 69%로 나타난 것을 알 수 있다. 남자 학습자와 여자 학습자도 각각 72%와 68%로 둥근 얼굴형을 선호하는 것으로 나타났다.

다음의 표는 가상현실에서 원하는 여자 교사의 얼굴형은 무엇이냐는 설문에 대한 결과를 정리한 것인데 여전히 둥근얼굴을 선호하는 것으로 나타났다.

| 설문 6 | 당신이 가상세계에서 원하는 여자 교사의 얼굴형은?

성별	둥근 얼굴형	긴 얼굴형	사각 얼굴형	역삼각 얼굴형	마름모 얼굴형	기타
남학생	86%	6%	0%	6%	0%	3%
여학생	82%	8%	1%	3%	2%	5%
전체	83%	7%	1%	3%	1%	5%

위의 표를 보면 전체 학습자의 83%가 둥근 얼굴형의 여자 교사를 선호하는 것으로 나타났다. 남자 학습자의 경우는 무려 86%가, 여자 학습자의 경우는 82%가 둥근 얼굴형의 여자 교사를 선호한다고 대답하였다.

여기에서 시사적인 것은 여자 교사이든 남자 교사이든 일본어 학습자들이 둥근 얼굴형을 선호하는 것은 차이가 없지만 둥근 얼굴형의 여자 교사에 대한 선호도가 남자 교사보다 높다는 점이다. 남자 교사의 경우는 둥근 얼굴형이어야 한다는 응답이 69%인 반면에 여자 교사의 경우는 83%로 무려 14%의 차이를 보였기 때문이다.

금후 콘텐츠 제작자들은 위의 표에 나타난 비율을 참고하면서 교사의 다양한 얼굴에 대한 학습자들의 니즈를 충족시키고자 노력해야 할 것이다.

7. 교사의 눈빛과 표정

가상현실에서 학습자들이 원하는 남녀교사의 눈빛과 표정에 대한 학습자들의 선호도를 조사한 결과를 정리하면 다음과 같다.

| 설문 7 | 당신이 가상세계에서 원하는 평소 교사의 표정은?

성별	웃는 얼굴	근엄한 얼굴	무표정	기타
남학생	81%	6%	3%	11%
여학생	93%	5%	2%	0%
전체	90%	5%	2%	3%

위의 표를 보면 전체 학습자들의 대부분이 웃는 얼굴의 교사를 선호하는 것으로 나타났다. 남녀 학습자들 모두 웃는 얼굴의 교사를 가장 많이 선호하는 것으로 나타났으나 그 정도를 보면 여자 학습자 쪽이 93%로, 남자 학습자의 81%보다 훨씬 높은 것을 알 수 있다. 즉 남자 학습자보다 여자 학습자가 웃는 얼굴의 교사를 압도적으로 선호하는 것을 알 수 있다.

그다음으로 가상현실에서 학습자가 대답을 잘했을 때 학습자들이 선호하는 교사의 눈빛(표정)에 대해서 살펴보도록 하자.

| 설문 8 | 당신이 가상현실에서 수업을 받는 도중에 대답을 잘했을 때 원하는 교사의 눈빛(표정)은?

성별	놀란 눈빛	행복한 눈빛	지켜보는 눈빛	지긋이 바라보는 진지한 눈빛	기타
남학생	6%	72%	6%	17%	0%
여학생	8%	62%	10%	17%	3%
전체	7%	65%	9%	17%	2%

위의 표를 보면 전체 학습자 가운데 65%가 대답을 잘했을 때 교사가 행복한 눈빛으로 자신들을 바라봐주기를 원한다는 것을 알 수 있다. 그다음으로 지긋이 바라보는 진지한 눈빛과 지켜보는 눈빛은 각각 17%와 9%로 나타났다. 한 가지 특징적인 것은 행복한 눈빛을 선호하는 비율이 여자 학습자의 62%에 비해 남자 학습자 쪽이 72%로 선호도가 10% 가량 높다는 점이다. 지켜보는 눈빛의 경우는 여자 학습자가 남자 학습자보다 4%가량 높은 것도 흥미롭다.

이번에는 학습자들이 수업 시간에 대답을 잘하지 못했을 때 원하는 교사의 눈빛(표정)에 대해서 살펴보도록 하자.

| 설문 9 | 당신이 가상세계에서 수업시간에 대답을 잘 못했을 때 원하는 교사의 눈빛(표정)은 무엇입니까?

성별	놀란 눈빛	행복한 눈빛	지켜보는 눈빛	지긋이 바라보는 진지한 눈빛	분한 눈빛	멍한 눈빛	실망한 눈빛	화난 눈빛	기타
남학생	6%	8%	28%	44%	0%	3%	6%	3%	3%
여학생	3%	8%	46%	28%	0%	4%	9%	0%	2%
전체	3%	8%	42%	32%	0%	4%	8%	1%	2%

위의 표를 보면 전체 학습자들 중에 지켜보는 눈빛이 42%로 가장 많고 지긋이 바라보는 진지한 눈빛이 32%로 그 뒤를 잇고 있음을 알 수 있다. 여자 학습자의 경우는 지켜보는 눈빛에 대한 선호도가 46%로 남자 학습자의 28%보다 훨씬 높은 것을 알 수 있다. 이와는 반대로 지긋이 바라보는 진지한 눈빛에 대한 선호도는 남자 학습자가 44%로, 여자 학습자의 28%보다 훨씬 높은 것을 볼 수 있다.

이상 교실활동에서 취하는 교사의 눈빛(표정)에 대해서 살펴보았는데, 이러한 데이터를 바탕으로 콘텐츠 제작자들은 교사의 다양한 눈빛(표정)을 제작해두어야 할 것이다.

8. 교사의 멘트

가상현실에서 행해지는 교실활동에서 학습자들이 원하는 교사의 멘트에 대해서 살펴보도록 하자.

| 설문 10 | 당신이 가상현실에서
수업을 받으며 대답을 잘했을 때 원하는교사의 멘트는?

성별	과도한 칭찬	적절한 칭찬	시인	노코멘트	기타
남학생	3%	53%	42%	0%	3%
여학생	3%	77%	21%	0%	0%
전체	3%	71%	25%	0%	1%

위의 표를 보면 가상현실 속의 교실활동에서 대답을 잘했을 때 전체 학습자의 71%가 적절한 칭찬을 해주는 교사를 선호하는 것으로 나타났다. 그다음이 시인이 25%로 그 뒤를 이었다. 여기에서 말하는 시인이란 대답을 잘했을 때, "네, 맞아요."라고 그 대답의 타당성을 인정하는 행위를 말한다.

위의 표에서 흥미로운 점이 두 가지 있는데, 하나는 남자 학습자는 53%가 적절한 칭찬을 해주기를 바란 것에 대해, 여자 학습자는 무려 77%가 적절한 칭찬을 바라는 것으로 나타났다는 점이다. 다른 하나는 남자 학습자가 여자 학습자보다 거의 두 배 이상 교사의 시인을 바라는 것으로 나타났다는 점이다.

가상현실에 기반한 교실활동에서 학습자가 대답을 잘하지 못했을 때 학습자들이 선호하는 멘트에 대해서 살펴보도록 하자.

| 설문 11 | 당신이 가상현실에서

수업을 받으며 대답을 잘못했을 때 원하는 교사의 멘트는?

성별	과도한 비난	적절한 비난	유감 표명	노코멘트	기타
남학생	6%	33%	47%	14%	0%
여학생	1%	23%	54%	19%	3%
전체	2%	25%	52%	18%	3%

위의 표를 보면 전체 학습자 중에서 52%의 학습자가 교사의 유감 표명을 가장 선호하는 것으로 나타났다. 적절한 비난은 25%, 노코멘트는 18%를 차지하였다. 두 가지 특징적인 것이 있는데, 하나는 교사의 적절한 비난에 대해서 남자 학습자가 33%로, 여자 학습자의 23%보다 선호도가 높은 것으로 나타났다는 점이다. 다른 하나는 유감 표명인데 여자 학습자 쪽이 54%로 남자 학습자의 47%보다 약 7% 가량 높게 나왔다는 점이다.

이에 가상현실 기반 학습 콘텐츠 제작자들은 이상에서 제시한 데이터를 통해 학습자의 다양한 니즈를 충족시키기 위한 현실적인 노력을 기울일 필요가 있다고 하겠다.

9. 교사의 목소리

가상현실에서 학습자들이 원하는 교사의 목소리 유형에 대해서 살펴보도록 하겠다.

| 설문 12 | 당신이 가상세계에서 원하는 남자 교사의 목소리 유형은?

성별	고음형-테너	중저음-바리톤	저음-베이스	기타
남학생	11%	83%	3%	3%
여학생	1%	91%	9%	0%
전체	3%	89%	7%	1%

위의 표를 보면 전체 학습자의 89%가 중저음-바리톤의 남자 교사를 선호하는 것으로 나타났다. 중저음-바리톤에 대한 남녀 학습자의 선호도는 여자 학습자가 91%로 남자 학습자의 83%보다 8%가량 높은 것을 알 수 있다.

이번에는 여자 교사의 목소리 유형을 살펴보도록 하자.

| 설문 13 | 당신이 가상현실에서 원하는 여자 교사의 목소리 유형은?

성별	고음형 -소프라노	중저음 -메조 소프라노	저음-알토	기타
남학생	17%	75%	6%	3%
여학생	9%	88%	3%	0%
전체	10%	85%	4%	1%

위의 표를 보면 학습자 가운데 85%가 중저음-메조소프라노의 여자 교사를 선호하는 것으로 나타났다. 위의 표를 보면 두 가지 특징적인 점이 나타나는데, 하나는 여자 학습자의 경우, 중저음-메조소프라노에 대한 선호도가 88%로 남자 학습자의 75%보다 훨씬 높다는 것이고, 다른 하나는 고음형-소프라노

에 대한 선호도가 남자 학습자 쪽이 17%로 여자 학습자의 9%로 훨씬 높다는 점이다.

가상현실 속의 교실활동에서 학습자들이 선호하는 남녀 교사의 목소리 상태에 대해서 살펴보자.

| 설문 14 | 당신이 가상현실에서 원하는 남녀 교사의 목소리 상태는?

성별	빠른 목소리	느린 목소리	친절한 목소리	근엄한 목소리	사무적인 목소리	예쁜 목소리	남자다운 목소리	귀여운 목소리	침착한 목소리	냉정한 목소리	기타
남학생	8%	8%	58%	3%	0%	19%	19%	36%	25%	6%	0%
여학생	5%	3%	81%	9%	1%	14%	33%	5%	50%	5%	0%
전체	6%	5%	76%	8%	1%	15%	30%	12%	44%	5%	0%

위의 표를 보면 전체 학습자의 76%가 교사의 친절한 목소리를 선호하는 것으로 나타났다. 침착한 목소리가 44%, 남자(여자)다운 목소리가 30%로 각각 그 뒤를 이었다. 위의 표에서 볼 수 있는 특징적인 점이 있는데 첫째, 친절한 목소리에 대한 선호도가 여자 학습자가 81%로, 남자 학습자의 58%보다 훨씬 높다는 점이다. 둘째, 남자(여자)다운 목소리에 대한 선호도는 여자 학습자가 33%로, 남자 학습자의 19%보다 훨씬 높게 나타났다는 점이다. 셋째, 귀여운 목소리(여자 교사)에 대한 선호도는 남자 학습자가 36%, 여자 학습자가 5%로 남자 학습자 쪽이 훨씬 높았다는 점이다. 마지막으로 침착한 목소리(남녀 교사)에 대한 선호도는 여자 학습자가 50%로, 남자 학습자의 25%보다 훨씬

높게 나타났다는 점이다.

가상현실 기반 학습 콘텐츠 제작자들은 이러한 일련의 사정을 감안하여 다양한 목소리 유형과 상태를 개발해야 할 것이다.

10. 교사의 체형

가상현실에 기반한 교실활동에서 학습자들이 원하는 교사의 체형에 대해서 살펴보도록 하자.

| 설문 15 | 당신이 가상세계에서 원하는 남자 교사의 체형은?

성별	날씬	보통	뚱뚱	기타
남학생	8%	92%	0%	0%
여학생	10%	86%	3%	0%
전체	10%	88%	3%	0%

위의 표를 보면 전체 학습자 중에서 88%가 보통 체형을 한 남자 교사를 선호하는 것으로 나타났다. 흥미로운 점은 보통 체형에 대한 선호도의 남녀 차이인데 남자 학습자가 92%로, 여자 학습자의 86%보다 높게 나타났다는 사실이다.

이번에는 여자 교사의 체형에 대한 남녀 학습자들의 선호도를 살펴보도록 하자.

| 설문 16 | 당신이 가상세계에서 원하는 여자교사의 체형은?

성별	날씬	보통	뚱뚱	기타
남학생	44%	53%	0%	3%
여학생	26%	72%	2%	0%
전체	30%	67%	1%	1%

위의 표를 보면 전체 학습자의 67%가 보통 체형의 여자 교사를 선호하는 것을 알 수 있다. 날씬한 체형이 30%로 그 뒤를 이었다. 몇 가지 특징적인 점은 여자 학습자의 72%가 보통 체형의 여자 교사를 선호하는 반면, 남자 학습자는 53%만이 보통 체형을 선호하는 것으로 나타났다는 점이다. 날씬한 체형의 여자 교사에 대한 선호도는 남자 학습자가 44%로, 여자 학습자의 26%보다 훨씬 높았다는 점이다.

가상현실 기반 학습 콘텐츠 제작자들은 이러한 일련의 사정을 감안하여 남녀 교사의 다양한 체형을 마련해야 할 것이다.

11. 교사의 옷차림새

가상현실에 기반한 교실활동에서 학습자들이 원하는 남녀 교사의 옷차림새에 대해서 살펴보도록 하자.

| 설문 17 | 당신이 가상세계에서 원하는 남녀 교사의 옷차림새는?

성별	정장 차림	캐주얼 차림	야외복 차림	체육복 차림	기타
남학생	28%	64%	6%	3%	0%
여학생	42%	57%	0%	1%	0%
전체	39%	59%	1%	1%	0%

표를 보면 가상현실에 기반한 교실활동에서 전체 학습자의 59%가 캐주얼 차림의 남녀 교사를 선호하는 것으로 나타났다. 그다음이 정장 차림으로 39%를 차지하였다. 위의 표에서 두 가지 특징적인 점을 발견할 수 있는데 하나는 캐주얼 차림에 대해 남자 학습자 쪽이 64%로 여자 학습자의 57%보다 훨씬 높다는 점이다. 다른 하나는 정장 차림에 대한 선호도는 여자 학습자가 42%로 남자 학습자의 28%보다 훨씬 높다는 점이다.

가상현실에 기반한 학습 콘텐츠를 제작자들은 이러한 일련의 사정을 감안하여 남녀 교사의 다양한 옷차림새를 제작해야 할 것이다.

12. 교사의 연령

가상현실에 기반한 교실활동에서 학습자들이 원하는 남녀 교사의 연령을 조사한 결과 다음과 같은 수치를 얻을 수 있었다.

| 설문 18 | 당신이 원하는 남녀 교사의 연령은?

성별	20대	30대	40대	50대	60대	기타
남학생	58%	28%	6%	6%	0%	3%
여학생	44%	56%	1%	0%	0%	0%
전체	47%	49%	2%	1%	0%	1%

위의 표를 보면 대부분의 학습자들은 30대와 20대 연령대의 남녀 교사를 선호하는 것을 알 수 있다. 몇 가지 특징적인 점이 있는데, 첫째, 남자 학습자는 50대까지 선호하는 비율이 보이는 반면에, 여자 학습자의 경우는 20대와 30대에 몰려 있다는 점이다. 둘째, 남자 학습자(58%)는 여자 학습자(44%)보다 20대의 남녀 교사에 대한 선호도가 높다는 점이다. 마지막으로 여자 학습자(56%)는 남자 학습자(28%)보다 30대의 남녀 교사에 대한 선호도가 높다는 점이다.

13. 교사의 자세

가상현실에 기반한 교실활동에서 남녀 교사의 자세에 대한 학습자들의 선호도를 살펴보도록 하자.

| 설문 19 | 가상현실 속의 교실활동에서 당신이 원하는 남녀 교사의 자세는?

성별	서있는 자세	움직이는 자세	앉아 있는 자세	교탁에 기댄 자세	기타
남학생	22%	64%	11%	3%	0%
여학생	44%	44%	2%	9%	1%
전체	39%	49%	4%	7%	1%

위의 표를 보면 전체 학습자의 49%가 교실활동 속에서 교사가 취해야 할 자세로 움직이는 자세를 선호하는 것으로 나타났다. 서 있는 자세가 39%로 그 뒤를 이었다. 위의 표에서 특징적인 세 가지 점이 있다. 첫째, 서 있는 자세에 대한 남녀 학습자의 선호도 차이이다. 여자 학습자가 44%로, 남자 학습자의 22%보다 훨씬 높은 것을 볼 수 있다. 둘째, 남자 학습자(64%)가 여자 학습자(44%)보다 교사가 취해야 할 자세로 움직이는 자세를 훨씬 선호한다는 점이다. 마지막으로 앉아 있는 자세를 남자 학습자(11%)가 여자 학습자(2%)보다 9% 더 선호한다는 점이다.

가상현실에 기반한 학습 콘텐츠 제작들은 이러한 점을 충분히 감안하여 교사의 다양한 자세를 제작하여야 할 것이다.

14. 학습공간

마지막으로 가상현실에 기반한 교실활동 공간에 대한 학습자의 선호도에 대해서 살펴보도록 하자.

| 설문 20 | 당신이 희망하는 공부 장소는?

성별	강의실	레스토랑	콘서트장	공원	하늘나라	체육관	강당	구름위	바닷가	산속	평원	기타
남	58%	0%	3%	8%	11%	6%	0%	3%	0%	3%	6%	3%
여	50%	1%	1%	8%	3%	2%	2%	8%	7%	12%	0%	9%
전체	52%	1%	1%	8%	5%	3%	1%	7%	5%	10%	1%	7%

위의 표를 보면 전체 학습자의 52%가 오프라인의 강의실을 선호하는 것으로 나타났다. 산속이 10%, 공원이 8%, 구름 위가 7%로 각각 그 뒤를 이었다. 남자 학습자는 강의실, 하늘나라, 평원에서 여자 학습자보다 우위를 보였다. 여자 학습자는 구름 위, 바닷가, 산속에서 남자 학습자보다 우위를 보였다.

이에 가상현실에 기반하여 학습 콘텐츠를 제작하려는 사람들은 이상의 데이터를 근거로 다양한 학습장소에 대한 학습자들의 니즈를 충족시키고자 노력을 기울여야 할 것이다.

15. 마치며

가상현실의 시대는 머지않아 우리 일상에 본격적으로 등장할 것이다. 2016년 당시의 박근혜 정부는 가상현실 기술을 제4차 산업으로 지정했을 정도이며 문재인 정부에 들어서 이러한 가상현실 기술은 더더욱 우리 일상에 뿌리를 내릴 것으로 예상된다. 이제 다양한 영역에서 가상현실 기술을 접목한 콘텐츠가 등장할 것이다. 예를 들어 이제는 비행기를 타고 일본의 신주쿠(新宿)를 가지 않아도 된다. 실시간으로 업그레이드된 현재의 신주쿠를 가상현실에서 관광할 날이 멀지 않았기 때문이다.

일본어 수업을 비롯한 모든 수업도 결코 예외는 아니다. 오프라인 수업은 앞으로 본격적으로 쇠퇴의 길을 걸어가게 될 것이다. 이제 학습자들은 자신들이 원하는 시간대에 마치 게임에서 자신의 아바타 이미지 속성을 자유롭게 바꾸어 나가듯이 교사의 속성(성별, 인종, 헤어스타일, 얼굴형, 눈빛과 표정, 멘트, 목소리, 체형, 옷차림새, 연령, 자세, 학습공간)을 선택하는 방식으로 가상현실에 기반한 교실활동을 하게 될 것이다.

또 박영숙(2008:185-192)에 의하면 미래(2020년 이후)의 교육은 학습공간과 평가, 교사가 다양화되며 맞춤형 개별교육이 본격적으로 도래할 것이며, 첨단기술 개발로 인한 평생교육 체계가 도입될 것이며, 네트워킹 능력이 중요시 될 것이라고 한다. 또 지구촌 사이버 대학이 대거 등장할 것이며 오픈소스 교육과 게임으로 학습을 하는 시대가 도래될 것이라 한다. 또 현재 미 해군에서 가상현실을 통해 낙하산 훈련을 하고 있는 현실을 감안하면 금후의 미래교육에는 가상현실이 필수적으로 수반되리라는 것은 의심의 여지가 없다고 하겠다.

따라서 일본어를 비롯한 외국어교육에 있어서도 당연히 가상현실에 기반한 교육이 이루어질 것으로 예상하고 가상현실에 기반한 학습 콘텐츠 제작자들은 이러한 학습자들의 니즈를 충족하기 위해 부단한 노력을 기울여야 할 것이다.

제1부의 결론

제1부에서는 일본어교육론이라는 대범주 속에서 각각 교재론, 언어 4기능교육, 문화교육, 가상현실 속의 교사에 대한 학습자들의 니즈를 다루었다. 제1장-제3장에서는 일본어 독해교재, 통번역 교재 제작 방법을 논의하였다. 제1장에서는 교재 집필자는 구성주의에 입각하여 학습자들이 자신의 학습조건에 맞게 동일한 교과 내용을 임의로 구성해서 교실활동을 할 수 있도록 교재를 집필하여야 한다고 하였다. 둘째, 교재 집필자는 학습자들이 자기주도학습을 할 수 있도록 교재를 집필해야 하며, 셋째, 교재 집필자는 학습자가 교과의 내용을 자신이 원하는 시간에, 원하는 곳에서 주도적으로 학습할 수 있도록 교재를 집필해야 한다고 하였다. 넷째, 교재 집필자는 이들 이념과 더불어 학습자들의 듣기-읽기-말하기-쓰기-인터넷 검색-문화의 이해와 같은 다기능 양성을 염두에 두고 교재를 집필해야 한다고 하였으며, 마지막으로 교재 집필자는 자신이 집필한 교재가 다양한 교재의 기능을 겸비할 수 있어야 하며, 교재의 평가를

거쳐 늘 개선책을 수립하고자 하는 자세를 취해야 할 것을 강조하였다. 제2장과 제3장에서도 제1장과 같은 논지로 고찰을 진행하였다.

제4장에서는 화장품 관련 동영상 대사를 가지고 선행연구에서 제기된 언어 4기능 향상 방안을 적용하면 듣기를 포함한 쓰기, 말하기, 읽기 능력과 함께 일본어 학습에 대한 흥미도도 상당히 제고될 것이라 강조하였다.

제5장에서는 일본문화를 일본어 학습자들에게 효율적으로 지도하기 위해서는 우선 일본어 학습자들이 선호하는 일본문화 영역이 무엇인지를 미리 파악해둘 필요가 있다고 강조한 뒤, 실제로 일본어 학습자들이 올린 문화 관련 등록글을 세부영역으로 나누어 전체 학습자, 전공자·비전공자, 남녀학습자들의 선호도를 고찰하였다.

제6장에서는 가상현실 공간에서 수업을 받을 경우, 교사의 속성(성별, 인종, 헤어스타일, 얼굴형, 눈빛과 표정, 멘트, 목소리, 체형, 옷차림새, 연령, 자세, 학습공간)에 대한 학습자들의 니즈를 고찰하였다.

제2부

어휘 및 표현을 통해서 본 일본사정

제7장 일본인 한자 성씨로 본 일본사정

1. 시작하며

한국인 일본어 학습자가 일본어를 학습할 때 겪는 어려움 중의 하나가 한자이다. 한국에서는 모든 한자를 음독하지만, 일본에서는 음독을 비롯해 훈독을 하거나 또는 음독과 훈독을 병행하기도 하기 때문에 한자를 정확하게 읽기가 쉽지 않다.

이러한 문제는 한자로 표기된 지명이나 성씨의 경우, 훨씬 심각하다. 한자로 표기된 지명이나 성씨(인명 포함)를 접하게 되면 어떻게 읽어야 할지 도무지 감이 잡히지 않는다. 예를 들어「一般」이라는 한자 단어는「いっぱん」으로 음독의 방식으로 읽히지만,「木村, 斎藤, 清水」와 같은 성씨의 경우는 같은 2자 한자어라도 훈독의 방식으로, 음독의 방식으로, 음독과 훈독이 병행되는 방식으로 읽히므로 정확하게 읽어내기가 어렵다. 따라서 유

일한 해결책으로 가급적 많은 한자 성씨나 지명을 보고 듣고 읽고 쓰는 것 이외에는 방법이 없어 보인다.

그러면 한자로 된 성씨나 지명 읽기에 보이는 일반적인 경향 같은 것은 없으며, 무조건 암기에 의존할 수밖에 없느냐는 의문을 제기해볼 수 있다. 이에 본 장에서는 일본인 성씨를 언어학적인 관점(음성학적 층위, 형태론적 층위, 의미론적 층위, 인지의미론적 층위)에 의거하여 일본인들의 한자 성씨를 분석하고자 한다. 물론 이들 4가지 층위 외에도 다른 층위가 관련되어 있을 것으로 생각되지만 이들 4가지 층위로 국한한 것은 분석의 용이성과 기술의 명료성 때문이다.

본 장의 목적은 다음과 같다. 첫째, 일본인들의 성씨로 어느 정도의 난도를 지닌 한자가 사용되는지에 대해 살펴보고자 한다. 둘째, 일본인들의 한자 성씨가 몇 글자로 구성되었으며, 몇 글자로 구성된 한자 성씨가 가장 많은지를 살펴보겠다. 셋째, 일본인들의 한자 성씨가 어떠한 방법으로 가장 많이 읽히는지를 살펴보고, 마지막으로 일본인들의 한자 성씨가 어떠한 레토릭적 기법으로 성립되어 있는지를 살펴보고자 한다.

일본인들의 한자 성씨를 이들 4가지 목적을 수행함으로써 나온 결론만으로는 일본인들의 한자 성씨를 충분히 이해했다고는 할 수 없을 것이다. 그러나 본 저자는 이들 4가지 목적을 수행하는 것만으로 한자 성씨 읽기에 보이는 일반적인 경향과 성씨를 구성하는 한자들의 의미적 메커니즘이 일정 부분 해명될 것이라 생각하므로 나름 심도 있는 결론을 도출해낼 것으로 보고 있다. 이하의 절에서는 위에서 제시한 순서대로 논의를 진행해나가고자 한다.

2. 분석의 대상과 선행연구

본 연구의 분석 자료는 名字由来ネット(2016.05-06)라는 인터넷 사이트에 수록된 한자 성씨 데이터베이스이다. 구글 검색창에 입력하면 이 사이트가 나오는데 이 사이트에는 4,500개의 일본인 한자 성씨가 수록되어 있다. 본 저자가 이 사이트를 선정한 것은 1위부터 4500위까지 특정한 성씨를 사용하는 사람들의 숫자와 읽기, 문양, 발생 유래 등의 방대한 정보가 이 사이트에 수록되어 있기 때문이다.

본 장에서는 1위부터 1000위까지의 성씨만을 고찰의 대상으로 하였다. 그 이유는 1위부터 1000위까지의 성씨를 사용하는 인구가 전체 일본인들 과반수를 차지하고, 1000위까지의 분석만으로도 일본인 한자 성씨의 일반적인 경향(음성학적, 형태론적, (인지) 의미론적 특징)을 파악하기에 충분하다고 생각되었기 때문이다.

우선 일본인들의 한자 성씨 1000개를 제시하면 다음과 같은데 대개 JLPT2-3급 정도의 난도를 지닌 한자들이 주축을 이룬다.

사토(佐藤), 스즈키(鈴木), 다카하시(高橋), 다나카(田中), 이토(伊藤), 와타나베(渡辺), 야마모토(山本), 나카무라(中村), 고바야시(小林), 가토(加藤), 요시다(吉田), 야마다(山田), 사사키(佐々木), 야마구치(山口), 마쓰모토(松本), 이노우에(井上), 기무라(木村), 하야시(林), 사이토(斎藤), 시미즈(清水), 야마자키(山崎), 모리(森), 이케다(池田), 하시모토(橋本), 아베(阿部), 이시카와(石川), 야마시타(山下), 나카지마(中島), 오가와(小川), 이시이(石井), 마에다(前田), 오카다(岡田), 하세가와(長谷川), 후지타(藤田), 고토(後藤), 곤도(近藤), 무라카미(村上), 엔도(遠藤), 아오키(青木), 사카모토(坂本), 사이토(斉藤), 후쿠다(福田), 오타(太田), 니시무라(西村), 후지이(藤井), 후지와라(藤原), 오카모토(岡本), 미우라(三浦), 나카노(中野), 가네코(金子), 나카가와(中川), 하라타(原田), 마쓰다(松田), 다케우치(竹内), 오노(小野), 다무라(田村), 나카야마(中山), 와다(和田), 이시다(石田), 모리타(森田), 우에타(上田), 하라(原), 우치다(内田), 시바타(柴田), 사카이(酒井), 미야자키(宮崎), 요코야마(横山), 다카기(高木), 안도(安藤), 미야모토(宮本), 오노(大野), 구도(工藤), 다니구치(谷口), 고지마(小島), 이마이(今井), 다카다(高田), 마루야마(丸山), 마스다(増田), 스기야마(杉山), 무라타(村田), 후지모토(藤本), 오쓰카(大塚), 고야마(小山), 히라노(平野), 아라이(新井), 고노(河野), 우에노(上野), 다케다(武田), 노구치(野口), 마쓰이(松井), 치바(千葉), 스가하라(菅原), 이와사키(岩崎), 구보(久保), 기시타(木下), 사노(佐野), 노무라(野村), 마쓰오(松尾), 기쿠치(菊地), 스기모토(杉本), 이치가와(市川), 오니시(大西), 후루카와(古川), 시마타(島田), 미즈노(水野), 사쿠라이(桜井), 와타베(渡部), 다카노(高野), 요시카와(吉川), 야마우치(山内), 니시다(西田), 기쿠치(菊池), 니시카와(西川), 고마쓰(小松), 이다(飯田), 기타무라(北村), 야스다(安田), 이가라시(五十嵐), 가와구치(川口), 히라타(平田), 나카다(中田), 세키(関), 구보타(久保田), 아즈마(東), 핫토리(服部), 가와사키(川崎), 이와타(岩田), 쓰치야(土屋), 후쿠시마(福島), 혼다(本田), 쓰지(辻), 히구치(樋口), 다구치(田口), 나가이(永井), 아키야마(秋山), 야마나카(山中), 나카니시(中西), 요시무라(吉村), 가와카미(川上), 하마다(浜田), 마쓰오카(松岡), 이시하라(石原), 오하시(大橋), 바바(馬場), 모리모토(森本), 야노(矢野), 마쓰시타(松下), 아사노(浅野), 호시노(星野), 요시오카(吉岡), 오쿠보(大久保), 고이케(小池), 노다(野田), 아라키(荒木), 구마가이(熊谷), 마쓰우라(松浦), 오타니(大谷), 나이토(内藤), 구로다(黒田), 오자키(尾崎), 가와무라(川村), 모치즈키(望月), 나가타(永田), 마쓰무라(松村), 호리(堀), 다나베(田辺), 간노(菅野), 히라이(平井), 니시야마(西山), 오시마(大島), 하야카와(早川), 아라이(荒井), 히로세(広瀬), 구리하라(栗原), 요코타(横田), 이시바시(石橋), 이와모토(岩本), 가타야마(片山), 하기와라(萩原), 미야타(宮田), 오이시(大石), 세키구치(関口), 혼마(本間), 다카야마(高山), 오카자키(岡崎), 수도(須藤), 오다(小田), 가마타(鎌田), 요시노(吉野), 이토(伊東), 시노하라(篠原), 고니시(小西), 우에하라(上原), 마쓰하라(松原), 후쿠이(福井), 나리타(成田), 고가(古賀), 미나미(南), 오모리(大森), 오쿠무라(奥村), 우치야마(内山), 고이즈미(小泉), 사와타(沢田), 구와하라(桑原), 미야케(三宅), 가타오카(片岡), 오카(岡), 가와시마(川島), 오쿠다(奥田), 도미타(富田), 야기(八木), 마쓰나가(松永), 스기우라(杉浦), 기타가와(北川), 오자와(小沢), 가와이(河合), 히라야마(平山), 마키노(牧野), 시라이시(白石), 세키네(関根), 이마무라(今村), 데라다(寺田), 아오야마(青山), 나카오(中尾), 우에무라(上

村), 오구라(小倉), 오노데라(小野寺), 시부야(渋谷), 사카구치(坂口), 오카무라(岡村), 오야마(大山), 아다치(足立), 다다(多田), 아마노(天野), 사쿠마(佐久間), 도요타(豊田), 니시(西), 쓰노다(角田), 무라야마(村山), 네모토(根本), 다지마(田島), 이쓰카(飯塚), 다케다(竹田), 미야시타(宮下), 무토(武藤), 고다마(児玉), 시라이(白井), 사카다(坂田), 사카이(坂井), 쓰카모토(塚本), 미즈타니(水谷), 에노모토(榎本), 가미타니(神谷), 오하라(小原), 오가사와라(小笠原), 모리시타(森下), 사이토(齋藤), 나카이(中井), 아사이(浅井), 우에타(植田), 간다(神田), 오카베(岡部), 가와무라(河村), 마에가와(前川), 미야가와(宮川), 이나가키(稲垣), 오카와(大川), 나가타(長田), 마쓰자키(松崎), 와카바야시(若林), 다니(谷), 아베(安部), 이지마(飯島), 오사와(大沢), 오이카와(及川), 호리우치(堀内), 이시즈카(石塚), 야마네(山根), 다시로(田代), 나카시마(中嶋), 나카타니(中谷), 에구치(江口), 기시모토(岸本), 니시오(西尾), 혼다(本多), 모리야마(森山), 아라카와(荒川), 호소카와(細川), 곤노(今野), 가나이(金井), 도다(戸田), 오카노(岡野), 쓰다(津田), 아다치(安達), 모리카와(森川), 도이(土井), 이나바(稲葉), 하타케야마(畠山), 무라마쓰(村松), 호시(星), 미카미(三上), 오치아이(落合), 마치다(町田), 나가오(長尾), 나카하라(中原), 이와이(岩井), 쓰쓰미(堤), 노자키(野崎), 요네다(米田), 나카자와(中沢), 가나다(金田), 마쓰야마(松山), 미요시(三好), 호리타(堀田), 사이키(佐伯), 니시노(西野), 스기타(杉田), 야마기시(山岸), 니시오카(西岡), 구로가와(黒川), 가이(甲斐), 이즈미(泉), 오타케(大竹), 구로키(黒木), 가사하라(笠原), 도쿠나가(徳永), 가와다(川田), 후루타(古田), 스다(須田), 호리에(堀江), 야마카와(山川), 기시(岸), 오키(大木), 니다(新田), 미키(三木), 우메다(梅田), 노나카(野中), 사카키바라(榊原), 무라이(村井), 쓰치다(土田), 오쿠야마(奧山), 다키사와(滝沢), 오무라(大村), 가와바타(川端), 오키(大城), 가지하라(梶原), 이구치(井口), 긴죠(金城), 오바(大場), 가나자와(金沢), 요시하라(吉原), 야스이(安井), 미야우치(宮内), 나가시마(長島), 미야기(宮城), 히다카(日高), 무카이(向井), 쇼지(庄司), 니시모토(西本), 오우치(大内), 마쓰시마(松島), 시게키(茂木), 시모다(下田), 다케우치(竹内), 오기노(荻野), 오쿠노(奧野), 히가(比嘉), 후지카와(藤川), 이시구로(石黒), 쓰카다(塚田), 히로타(広田), 후쿠모토(福本), 시마다(嶋田), 기타노(北野), 가와하라(川原), 구리타(栗田), 다니가와(谷川), 고다니(小谷), 우노(宇野), 요시모토(吉本), 후지노(藤野), 후지오카(藤岡), 다케모토(竹本), 다케시타(竹下), 니와(丹羽), 오가타(緒方), 후지무라(藤村), 아오야나기(青柳), 후루타니(古谷), 히라카와(平川), 가메이(亀井), 다카시마(高島), 미와(三輪), 후지사와(藤沢), 구보타(窪田), 미야하라(宮原), 다카이(高井), 시모무라(下村), 시노자키(篠崎), 야마무라(山村), 가와모토(川本), 다카세(高瀬), 데구치(出口), 야나기사와(柳沢), 네기시(根岸), 요코이(横井), 고모리(小森), 나가노(長野), 다케무라(竹村), 요시자와(吉沢), 오자와(小澤), 다케이(武井), 미야자와(宮沢), 후쿠오카(福岡), 히라마쓰(平松), 다하라(田原), 미조구치(溝口), 이나다(稲田), 우수이(臼井), 시무라(志村), 구로사와(黒沢), 쓰쓰이(筒井), 아사다(浅田), 하야시다(林田), 오하라(大原), 오히라(大平), 야나기타(柳田), 나가노(永野), 후쿠나가(福永), 도미타(冨田), 세토(瀬戸), 기타하라(北原), 이리에(入江), 도미나가(富永), 데즈카(手塚), 시노다(篠田), 유아사(湯浅), 쓰루타(鶴田), 고이데(小出), 야마오카(山岡), 다카마쓰(高松), 나가오카(長岡), 누마타(沼田), 오타(大田), 야지마(矢島), 호리구치(堀口), 오쓰키(大槻), 이와

세(岩瀨), 사와타(澤田), 이시자키(石崎), 이시야마(石山), 호리카와(堀川), 소마(相馬), 니노미야(二宮), 이케가미(池上), 소노다(園田), 히라오카(平岡), 하나다(花田), 가시와기(柏木), 스기하라(杉原), 가와노(川野), 시마자키(島崎), 가노(加納), 오치(越智), 무라세(村瀨), 나가사와(長沢), 가타기리(片桐), 구라타(倉田), 우쓰미(內海), 후쿠하라(福原), 가와하라(河原), 니시하라(西原), 마쓰노(松野), 노자와(野沢), 가사이(笠井), 아키모토(秋元), 다바타(田畑), 오사카(小坂), 다니모토(谷本), 센다(千田), 히노(日野), 요시이(吉井), 와타베(渡邊), 후카사와(深沢), 기타지마(北島), 니시자와(西沢), 도쿠다(德田), 아이사와(相沢), 아라야(新谷), 하라구치(原口), 다우에(田上), 고야나기(小柳), 스가(菅), 요네야마(米山), 모리오카(盛岡), 하타케나카(畑中), 이마이즈미(今泉), 하마노(浜野), 호소야(細谷), 하가(芳賀), 오이(大井), 오지마(小嶋), 아키타(秋田), 이소베(磯部), 시라카와(白川), 오사키(大崎), 나카모토(中本), 미타니(三谷), 쓰보이(坪井), 우에키(植木), 하마구치(浜口), 후쿠야마(福山), 아이하라(相原), 호소다(細田), 하기와라(萩原), 기시다(岸田), 쓰지모토(辻本), 아사미(浅見), 미나가와(皆川), 기하라(木原), 가와세(川瀨), 하타(畑), 오토모(大友), 가와우치(河內), 히라바야시(平林), 시오타(塩田), 도야마(遠山), 후루야(古谷), 오쓰보(大坪), 우에무라(植村), 미쓰이(三井), 시마무라(島村), 난바(難波), 이와시타(岩下), 나카자토(中里), 가미야마(神山), 미무라(三村), 이데(井手), 미쓰하시(三橋), 사이토(齊藤), 오사와(大沢), 요시나가(吉永), 구리야마(栗山), 와타베(渡邊), 마쓰카와(松川), 가와바타(川畑), 나가이(長井), 이데(井出), 사타케(佐竹), 하야사카(早坂), 하마사키(浜崎), 가와타(河田), 다치바나(橘), 가메야마(亀山), 야나기(柳), 가와이(川合), 아사쿠라(朝

倉), 구사노(草野), 호리이(堀井), 호사카(保坂), 무라오카(村岡), 시가(志賀), 와카마쓰(若松), 미즈카미(水上), 오가타(尾形), 다카무라(高村), 가리노(狩野), 한다(半田), 다카오카(高岡), 다테이시(立石), 고미야(小宮), 가메다(亀田), 다카야나기(高柳), 오즈(大津), 미시마(三島), 세가와(瀨川), 나카네(中根), 나라(奈良), 마나베(真鍋), 데라시마(寺島), 시바사키(柴崎), 다마이(玉井), 다케우치(武内), 이치무라(市村), 미즈구치(水口), 다이라(平), 기요노(清野), 하시구치(橋口), 우에마쓰(植松), 우치노(内野), 후지사키(藤崎), 에토(江藤), 신도(進藤), 다카미(高見), 기노우치(木内), 데라모토(寺本), 구노(久野), 아라카키(新垣), 오다(織田), 미야지(宮地), 오누마(大沼), 후카타니(深谷), 가와모토(河本), 후지모리(藤森), 모리야(守屋), 모리(毛利), 다마키(玉城), 아리마(有馬), 미야지마(宮島), 오에(大江), 아리타(有田), 시모야마(下山), 나스(那須), 다카하라(高原), 스가타니(菅谷), 나미키(並木), 이치하라(市原), 야베(矢部), 기타야마(北山), 사카시타(坂下), 도리이(鳥居), 마쓰사와(松沢), 세키타니(関谷), 이노(飯野), 이시와타(石渡), 이타가키(板垣), 노가미(野上), 미하라(三原), 마에하라(前原), 마키(牧), 사카가미(坂上), 가사이(葛西), 다치바나(立花), 가와이(川井), 히라오(平尾), 마쓰키(松木), 이와사(岩佐), 다사키(田崎), 도야마(外山), 다카오(高尾), 하세(長谷), 나루세(成瀨), 사카모토(阪本), 다키모토(滝本), 미타(三田), 나가세(長瀨), 고데라(小寺), 우사미(宇佐美), 오무로(小室), 노모토(野本), 이타쿠라(板倉), 가도와키(門脇), 다카사키(高崎), 소메야(染谷), 도이(土居), 쓰카하라(塚原), 야마노(山野), 오쿠라(大倉), 하타(秦), 다키구치(滝口), 이다(井田), 야마시로(山城), 이시가키(石垣), 하세베(長谷部), 이즈미(和泉), 우미노(海野), 아키바(秋葉), 에사키(江崎), 마사키(正

木), 이마다(今田), 나카무라(仲村), 나카사와(中沢), 다카나시(高梨), 아이카와(相川), 오쿠(奥), 이와나가(岩永), 시마(島), 시시도(宍戸), 니시타니(西谷), 후지키(藤木), 히라쓰카(平塚), 시나(椎名), 쓰즈키(都築), 기다(木田), 에가와(江川), 이시마루(石丸), 가나타니(金谷), 가나야마(金山), 오제키(小関), 호소이(細井), 이누이(乾), 고스기(小杉), 다가와(田川), 가나모리(金森), 구로이와(黒岩), 호리코시(堀越), 나가야마(永山), 스와(諏訪), 시모카와(下川), 오바타(小畑), 모리타니(森谷), 스기무라(杉村), 호소노(細野), 우에야마(上山), 요네자와(米沢), 이시모토(石本), 야마우에(山上), 미야와키(宮脇), 도가시(富樫), 기타다(北田), 우메하라(梅原), 스에나가(末永), 아카마쓰(赤松), 후세(布施), 노하라(野原), 오노다(小野田), 도시마(豊島), 오쿠마(大熊), 오야(大矢), 미야노(宮野), 오누키(大貫), 이마니시(今西), 고자와(小沢), 시오야(塩谷), 아쿠쓰(阿久津), 미즈타(水田), 가자마(風間), 가가와(香川), 아소(麻生), 사카모토(坂本), 가도타(門田), 이쿠타(生田), 기타(喜多), 스가누마(菅沼), 오바타(小幡), 니시구치(西口), 시마부쿠로(島袋), 나카타(仲田), 이가와(井川), 모토하시(本橋), 오바(大庭), 구라모치(倉持), 나카바야시(中林), 우메모토(梅本), 이와부치(岩淵), 우라타(浦田), 하마모토(浜本), 오와다(大和田), 고쿠보(小久保), 도미오카(富岡), 스기노(杉野), 도바시(土橋), 스가(須賀), 사가와(佐川), 기모토(木本), 이와마(岩間), 기도(木戸), 구사카(日下), 가와베(川辺), 다이라(平良), 하타노(波多野), 오타키(大滝), 가네마루(金丸), 나가시마(永島), 나가사키(長崎), 야구치(矢口), 모리와키(森脇), 하타(羽田), 오구라(小椋), 에비하라(海老原), 메구로(目黒), 히라사와(平沢), 다치카와(立川), 사나다(真田), 아마미야(雨宮), 스나가와(砂川), 요다(依田), 아사카와(浅川), 야마가타

(山形), 시라토리(白鳥), 하마다(濱田), 후카다(深田), 소네(曽根), 간자키(神崎), 오하타(大畑), 데라오(寺尾), 가게야마(影山), 이시자카(石坂), 야다(矢田), 이타바시(板橋), 마쓰모토(松本), 오누마(小沼), 야마모토(山元), 기타자와(北沢), 다카쿠라(高倉), 가쓰마타(勝又), 아카기(赤木), 사에구사(三枝), 하시즈메(橋爪), 기요타(清田), 우쓰노미야(宇都宮), 오노에(尾上), 아시다(芦田), 야나가와(柳川), 이와키(岩城), 우타가와(宇田川), 우메즈(梅津), 가미노(神野), 단노(丹野), 세오(瀬尾), 사쿠라이(櫻井), 이케우치(池内), 야나기하라(柳原), 요코오(横尾), 에하라(江原), 니시와키(西脇), 구리바야시(栗林), 쓰루오카(鶴岡), 가쿠(角), 구와타(桑田), 구메(久米), 가와니시(川西), 사카노(坂野), 모리구치(森口), 니시지마(西島), 히비노(日比野), 우에스기(上杉), 요시자와(吉沢), 오시마(大嶋), 이하라(井原), 우메무라(梅村), 슈토(首藤), 유키(結城), 데시마(手島), 다마키(玉城), 아카사카(赤坂), 우라노(浦野), 다바타(田端), 고보리(小堀), 아오노(青野), 기타(北), 고스게(小菅), 아이하라(相原), 도비타(飛田), 고다마(小玉), 요코가와(横川), 고다(合田), 오바야시(大林), 미즈시마(水島), 오다카(小高), 아사누마(浅沼), 다케하라(竹原), 우메자와(梅沢), 가도야(角谷), 미야사카(宮坂), 이케모토(池本), 와키타(脇田), 아루가(有賀), 모토무라(本村), 미사와(三沢), 시다(志田), 아카시(明石), 시마즈(島津), 시바야마(柴山), 세노오(妹尾), 오시타(大下), 이케타니(池谷), 가스가(春日), 다키가와(滝川), 야마토(大和), 가쓰타(勝田), 구스노키(楠), 나카쓰카(中塚), 도미야마(富山), 사카구치(阪口), 가세(加瀬), 소가(曽我), 마에지마(前島), 미야자토(宮里), 다니무라(谷村), 사사가와(笹川), 구스모토(楠本), 도쓰카(戸塚), 가와고에(川越), 마스다(益田), 온다(恩田), 오구리(小栗), 반도(坂東),

아이다(会田), 마에노(前野), 이시노(石野), 시라키(白木), 요시자키(吉崎), 고쿠부(国分), 가키누마(柿沼), 후루야마(古山), 이소노(磯野), 오카야마(岡山), 나쓰메(夏目), 이모토(井本), 우치무라(内村), 노지마(野島), 스가이(菅井), 하나오카(花岡), 다카하타(高畑), 구사카베(日下部), 이시쿠라(石倉), 다부치(田淵), 구마다(熊田), 나카(中), 오키(沖), 다마키(玉木), 하마(浜), 기도(城戸), 구라모토(倉本), 고베(神戸), 스에요시(末吉), 모치다(持田), 시오미(塩見), 다키(滝), 후쿠치(福地), 가나자와(金沢), 오키타(沖田), 와카야마(若山), 고지마(児島), 데라사와(寺沢), 쇼지(東海林), 모리나가(森永), 핫타(八田), 기토(鬼頭), 모리이(森井), 사와이(沢井), 구로사키(黒崎), 시메마쓰(重松), 다카야(高谷), 다도코로(田所), 모토야마(本山), 이마(今), 오우라(大浦), 다카시마(高島), 무라키(村木), 데라니시(寺西), 히로세(廣瀬), 이무라(井村), 다지리(田尻), 시게타(重田), 오타카(大高), 나가사카(長坂), 후카이(深井), 남부(南部), 다마다(玉田), 가스야(粕谷), 히라가(平賀), 요네쿠라(米倉), 기쿠타(菊田), 우카이(鵜飼), 가와시마(川嶋), 이와타니(岩谷), 데라오카(寺岡), 이노마타(猪股), 사쿠라다(桜田), 오카지마(岡島), 노로(野呂), 아키모토(秋元), 하타나카(畠中), 구마쿠라(熊倉), 이소자키(磯崎), 마스이(増井), 도미나가(冨永), 사사하라(笹原), 우지이에(氏家), 가와조에(川添), 고미(五味), 곤노(紺野), 도미자와(富沢), 고다이라(小平), 후루하시(古橋), 오마타(小俣), 나가하마(長浜), 오구치(小口), 니시이(西井), 치넨(知念), 쓰치야(土屋), 니시우라(西浦), 마키타(牧田), 니무라(新村), 야스나가(安永), 오제키(大関), 고구레(小暮), 가지타(梶田), 이와무라(岩村), 마루타(丸田), 사카이(境), 야나세(柳瀬), 가사이(河西), 구라하시(倉橋), 히라모토(平本), 하나이(花井), 이마가와(今川), 쓰지

무라(辻村)

일본인의 한자 성씨를 분석한 선행연구로 우선 사쿠마에이(佐久間英, 1972)를 들 수 있다. 그는 명명학의 대가답게 일본인들의 한자 성씨를 문화인류학이라는 거시적인 틀로 분석하였다. 그 골자를 보면 우선 일본의 각 현마다 특징 있는 성씨가 있으며, 어느 정도 세상의 이치를 아는 일본인들이라면 한자 성씨를 듣거나 보는 것만으로도 출신지를 얼추 유추할 수 있다고 하였다. 또한 메이지 이전에 생긴 성씨와 그 후에 생긴 성씨, 성씨의 종류, 좋은 이름(나쁜 이름)의 조건, 희귀한 성씨, 읽기 어려운 성씨, 기이한 성씨에 대해서 체계적으로 분석하였다. 명명학이라는 방대한 지식체계를 문화인류학적으로 고찰한 그의 저서는 본 장과는 비교가 되지 않을 정도로 스케일이 크고 그 내용 또한 심오하다. 그가 분석한 한자 성씨의 숫자도 무려 6,363개로, 본 장의 1000개와 비교할 수 없을 정도로 방대하다. 그러나 일본인들의 한자 성씨로 어느 정도의 난도를 지닌 한자가 사용되는지, 일본인들의 한자 성씨가 어떠한 방법으로 가장 많이 읽히는지, 일본인들의 한자 성씨가 어떠한 의미적 특징을 지니는 한자에서 유래되는지, 나아가 어떠한 레토릭적 기법에 의해 성립되었는지에 대해서는 다루지 않았다.

다니엘 롱(ダニエル・ロング, 2012a:27-28)은 일본인들의 한자 성씨를 가족명이라 칭하고 가족명이 오하시(大橋), 다나카(田中), 기노시타(木下), 다나카(田中), 이시카와(石川), 나카지마(中島), 이케다(池田)와 같이 대부분 장소를 나타낸다고 하였다. 또한 핫토리(服部, 직물공), 와타베(渡部, 선박기능공)과 같이 직업에 기원을 둔 것도 있다고 하였다. 그 밖에 지형이나 지명에서 유래된 성씨도 보인다고 하였다. 다니엘 롱(ダニエル・ロング, 2012b)의 이러한 분석은 본 장의 논지와 부합하는 바가 크기는 하지만, 장소와 지형을 의미 특징별로 세분화하여 제시하지 않았다는 점, 몇 가지 예만을 논거로 들었다는 아쉬움이 있다.

3. 일본인의 성씨 표기 한자 수

2절에서 제시한 일본인들의 성씨 한자를 보면 하야시(林)와 같이 한 글자로 구성된 성씨, 나카무라(中村)와 같이 두 글자의 한자로 구성된 성씨, 사사키(佐々木)와 같이 세 글자의 한자로 구성된 성씨가 있다. 다음의 〈표 1〉을 보자.

〈표 1〉 성씨 표기 한자 수

	1자	2자	3자	합계
표기 한자수	32개	947개	21개	1000개
비율	3%	95%	2%	100%

위의 〈표 1〉을 보면, 일본인들의 성씨가 1자의 한자로 표기되는 것이 3%, 2자의 한자로 표기된 성씨가 95%, 3자의 한자로 표기된 것이 2%를 차지하는 것을 알 수 있다. 2자의 한자로 표

기되는 것이 압도적으로 높다는 점에서 일본인들의 한자 성씨는 2자가 가장 일반적이라는 것을 알 수 있다.

첫째, 1자의 한자로 표기되는 성씨로는 林, 森, 原, 関, 東, 辻, 堀, 南, 岡, 西, 谷, 星, 堤, 泉, 岸, 菅, 畑, 橘, 栁, 平, 牧, 秦, 奥, 島, 乾, 北, 楠, 中, 沖, 浜, 滝, 今, 境 등을 들 수 있다.

둘째, 3자의 한자로 표기되는 성씨로는 佐々木, 長谷川, 五十嵐, 久保田, 大久保, 小久保, 小野寺, 佐久間, 小笠原, 宇佐美, 長谷部, 小野田, 阿久津, 大和田, 波多野, 海老原, 宇都宮, 宇田川, 日比野, 日下部, 東海林 등을 들 수 있다.

셋째, 2자의 한자로 표기되는 성씨가 가장 많다. 그 예를 모두 열거하면 다음과 같다.

佐藤, 鈴木, 高橋, 田中, 伊藤, 渡辺, 山本, 中村, 小林, 加藤, 吉田, 山田, 山口, 松本, 井上, 木村, 斎藤, 清水, 山崎, 池田, 橋本, 阿部, 石川, 山下, 中島, 小川, 石井, 前田, 岡田, 藤田, 後藤, 近藤, 村上, 遠藤, 青木, 坂本, 斉藤, 福田, 太田, 西村, 藤井, 藤原, 岡本, 三浦, 中野, 金子, 中川, 原田, 松田, 竹内, 小野, 田村, 中山, 和田, 石田, 森田, 上田, 内田, 柴田, 酒井, 宮崎, 横山, 高木, 安藤, 宮本, 大野, 工藤, 谷口, 小島, 今井, 高田, 丸山, 増田, 杉山, 村田, 藤本, 大塚, 小山, 平野, 新井, 河野, 上野, 武田, 野口, 松井, 千葉, 菅原, 岩崎, 久保, 木下, 佐野, 野村, 松尾, 菊地, 杉本, 市川, 大西, 古川, 島田, 水野, 桜井, 渡部, 高野, 吉川, 山内, 西田, 菊池, 西川, 小松, 飯田, 北村, 安田, 川口, 平田, 中田, 服部, 川崎, 岩田, 土屋, 福島, 本田, 樋口, 田口, 永井, 秋山, 山中, 中西, 吉村, 川上, 浜田, 松岡, 石原, 大橋, 馬場, 森本, 矢野, 松下, 浅野, 星野, 吉岡, 小池, 野田, 荒木, 熊谷, 松浦, 大谷, 内藤, 黒田, 尾崎, 川村, 望月, 永田, 松村, 田辺, 菅野, 平井, 西山, 大島, 早川, 荒井, 広瀬, 栗原, 横田, 石橋, 岩本, 片山, 萩原, 宮田, 大石, 関口, 本間, 高山, 岡崎, 須藤, 小田, 鎌田, 吉野, 伊東, 篠原, 小西, 上原, 松原, 福井, 成田, 古賀, 大森, 奥村, 内山, 小泉, 沢田, 桑原, 三宅, 片岡, 川島, 奥田, 富田, 八木, 松永, 杉浦, 北川, 小沢, 河合, 平山, 牧野, 白石, 関根, 今村, 寺田, 青山, 中尾, 上村, 小倉, 渋谷, 坂口, 岡村, 大山, 足立, 多田, 天野, 豊田, 角田, 村山, 根本, 田島, 飯塚, 竹田, 宮下, 武藤, 児玉, 白井, 坂田, 坂井, 塚本, 水谷, 榎本, 神谷, 小原, 森下, 齋藤, 中井, 浅井, 植田, 神田, 岡部, 河村, 前川, 宮川, 稲垣, 大川, 長田, 松崎, 若林, 安部, 飯島, 大沢, 及川, 堀内, 石塚, 山根, 田代, 中嶋, 中谷, 江口, 岸本, 西尾, 本多, 森山, 荒川, 細川, 今野, 金井, 戸田, 岡野, 津田, 安達, 森川, 土井, 稲葉, 畠山, 村松, 三上, 落合, 町田, 長尾, 中原, 岩井, 野崎, 米田, 中沢, 金田, 松山, 三好, 堀田, 佐伯, 西野, 杉田, 山岸, 西岡, 黒川, 甲斐, 大竹, 黒木, 笠原, 徳永, 川田, 古田, 須田, 堀江, 山川, 大木, 新田, 三木, 梅田, 野中, 榊原, 村井, 土田, 奥山, 滝沢, 大村, 川端, 大城, 梶原, 井口, 金城, 大場, 金沢, 吉原, 安井, 宮内, 長島, 宮城, 日高, 向井, 庄司, 西本, 大内, 松島, 茂木, 下田, 竹内, 荻野, 奥野, 比嘉, 藤川, 石黒, 塚田, 広田, 福本, 嶋田, 北野, 川原, 栗田, 谷川, 小谷, 宇野, 吉本, 藤野, 藤岡, 竹本, 竹下, 丹羽, 緒方, 藤村, 青柳, 古谷, 平川, 亀井, 高島, 三輪, 藤沢, 窪田, 宮原, 高井, 下村, 篠崎, 山村, 川本, 高瀬, 出口, 柳沢, 根岸, 横井, 小森, 長野, 竹村, 吉沢, 小澤, 武井, 宮沢, 福岡, 平松, 田原, 溝口, 稲田, 臼井, 志村, 黒沢, 筒井, 浅田, 林田, 大原, 大平, 柳田, 永野, 福永, 冨田, 瀬戸, 北原, 入江, 富永, 手塚, 篠田, 湯浅, 鶴田, 小出, 山岡, 高松, 長岡, 沼田, 大田, 矢島, 堀口, 大槻, 岩瀬, 澤田, 石崎, 石山, 堀川, 相馬, 二宮, 池上, 園田, 平岡, 花田, 柏木, 杉原, 川野, 島崎, 加納, 越智, 村瀬, 長沢, 片桐, 倉田, 内海, 福原, 河原, 西原, 松野, 野沢, 笠井, 秋元, 田畑, 小坂, 谷本, 千田, 日野, 吉井, 渡邊, 深沢, 北島, 西沢, 徳田, 相沢, 新谷, 原口, 田上, 小柳, 米山, 盛岡, 畑中, 今泉, 浜野, 細谷, 芳賀, 大井, 小嶋, 秋田, 磯部, 白川, 大崎, 中本, 三谷, 坪井, 植木, 浜口, 福山, 相原, 細田, 萩原, 岸田, 辻本, 浅見, 皆川, 木原, 川瀬, 大友, 河内, 平林, 塩田, 遠山, 古谷, 大坪, 植村, 三井, 島村, 難波, 岩下, 中里, 神山, 三村, 井手, 三橋, 齊藤, 大沢, 吉永, 栗山, 渡邊, 松川, 川畑, 長井, 井出, 佐竹, 早坂, 浜崎, 河田, 亀山, 川合, 朝倉, 草野, 堀井, 保坂, 村岡, 志賀, 若松, 水上, 尾形, 高村, 狩野, 半田, 高岡, 立石, 小宮, 亀田, 高柳, 大津, 三島, 瀬川, 中根, 奈良, 真鍋, 寺島, 柴崎, 玉井, 武内, 市村, 水口, 清野, 橋口, 植松, 内野, 藤崎, 江藤, 進藤, 高見, 木内, 寺本, 久野, 新垣, 織田, 宮地, 大沼, 深谷, 河本, 藤森, 守屋, 毛利, 玉城, 有馬, 宮島, 大江, 有田, 下山, 那須, 高原, 菅谷, 並木, 市原, 矢部, 北山, 坂下, 鳥居, 松沢, 関谷, 飯野, 石渡, 板垣, 野上, 三原, 前原, 坂上, 葛西, 立花, 川井, 平尾, 松木, 岩佐, 田崎, 外山, 高尾, 長谷, 成瀬, 阪本, 滝本, 三田, 長瀬, 小寺, 小室, 野本, 板倉, 門脇, 高崎, 染谷, 土居, 塚原, 山野, 大倉, 滝口, 井田, 山城, 石垣, 和泉, 海野, 秋葉, 江崎, 正木, 今田, 仲村, 中沢, 高梨, 相川, 岩永, 宍戸, 西谷, 藤木, 平塚, 椎名, 都築, 木田, 江川, 石丸, 金谷, 金山, 小関, 細井, 小杉, 田川, 金森, 黒岩, 堀越, 永山, 諏訪, 下川, 小畑, 森谷, 杉村, 細野, 上山, 米沢, 石本, 山上, 宮脇, 富樫, 北田, 梅原, 末永, 赤松, 布施, 野原, 豊島, 大熊, 大矢, 宮野, 大貫, 今西, 小沢, 塩谷, 水田, 風間, 香川, 麻生, 坂本, 門田, 生田, 喜多, 菅沼, 小幡, 西口, 島袋, 仲田, 井川, 本橋, 大庭, 倉持, 中林, 梅本, 岩淵, 浦田, 浜本, 富岡, 杉野, 土橋, 須賀, 佐川, 木本, 岩間, 木戸, 日下, 川辺, 平良, 大滝, 金丸, 永島, 長崎, 矢口, 森脇, 羽田, 小椋, 目黒, 平沢, 立川, 真田, 雨宮, 砂川, 依田, 浅川, 山形, 白鳥, 濱田, 深田, 曽根, 神崎, 大畑, 寺尾, 影山, 石坂, 矢田, 板橋, 松本, 小沼, 山元, 北沢, 高倉, 勝又, 赤木, 三枝, 橋爪, 清田, 尾上, 芦田, 柳川, 岩城, 梅津, 神野, 丹野, 瀬尾, 櫻井, 池内, 柳原, 横尾, 江原, 西脇, 栗林, 鶴岡, 桑田, 久米, 川西, 坂野, 森口, 西島, 上杉, 吉沢, 大嶋, 井原, 梅村, 首藤, 結城, 手島, 玉城, 赤坂, 浦野, 田端, 小堀, 青野, 小菅, 相原, 飛田, 小玉, 横川, 合田, 大林, 水島, 小高, 浅沼, 竹原, 梅沢, 角谷, 宮坂, 池本, 脇田, 有賀, 本村, 三沢, 志田, 明石, 島津, 柴山, 妹尾, 大下, 池谷, 春日, 滝川, 大和, 勝田, 中塚, 富山, 阪口, 加瀬, 曽我, 前島, 宮里, 谷村, 笹川, 楠本, 戸塚, 川越, 益田, 恩田, 小栗, 坂東, 会田, 前野, 石野, 白木, 吉崎, 国分, 柿沼, 古山, 磯野, 岡山, 夏目, 井本, 内村, 野島, 菅井, 花岡, 高畑, 石倉, 田淵, 熊田, 玉木, 城戸, 倉本, 神戸, 末吉, 持田, 塩見, 福地, 金沢, 沖田, 若山, 児島, 寺沢, 森永, 八田, 鬼頭, 森井, 沢井, 黒崎, 重松, 高谷, 田所, 本山, 大浦, 高島, 村木, 寺西, 廣瀬, 井村, 田尻, 重田, 大高, 長坂, 深井, 南部, 玉田, 粕谷, 平賀, 米倉, 菊田, 鵜飼, 川嶋, 岩谷, 寺岡, 猪股, 桜田, 岡島, 野呂, 秋元, 畠中, 熊倉, 磯崎, 増井, 冨永, 笹原, 氏家, 川添, 五味, 紺野, 富沢, 小平, 古橋, 小俣, 長浜, 小口, 西井, 知念, 土屋, 西浦, 牧田, 新村, 安永, 大関, 小暮, 梶田, 岩村, 丸田, 柳瀬, 河西, 倉橋, 平本, 花井, 今川, 辻村

이처럼 일본인의 성씨는 1자, 2자, 3자의 한자로 표기되는 것을 알 수 있는데*, 이와는 별도로 표기된 한자가 어떠한 방식으로 읽히는지를 살펴볼 필요가 있다. 표기되는 것 이상으로 어떻게 읽히는지도 한자 성씨의 음성학적 특징(형태론적 특징)을 규명하는 것이므로 매우 중요하다고 할 수 있다. 4절에서는 이 점을 살펴보고자 한다.

4. 일본인의 한자 성씨 읽기 방법

성씨를 표기하는 한자가 1자, 2자, 3자로 구성되고, 그중에서 2자로 구성되는 한자가 가장 많듯이, 읽기 방법에도 일반적인

* 사쿠마(佐久間, 1972:104-110)에 따르면 4자, 5자, 6자, 7자로 이루어진 성씨도 있다고 한다. 한편 사쿠마(佐久間, 1972:104-105)는 1자, 2자, 3자로 이루어진 일본인들의 한자 성씨를 분석하여 통계를 냈는데, 그것은 일본에 전국에 분포하는 성씨가 아니라 센다이시(仙台市)와 후쿠오카시(福岡市) 시민들의 성씨를 분석하였다는 점에서 일본 전역에 산재한 한자 성씨를 분석한 본 장과는 구별된다.

경향이 있는지를 살펴보고자 한다. 이 절에서는 2자로 된 한자 성씨만을 대상으로 읽기 방법을 살펴보도록 하겠다. 1자나 3자로 된 한자 성씨는 무조건적인 암기에 의존할 수밖에 없지만, 반면에 2자로 이루어진 한자 성씨는 그 읽기 방식에 일정한 경향이 보여 예측이 가능한 측면이 있다.

1절에서 이미 언급한 바와 같이 일본인들의 한자 성씨는 음으로 읽는 방식, 훈(訓)으로 읽는 방식, 음과 훈을 섞어서 읽는 방식이 있다. 즉 일본에서는 2자 한자가 한국처럼 음+음의 방식으로 읽히기도 하지만, 훈+훈, 음+훈, 훈+음, 기타와 같은 다양한 방식으로도 읽힌다. 예를 들면 사토(佐藤)는 음+음으로, 야마모토(山本)는 훈+훈의 방식으로 읽히는 전형적인 예이다. 아베(阿部)는 음+훈의 방식으로, 아루가(有賀)는 훈+음의 방식으로 읽히는 전형적인 예이다. 마지막으로 하세(長谷)는 기타 방식으로 읽히는 전형적인 예이다.

본 저자는 일본인들의 한자 성씨 읽기 방식을 분석한 결과, 다음과 같은 수치를 얻을 수 있었다.

〈표 2〉 일본인 성씨 표기 한자 읽기 방식

음+음	훈+훈	음+훈	훈+음	기타	전체
51개	830개	49개	8개	8	947개
5%	88%	5%	1%	1%	100%

〈표 2〉을 보면 훈+훈의 방식으로 읽는 한자 성씨가 88%로 가장 많고, 음+음이 5%, 음+훈이 5%, 훈+음, 기타가 각각

1%로 그 뒤를 잇고 있음을 알 수 있다. 〈표 2〉에 제시된 순서대로 구체적 예를 살펴보면 다음과 같다. 우선 첫째로 음+음에 해당하는 예로는 佐藤, 伊藤, 加藤, 斎藤, 後藤, 近藤, 遠藤, 斉藤, 安藤, 工藤, 久保, 菊地, 菊池, 内藤, 須藤, 伊東, 金城, 古賀, 武藤, 齋藤, 本多, 安達, 甲斐, 庄司, 比嘉, 相馬, 加納, 越知, 難波, 齊藤, 志賀, 奈良, 進藤, 毛利, 那須, 葛西, 諏訪, 布施, 喜多, 須賀, 久米, 首藤, 曽我, 坂東, 国分, 福地, 鬼頭, 南部, 五味, 知念, 河西 등을 들 수 있다. 藤자가 들어간 성씨가 많이 보인다.

둘째, 훈+훈 방식으로 표기된 한자 성씨는 다음과 같다. 鈴木, 高橋, 田中, 渡辺, 山本, 中村, 小林, 吉田, 山田, 山口, 松本, 井上, 木村, 山崎, 池田, 橋本, 石川, 山下, 中島, 小川, 石井, 前田, 岡田, 藤田, 村上, 青木, 坂本, 太田, 西村, 藤井, 藤原, 岡本, 三浦, 中野, 金子, 中川, 原田, 松田, 竹内, 小野, 田村, 中山, 石田, 森田, 上田, 内田, 柴田, 酒井, 宮崎, 横山, 高木, 宮本, 大野, 谷口, 小島, 今井, 高田, 丸山, 増田, 杉山, 村田, 藤本, 大塚, 小山, 平野, 新井, 上野, 武田, 野口, 松井, 千葉, 菅原, 岩崎, 木下, 野村, 松尾, 杉本, 市川, 大西, 古川, 島田, 水野, 桜井, 渡部, 高野, 吉川, 山内, 西田, 西川, 小松, 飯田, 北村, 安田, 川口, 平田, 中田, 川崎, 岩田, 樋口, 田口, 永井, 秋山, 山中, 中西, 吉村, 川上, 浜田, 松岡, 石原, 大橋, 森本, 矢野, 松下, 浅野, 星野, 吉岡, 小池, 野田, 荒木, 熊谷, 松浦, 大谷, 黒田, 尾崎, 川村, 望月, 永田, 松村, 田辺, 菅野, 平井, 西山, 大島, 早川, 荒井, 広瀬, 栗原, 横田, 石橋, 岩本, 片山, 萩原, 宮田, 大石, 関口, 高山, 岡崎, 小田, 鎌田, 吉野, 篠原, 小西, 上原, 松原, 成

田, 大森, 奥村, 内山, 小泉, 沢田, 桑原, 三宅, 片岡, 川島, 奥田, 富田, 八木, 松永, 杉浦, 北川, 小沢, 河合, 平山, 牧野, 白石, 関根, 今村, 寺田, 青山, 中尾, 上村, 小倉, 渋谷, 坂口, 岡村, 大山, 足立, 天野, 豊田, 角田, 村山, 根本, 田島, 飯塚, 竹田, 宮下, 白井, 坂田, 坂井, 塚本, 水谷, 榎本, 神谷, 小原, 森下, 中井, 浅井, 植田, 神田, 岡部, 河村, 前川, 宮川, 稲垣, 大川, 長田, 松崎, 若林, 飯島, 大沢, 及川, 堀内, 石塚, 山根, 田代, 中嶋, 中谷, 江口, 岸本, 西尾, 森山, 荒川, 細川, 今野, 金井, 戸田, 岡野, 津田, 森川, 稲葉, 畠山, 村松, 三上, 落合, 町田, 長尾, 中原, 岩井, 野崎, 米田, 中沢, 金田, 松山, 三好, 堀田, 西野, 杉田, 山岸, 西岡, 黒川, 大竹, 黒木, 笠原, 徳永, 川田, 古田, 須田, 堀江, 山川, 大木, 新田, 三木, 梅田, 野中, 榊原, 村井, 奥山, 滝沢, 大村, 川端, 大城, 梶原, 井口, 金城, 大場, 金沢, 吉原, 安井, 宮内, 長島, 宮城, 日高, 向井, 西本, 大内, 松島, 茂木, 下田, 竹内, 荻野, 奥野, 藤川, 石黒, 塚田, 広田, 嶋田, 北野, 川原, 栗田, 小谷, 吉本, 藤野, 藤岡, 竹本, 竹下, 緒方, 藤村, 青柳, 古谷, 平川, 亀井, 高島, 三輪, 藤沢, 窪田, 宮原, 高井, 下村, 篠崎, 山村, 川本, 高瀬, 出口, 柳沢, 根岸, 横井, 小森, 長野, 竹村, 吉沢, 小澤, 武井, 宮沢, 平松, 田原, 溝口, 稲田, 臼井, 黒沢, 筒井, 浅田, 林田, 大原, 大平, 柳田, 永野, 冨田, 瀬戸, 北原, 入江, 富永, 手塚, 篠田, 湯浅, 鶴田, 小出, 山岡, 高松, 長岡, 沼田, 大田, 矢島, 堀口, 大槻, 岩瀬, 澤田, 石崎, 石山, 堀川, 二宮, 池上, 園田, 平岡, 花田, 柏木, 杉原, 川野, 島崎, 村瀬, 長沢, 片桐, 倉田, 内海, 河原, 西原, 松野, 野沢, 笠井, 秋元, 田畑, 小坂, 谷本, 日野, 吉井, 渡邊, 深沢, 北島, 西沢, 相沢, 原口, 田上, 小柳, 米山, 盛岡, 畑中, 今泉, 浜野, 細谷, 大井, 小嶋, 秋田, 磯部, 白川, 大崎, 中本, 三谷, 坪井, 植木, 浜口, 相原, 細田, 萩原, 岸田, 辻本, 浅見, 皆川, 木原, 川瀬, 大友, 河内, 平林, 塩田, 遠山, 古谷, 大坪, 植村, 三井, 島村, 岩下, 中里, 神山, 三村, 井手, 三橋, 大沢, 吉永, 栗山, 渡邊, 松川, 川畑, 長井, 井出, 早坂, 浜崎, 河田, 亀山, 川合, 朝倉, 草野, 堀井, 村岡, 若松, 水上, 尾形, 高村, 狩野, 高岡, 立石, 小宮, 亀田, 高柳, 大津, 三島, 瀬川, 中根, 真鍋, 寺島, 柴崎, 玉井, 武内, 市村, 水口, 清野, 橋口, 植松, 内野, 藤崎, 高見, 木内, 寺本, 新垣, 織田, 大沼, 深谷, 河本, 藤森, 守屋, 玉城, 宮島, 大江, 有田, 下山, 高原, 菅谷, 並木, 市原, 矢部, 北山, 坂下, 鳥居, 松沢, 関谷, 飯野, 石渡, 板垣, 野上, 三原, 前原, 坂上, 立花, 川井, 平尾, 松木, 田崎, 外山, 高尾, 成瀬, 阪本, 滝本, 三田, 長瀬, 小寺, 小室, 野本, 板倉, 門脇, 高崎, 染谷, 塚原, 山野, 大倉, 滝口, 井田, 山城, 石垣, 海野, 秋葉, 江崎, 正木, 今田, 仲村, 中沢, 高梨, 相川, 岩永, 宍戸, 西谷, 藤木, 平塚, 椎名, 都築, 木田, 江川, 石丸, 金谷, 金山, 小関, 細井, 小杉, 田川, 金森, 黒岩, 堀越, 永山, 下川, 小畑, 森谷, 杉村, 細野, 上山, 米沢, 石本, 山上, 宮脇, 富樫, 北田, 梅原, 末永, 赤松, 布施, 野原, 豊島, 大熊, 大矢, 宮野, 大貫, 今西, 小沢, 塩谷, 水田, 風間, 香川, 麻生, 坂本, 門田, 生田, 菅沼, 小幡, 西口, 島袋, 仲田, 井川, 本橋, 大庭, 倉持, 中林, 梅本, 岩淵, 浦田, 浜本, 富岡, 杉野, 木本, 岩間, 木戸, 川辺, 大滝, 金丸, 永島, 長崎, 矢口, 森脇, 羽田, 小椋, 目黒, 平沢, 立川, 真田, 雨宮, 砂川, 依田, 浅川, 山形, 白鳥, 濱田, 深田, 神崎, 大畑, 寺尾, 影山, 石

坂, 矢田, 板橋, 松本, 小沼, 山元, 北沢, 高倉, 勝又, 赤木, 橋爪, 清田, 尾上, 芦田, 柳川, 岩城, 梅津, 神野, 瀬尾, 櫻井, 池内, 柳原, 横尾, 江原, 西脇, 栗林, 鶴岡, 桑田, 川西, 坂野, 森口, 西島, 上杉, 吉沢, 大嶋, 井原, 梅村, 結城, 手島, 玉城, 赤坂, 浦野, 田端, 小堀, 青野, 小菅, 相原, 飛田, 小玉, 横川, 合田, 大林, 水島, 小高, 浅沼, 竹原, 梅沢, 角谷, 宮坂, 池本, 脇田, 本村, 三沢, 明石, 島津, 柴山, 大下, 池谷, 滝川, 勝田, 中塚, 富山, 阪口, 前島, 宮里, 谷村, 笹川, 楠本, 戸塚, 川越, 益田, 小栗, 会田, 前野, 石野, 白木, 吉崎, 柿沼, 古山, 磯野, 岡山, 夏目, 井本, 内村, 野島, 菅井, 花岡, 高畑, 石倉, 田淵, 熊田, 玉木, 城戸, 倉本, 神戸, 末吉, 持田, 塩見, 金沢, 沖田, 若山, 寺沢, 森永, 八田, 森井, 沢井, 黒崎, 重松, 高谷, 田所, 本山, 大浦, 高島, 村木, 寺西, 廣瀬, 井村, 田尻, 重田, 大高, 長坂, 深井, 玉田, 粕谷, 米倉, 川嶋, 岩谷, 寺岡, 猪股, 桜田, 岡島, 秋元, 畠中, 熊倉, 磯崎, 増井, 冨永, 笹原, 氏家, 川添, 富沢, 小平, 古橋, 小俣, 長浜, 小口, 西井, 土屋, 西浦, 牧田, 新村, 安永, 大関, 小暮, 梶田, 岩村, 丸田, 柳瀬, 河西, 倉橋, 平本, 花井, 今川, 辻村 등을 들 수 있다.

셋째, 음+훈 방식으로 표기된 한자 성씨 예로는 清水, 阿部, 和田, 河野, 福島, 本田, 馬場, 本間, 福井, 多田, 児玉, 安部, 今野, 土井, 佐伯, 徳永, 須田, 福本, 宇野, 福岡, 志村, 福永, 二宮, 福原, 千田, 徳田, 芳賀, 福山, 佐竹, 保坂, 半田, 久野, 土居, 土橋, 佐川, 羽田, 曽根, 志田, 加瀬, 恩田, 児島, 八田, 菊田, 鵜飼, 紺野, 新谷 등을 들 수 있다.

넷째, 훈+음 방식으로 표기된 한자 성씨 예를 제시하면 다음과 같다. 江藤, 宮地, 有馬, 岩佐, 有賀, 平賀, 野呂, 丹羽 등이다.

마지막으로 기타의 방식으로 표기된 한자 성씨는 다음과 같다. 服部, 長谷, 和泉, 日下, 三枝, 春日, 大和, 妹尾 등을 들 수 있다. 이들 성씨의 한자 읽기는 예측이 불가능하며 일일이 암기하는 것 이외에는 달리 방도가 없다.

5. 한자로 본 성씨의 유래

일본인들의 성씨를 표기한 한자 중에서 2자로 된 한자 성씨가 가장 많으며, 훈+훈의 읽기 방식이 가장 일반적이라는 사실을 아는 것만으로는 일본인들의 한자 성씨를 충분히 이해했다고 보기에 아직 미흡한 점이 있다. 왜냐하면 일본인들의 성씨를 구성하는 한자의 조합(조어)에 있어 우연성이 아니라 필연성이 관여했을 가능성을 배제할 수 없기 때문이다. 즉 본 저자는 일본인 한자 성씨의 이해에 한자 수, 읽기 방법을 아는 것도 중요하지만 한자 성씨의 성립을 가능하게 하는 보다 근원적인 특징을 이해하는 것도 매우 중요하다고 생각한다.

그러면 한자 성씨의 성립을 가능하게 하는 보다 근원적인 특징을 어떻게 포착할 수 있느냐는 의문을 제기해 볼 수 있다. 인지의미론에서는 어떤 단어가 무조건적으로 성립하는 것이 아니라, 그 성립 이면에 환유라는 레토릭이 관여하는 것으로 보고 있다. 환유(metonymy)란 화자가 대상 그 자체를 직접 언급하

지 않고, 그 대상에 공간적으로, 개념적으로 인접하거나 밀접한 것을 언급하는 수사법이다.* 예를 들어 「週末に友達と鍋を食べに行きました(주말에 친구와 냄비를 먹으러 갔습니다)」라는 말은 냄비 그 자체를 먹으러 갔다는 말이 아니라, 냄비 안에 들어 있는 음식을 먹으러 갔다는 말이다. 이는 전형적으로 공간에 바탕을 둔 수사법이다. 또한 이나리초밥(イナリ寿司)을 예로 들어 보자. 이 초밥은 여우초밥(キツネ寿司)이라고도 불리는데, 내용물은 여우고기나 이나리신사(稲荷神社)가 아니라 유부이다. 이나리신사는 곡식의 신을 모신 신사인데, 이 신사 앞에는 반드시 여우의 동상이 배치된다. 여우가 곡식을 축내는 쥐를 잘 퇴치하는 속성을 지녔기 때문에, 이러한 속성을 근거로 상징적으로 여우가 신사 앞에 배치되는 것이다. 이로써 이나리신사와 여우가 개념적으로 연결된다. 그리고 여우와 유부가 관계를 지니는 이유는 여우가 유부를 매우 좋아하는 것으로 알려져 있기 때문이다. 따라서 유부와 이나리와 여우가 개념적으로 인접하여 이나리초밥(イナリ寿司), 여우초밥(キツネ寿司)으로 명명된다.**이와 같이 생각하면 일본인의 한자 성씨, 예를 들면 다사키(田崎), 다카사키(高崎), 에사키(江崎), 나가사키(長崎), 간자키(神崎), 요시자키(吉崎), 구로사키(黒崎), 이소자키(磯崎) 등의 성씨는 특정 지형, 「崎」에 인접해서 살던 일본인들이 성씨로 채용했을 가능성이 있다. 즉, 다사

* 레토릭에 관련해서는 천호재(2015:30-34, 39), 야스이 이즈미(安井泉2010:12-89)를 참조하라.

** 천호재(2015:90)에서 인용하였다.

키(田崎), 다카사키(高崎), 에사키(江崎), 나가사키(長崎), 간자키(神崎), 요시자키(吉崎), 구로사키(黒崎), 이소자키(磯崎) 등의 성씨는 崎가 중심이라는 공통점을 지니며, 앞부분의 한자는 田の崎, 高い崎, 江の崎, 長い崎, 神の崎, 吉の崎, 黒い崎, 磯の崎와 같이 뒤의 崎의 속성을 수식한다는 점에서 또 다른 공통점을 지닌다. 田崎, 高崎, 江崎, 長崎, 磯崎의 田, 高, 江, 長, 黒, 磯는 가시적이므로 이들 한자 성씨는 당시 살던 사람들이 공간적으로 인접한 특별한 지형을 그대로 성씨로 채용한 것으로 생각된다. 반면에 神崎, 吉崎는 神와 吉가 무형무색이며 고로 추상적이기 때문에 神와 吉를 崎와 개념적으로 인접시킨 지형을 성씨로 채용한 것으로 생각된다. 공간적이든 개념적이든 유형무형의 요소가 崎와 서로 인접하여 단어가 되고 그것이 결국 성씨로 채용되었다는 점에서는 공통점을 지닌다고 할 수 있다.

그런데 엄밀히 따져 보면 이들 한자 단어들이 성씨로 채용되기 위해 만들어졌는지, 이미 만들어진 단어(지명)가 한자 성씨로 채용(차용)되었는지는 분명하지 않다. 만약 다카사키(高崎)라는 지명이 실제로 존재한다면 그것은 성씨보다는 역사가 더 오래일 수도 있다. 지명의 영속성과 성씨의 비영속성 때문이다. 하지만 한자 성씨 중에는 처음부터 성씨로 만들어진 것도 있을 것이다. 그러나 본 장에서는 이 점에 대해서 더 이상 논의하지 않겠다. 성씨의 유래를 둘러싼 전설이나 실제 성씨가 만들어진 유래에 관련해서는 문화인류학의 관점으로 당연히 연구되어 왔을 것으로 생각하지만, 본 장에서는 실제 유래를 둘러싼 진위를 파악하기보다 오로지 한자에만 주목하여 성씨의 유래를 분석하고자 한다.* 다음의 〈표 3〉은 일본인들의 한자 성씨의 유래를 각 기준별로 집계한 것이다.

〈표 3〉 성씨의 유래

지형	건조물	방위 · 방향	행정구획	동식물	농사	기타	전체
367개	98개	107개	40개	90개	137개	164개	1000개
36.7%	9.5%	10.7%	4%	9%	13.7%	16.2%	100%

〈표 3〉를 보면 지형에서 유래된 성씨가 36.7%(367개)로 가장 많았으며, 기타 16.2%(164개), 농사 13.7%(137개), 방위 · 방향 10.7%(107개), 건조물 9.5%(98개), 동식물 9%(90개), 행정구획 4%(40개)로 각각 그 뒤를 잇고 있는 것을 알 수 있다.

흔히 일본어학(언어학)에서는 언어의 형식과 내용이 서로 관

* 미나미지마지명연구센터(南島地名研究センター, 2006:12)에 의하면 지명과 성씨는 약 80%의 일치를 보인다고 민속학자인 야나기다 구니오(柳田國男)가 말했다고 한다. 그러나 구체적으로 어떠한 지명과 성씨가 일치하는지에 대해서는 자세히 언급하고 있지는 않다. 물론 민속학이나 지리학 연구에서 지명의 유래에 대해 고찰이 이루어졌을 것으로 생각되지만 순수하게 한자 성씨의 관점에서 지형적 특징을 통계적인 방식으로 분석한 연구는 아직 찾지 못하였다. 여기에서 부언할 것은 예를 들어 지리학에서 다루는 지명 연구는 지명 그 자체보다 일본의 지형적 특징을 객관적으로 규명하는 데에 목적을 두고 있다는 점이다. 이에 반해 본 장에서는 일본의 지형적 특징에 대해서는 전혀 관심이 없다. 오로지 인문학적인 관점에서 일본인들의 한자 성씨 그 자체에 관심을 두기 때문이다. 그런데 지명에 대한 인문학적 고찰이 전혀 없는 것도 아니다. 예를 들어 미나미지마지명연구센터(南島地名研究センター, 2006:168-194)에서는 지형(산, 강)과 물에 유래하는 오키나와의 지명을 고찰하였으며, 다니엘 롱(ダニエル・ロング, 2012a:42)은 지형에서 유래하는 성씨를 고찰하였다. 그러나 이들 연구는 본 장과 같이 지형을 세분화하여 지명의 유래를 다루지 않았다는 점에서 본 장의 접근 방식과는 다르다고 할 수 있다.

계가 없는, 즉 자의적인 것으로 보고 있지만, 이러한 성씨 한자를 유래와 연결을 지어서 살펴보면 성씨(지명도 포함하여)는 이러한 자의성을 부정하는 결정적인 반례가 되는 것을 알 수 있다. 이하의 절에서는 이상에서 열거한 순서대로 구체적인 예를 들어가며 성씨에 들어가는 한자 유래를 살펴보도록 하겠다.

1) 지형

지형에서 유래된 일본인들의 한자 성씨를 살펴본 결과, 野, 原, 川, 山, 澤, 島, 谷, 崎, 岡, 瀬, 坂, 浦, 沼, 기타 등이 확인되었다. 이를 정리하면 〈표 4〉와 같다.

〈표 4〉 지형과 성씨

野	原	川	山	澤	島	谷	崎	岡	瀬	坂	浦	沼	기타	전체
51	48	45	40	31	30	27	25	18	10	7	5	5	25	367개
14	13	12	11	8	8	7	7	5	3	2	1.3	1.3	7	100%

〈표 4〉를 보면 지형을 지시하는 한자 중에서 野가 14%(51개)로 가장 많았으며, 原가 13%(48개), 川가 12%(45개), 山가 11%(40개), 澤와 島가 8%(31개, 30개)를 차지하는 것으로 나타났다. 또한 谷와 崎, 기타가 7%(27개, 25개, 25개), 岡가 5%(18개), 瀬가 3%(10개), 坂가 2%(7개), 浦와 沼는 각각 1.3%(5개, 5개)를 차지하는 것을 알 수 있다.

이하 구체적인 예를 들어가며 각각의 지형에서 유래된 성씨를 살펴보도록 하자. 우선, 野가 들어간 성씨인데, 野는 개발의 손길이 미친 논밭, 들판, 방목지를 말한다. 野가 들어간 성씨가 지형 가운데 가장 많은 비율을 차지하는 이유는 당시의 일본인들이 논밭이나 방목지 등이 생존에 직결된 중요한 공간으로 여겼기 때문일 것으로 생각한다. 구체적인 예를 들면 中野, 小野, 大野, 平野, 河野, 上野, 佐野, 水野, 高野, 矢野, 浅野, 星野, 菅野, 吉野, 牧野, 天野, 今野, 岡野, 西野, 荻野, 奥野, 北野, 宇野, 藤野, 永野, 川野, 松野, 日野, 浜野, 草野, 狩野, 清野, 内野, 久野, 飯野, 山野, 海野, 細野, 宮野, 杉野, 波多野, 神野, 丹野, 坂野, 日比野, 浦野, 青野, 前野, 石野, 磯野, 紺野 등등이 있다. 몇몇 예를 살펴보면 大野, 中野, 小野는 크기를 기준으로 野를 구분하고자 명명된 것으로 생각된다. 平野는 작은 구릉지 하나 없는 평평한 들판, 河野는 하천이 인접한 들판, 上野는 무엇인가를 중심으로 위쪽에 위치한 들판, 水野는 물이 풍부한 들판, 高野는 평지보다 높은 곳에 위치한 들판임을 나타내고자 명명된 것으로 보이는데, 이와 같이 野가 다양한 특성을 지니며, 그 하나하나의 특징을 나타내는 한자 단어를 자신들의 성씨로 채용했다는 점이 실로 흥미롭다.

둘째, 原이다. 이 한자는 개발의 손길이 미치지 않은 풀이 무성한 평지를 지시하는데, 이와 관련한 성씨도 상당히 많은 편이다. 예를 들면 原, 藤原, 菅原, 石原, 栗原, 萩原, 篠原, 上原, 松原, 桑原, 小原, 小笠原, 中原, 笠原, 榊原, 梶原, 吉原, 川原, 宮原, 田原, 大原, 北原, 杉原, 福原, 河原, 西原, 相原, 荻原, 木原, 高原, 市原, 三原, 前原, 塚原, 梅原, 野原, 海老原, 柳原, 江原, 井原, 相原,

竹原, 笠原 등의 예가 있다. 原는 풀이 무성한 개발의 손이 미치지 않은 들판이다. 藤原는 등나무가 많이 자라는 들판, 菅原는 골풀이 많은 들판, 石原는 돌이 많은 들판, 栗原는 밤나무가 많이 자라는 들판이다. 한편 福原는 福이라는 추상적인 개념이 인접하여 만들어진 한자 단어를 일본인들이 성씨로 채용한 것이라 생각한다.

셋째, 川이다. 아래의 예를 보면 川 역시 특성, 성질, 방향, 사연 등에 따라 다양한 속성을 가진 川이 성씨로 채용된 것으로 보인다. 예를 들면 石川, 小川, 長谷川, 中川, 市川, 古川, 吉川, 西川, 早川, 北川, 前川, 宮川, 大川, 及川, 荒川, 細川, 森川, 黒川, 山川, 藤川, 谷川, 平川, 堀川, 白川, 江川, 皆川, 松川, 瀬川, 相川, 田川, 下川, 香川, 井川, 佐川, 立川, 砂川, 浅川, 横川, 滝川, 笹川, 今川, 柳川, 宇田川 등이 있다.

넷째, 山이다. 산도 특성, 성질, 모양, 위치, 방향, 사연 등에 따라 다양한 종류가 존재한다. 구체적으로 中山, 横山, 丸山, 杉山, 小山, 秋山, 西山, 高山, 内山, 平山, 青山, 大山, 村山, 森山, 畠山, 松山, 奥山, 石山, 米山, 福山, 遠山, 神山, 栗山, 亀山, 下山, 北山, 上山, 金山, 永山, 影山, 岡山, 柴山, 富山, 古山, 若山, 外山, 片山, 本山 등의 예가 확인된다. 丸山, 杉山, 小山 등은 산의 특성, 北山, 上山, 下山, 中山 등은 산의 방향과 위치, 米山, 福山 등은 산이 가지는 사연(전설) 등이 관련한 성씨로 보인다.

다섯째, 澤이다. 澤는 전형적인 늪은 아니지만, 거의 늪에 준하는 못을 말한다. 澤가 들어간 성씨로 小澤, 大沢, 中沢, 滝沢, 金

沢, 藤沢, 柳沢, 吉沢, 宮沢, 黒沢, 長沢, 野沢, 深沢, 西沢, 相沢, 大沢, 松沢, 中沢, 米沢, 古沢, 平沢, 北沢, 吉沢, 梅沢, 三沢, 金澤, 寺沢, 富沢등의 예가 확인된다. 大沢, 中沢, 小澤는 澤의 크기가, 富沢, 吉沢, 金沢는 못의 사연이, 藤沢, 柳沢, 長沢, 深沢는 못의 주변 환경이나 속성이, 西沢는 못의 방향 등이 관계한 성씨로 생각된다.

여섯째, 島(嶋)이다. 일본은 섬나라이기 때문에 섬과 관련한 성씨가 많은 것은 어쩌면 당연한 것이라고 하겠다. 예를 들면 島, 中島, 小島, 福島, 大島, 川島, 田島, 飯島, 長島, 松島, 高島, 矢島, 北島, 三島, 寺島, 宮島, 豊島, 永島, 西島, 手島, 水島, 前島, 野島, 児島, 岡島, 中嶋, 小嶋, 大嶋, 高嶋, 川嶋 등이 확인되었다. 大島, 中島, 小島는 섬의 크기가, 福島, 飯島는 섬의 사연이, 川島, 田島, 長島는 섬의 주변 환경이나 속성이, 西島, 北島는 섬의 방향이 관계하여 만들어진 성씨로 생각된다.

일곱 번째, 谷이다. 谷는 골짜기를 지시한다. 골짜기에도 다른 지형과 마찬가지로 많은 특성이 있다. 예를 들면 谷, 熊谷, 大谷, 渋谷, 水谷, 神谷, 中谷, 小谷, 古谷, 新谷, 細谷, 三谷, 深谷, 菅谷, 関谷, 長谷, 染谷, 西谷, 金谷, 森谷, 塩谷, 角谷, 池谷, 高谷, 粕谷, 岩谷 등이 있다. 大谷, 中谷, 小谷는 골짜기의 크기가, 神谷, 金谷, 古谷, 新谷는 골짜기의 사연이, 熊谷, 水谷, 細谷, 菅谷, 森谷, 塩谷는 골짜기의 특성이나 속성이, 高谷는 골짜기의 위치(높이)가 관계한 성씨일 것으로 생각된다.

여덟 번째 崎이다. 崎는 바다로 길게 뻗어나간 육지, 즉 갑(岬)

을 지시한다. 山崎, 宮崎, 岩崎, 川崎, 尾崎, 岡崎, 松崎, 野崎, 篠崎, 石崎, 島崎, 大崎, 浜崎, 柴崎, 藤崎, 田崎, 高崎, 江崎, 長崎, 神崎, 吉崎, 黒崎, 磯崎 등에서 보듯, 다양한 특성을 지닌 崎가 있다. 神崎, 吉崎는 崎의 사연이, 大崎는 崎의 크기가, 高崎는 위치(높이)가, 江崎, 長崎, 石崎 등은 崎의 주변 환경, 속성 등이 관계한 성씨로 보인다.

아홉 번째, 岡이다. 岡가 들어간 성씨를 예로 들면, 松岡, 吉岡, 片岡, 西岡, 藤岡, 福岡, 山岡, 長岡, 平岡, 盛岡, 村岡, 高岡, 富岡, 鶴岡, 花岡, 寺岡 등이 확인되었다. 西岡는 岡의 방향을, 高岡는 위치(높이)를, 福岡와 吉岡는 사연을, 山岡, 長岡, 平岡는 岡의 속성을 나타내는 성씨인 것으로 보인다.

열 번째, 瀬이다. 이것은 해저가 융기하여 주위보다 수면이 얕은 지형을 가리키는데, 이 한자가 들어간 성씨로는 廣瀬, 高瀬, 岩瀬, 村瀬, 川瀬, 成瀬, 長瀬, 加瀬, 柳瀬 등이 있다. 廣瀬, 岩瀬, 柳瀬, 川瀬, 村瀬은 瀬의 속성을, 高瀬는 위치를 나타내는 성씨인 것으로 보인다.

열한 번째, 비탈 즉 坂이다. 小坂, 石坂, 赤坂, 宮坂, 長坂, 早坂, 保坂 등의 예가 확인되었다. 구체적인 설명은 생략한다.

열두 번째, 浦이다. 浦는 하천 지류가 강이나 바다로 들어가는 곳을 말한다. 三浦, 松浦, 杉浦, 大浦, 西浦 등의 예가 확인되었다. 구체적인 설명은 생략한다.

열세 번째, *沼*가 들어간 성씨도 확인되었다. 大*沼*, 小*沼*, 菅*沼*, 浅*沼*, 柿*沼* 등의 예가 확인되었다.

마지막으로 기타이다. 江이다. 이와 관련하여 堀江, 入江, 大江 등이 확인되었다. 池가 들어간 성씨로는 菊池, 小池가 확인되었다. 2016년 현재 도쿄시장의 성씨가 고이케(小池百合子)이다. 堀가 들어간 성씨도 있었다. 堀는 적이나 동물들의 침입을 막기 위해 성 등의 건조물 외곽을 파서 만든 구덩이로 해자라고도 하는데, 이 한자가 들어간 예로 堀와 小堀가 확인되었다. 泉가 들어간 성씨로는 泉, 小泉, 和泉, 今泉 등이 확인되었다. 岸가 들어간 성씨로는 岸, 山岸, 根岸 등이 있었다. 평지를 나타내는 平가 들어간 성씨로는 平를 비롯하여, 大平, 小平 등의 예가 있었다. 海가 들어간 성씨로는 内海가 있었다. 도선장이나 포구 및 항구를 의미하는 津가 들어간 성씨도 확인되었다. 梅津와 島津, 阿久津의 예가 확인되었다. 한국의 경상남도에도 삼랑진(三浪津)이란 지명이 있는 것으로 보아 津의 보편성을 실감할 수 있다. 폭포수 아래의 깊은 웅덩이이나 유수의 흐름이 완만하지만 깊이가 있는 웅덩이를 지시하는 淵자가 들어간 성씨도 확인되었다. 岩淵와 田淵가 그것이다. 폭포, 즉 滝자가 들어간 성씨도 확인되었다. 滝, 大滝가 그 예이다. 연안에서 멀리 떨어진 바다, 즉 沖가 들어간 성씨도 확인되었으며, 해안 또는 해변을 지시하는 浜가 들어간 성씨도 있었다. 예를 들면 浜를 비롯하여 長浜가 있었다. 비록 지명이긴 하지만 서부 캘리포니아주의 남부 태평양 연안에 소재한 해안도시 Long Beach도 長浜와 유사한 개념인 것이 매우 흥미롭다.

지형의 종류는 참으로 다양하고 동일한 지형이라도 또 다양한 종류가 있음을 보았다. 다양한 지형에 사는 일본인들은 각기 특정한 지형을 통해 지명을 만들고 또 그 지명들을 성씨로 채용한 사실이 매우 흥미롭다.

2) 건조물

지형을 지시하는 한자만이 일본인들의 성씨로 채용되는 것은 아니다. 인공의 건조물을 지시하는 한자 단어가 성씨로 채용되기도 한다. 조사한 결과, 기타를 포함하여 9개의 건조물을 지시하는 한자가 들어간 성씨가 확인되었다. 이하, 예를 들어가면서 설명을 하겠다.

〈표 5〉 건조물과 성씨

井	橋	倉	城	塚	垣	宮	戸	屋	기타	전체
45	9	8	7	7	4	4	4	3	7	98개
47.3%	9.4%	8.4%	7.3%	7.3%	4.2%	4.2%	4.2%	3.1%	7.3%	100%

첫째, 식수원인 井에서 유래된 성씨가 45개가 확인되었다. 예를 들면 高井, 中井, 西井, 大井, 石井, 吉井, 藤井, 酒井, 新井, 松井, 櫻井, 永井, 平井, 福井, 白井, 浅井, 金井, 土井, 岩井, 村井, 安井, 臼井, 筒井, 笠井, 長井, 堀井, 玉井, 川井, 細井, 森井, 菅井, 沢井, 深井, 増井, 花井, 今井, 荒井, 坂井, 向井, 亀井, 横井, 武井, 坪井, 三井 등이 있었다. 高井, 中井, 西井, 向井는 위치나 방향을 지시하는 한자가 들어간 성씨이다. 福井, 金井, 亀井, 酒井는 사연

이, 新井, 藤井, 森井, 菅井는 우물의 특성(속성)을 지시하는 한자가 들어간 성씨이다.

둘째, 배를 타지 않고 도보로 하천을 건너는 다리, 즉 橋가 들어간 한자 단어가 성씨로 채용된 예로 9개가 있었다. 예를 들면 高橋, 大橋, 三橋, 土橋, 板橋, 古橋, 倉橋, 石橋, 本橋가 그것이다. 高橋, 大橋는 위치나 크기가, 土橋, 板橋, 古橋, 石橋는 속성이, 三橋, 本橋, 倉橋는 사연, 개념, 공간이 인접한 성씨이다.

셋째, 곡물이나 일용품, 농기구, 무기 등을 보관하는 倉이 들어간 성씨는 8개가 확인되었다. 예를 들면 大倉, 小倉, 米倉, 石倉, 板倉, 朝倉, 高倉, 熊倉 등이 있었다. 大倉, 小倉, 高倉는 크기와 위치를, 米倉는 기능을, 石倉, 板倉는 창고의 속성을 나타내는 성씨이다.

넷째, 마을의 경계를 짓고 적의 침입을 막는 城를 지시하는 성씨가 7개 있었다. 예를 들면 大城, 金城, 宮城, 山城, 結城, 玉城, 岩城가 있었다. 大城는 규모가, 岩城는 속성이, 金城, 玉城는 사연이나 개념이 인접한 것을 나타내는 성씨이다.

다섯째, 무덤 즉 塚가 들어간 성씨로 7개가 확인되었다. 大塚, 石塚, 平塚, 戸塚, 飯塚, 手塚, 中塚가 있다. 설명은 생략한다.

여섯째, 울타리를 나타내는 垣가 들어간 성씨로 4개의 예가 확인되었다. 稲垣, 新垣, 板垣, 石垣가 그것이다. 구체적인 설명은 생략한다.

일곱째, 宮가 들어간 성씨로 4개의 예가 확인되었다. 二宮, 小宮, 雨宮, 宇都宮 등의 예가 있었다.

여덟째, 집을 의미하는 戸가 들어간 성씨로 4개의 예가 확인되었다. 瀬戸, 城戸, 神戸, 宍戸 등이 있었다.

아홉째, 주거지를 지시하는 屋가 들어간 성씨도 확인된다. 3개의 예가 확인되었는데 土屋, 古屋, 守屋가 그것이다.

마지막으로 기타 예로는 辻, 宅, 庭, 室, 堤, 小室, 小野寺를 들 수 있다. 辻는 네거리를, 三宅의 宅은 저택을, 大庭의 庭는 정원을 의미한다. 堤는 제방을, 小室의 室는 방을 지시한다. 氏家의 家는 집을 지시하며 小野寺의 寺는 절을 지시한다.

3) 방위 · 방향

방위 및 방향을 지시하는 한자가 다른 한자와 조합하여 단어가 되고, 다시 그것이 일본인들의 한자 성씨로 채용되기도 한다. 고찰한 결과는 다음과 같다. 口가 23.3%(25개), 上가 13%(14개), 下가 11.2%(12개), 尾가 9.3%(10개), 西가 8.4%(9개), 内가 8.4%(9개), 中가 5.6%(6개), 脇가 3.7%(4개), 間가 3.7%(4개), 辺이 3.7%(4개), 東가 2.8%(3개), 端가 1.8%(2개), 기타가 4.6%(5개)를 차지한 것으로 밝혀졌다.

〈표 6〉 방위 · 방향과 성씨

口	上	下	尾	西	内	中	脇	間	辺	東	端	기타	전체
25	14	12	10	9	9	6	4	4	4	3	2	5	107개
23%	13%	11%	9%	8%	8%	6%	4%	4%	4%	3%	2%	5%	100%

먼저 口가 들어간 성씨로는 山口, 谷口, 野口, 川口, 樋口, 田口,

関口, 坂口, 江口, 井口, 出口, 溝口, 堀口, 原口, 浜口, 水口, 滝口, 西口, 矢口, 森口, 坂口, 小口 등이 확인되었다. 矢口는 첫 화살 시위를 당긴다는 의미이다. 둘째, 上자가 들어간 성씨로 井上, 村上, 川上, 池上, 田上, 水上, 野上, 坂上, 山上, 尾上, 三上 등이 확인되었다. 셋째, 下자가 들어간 성씨로 山下, 木下, 松下, 宮下, 森下, 竹下, 岩下, 坂下, 日下, 大下 등의 예가 확인되었다. 넷째, 꼬리 즉 끝자락을 지시하는 尾자가 들어간 성씨로는 松尾를 비롯하여, 中尾, 西尾, 長尾, 平尾, 高尾, 寺尾, 瀬尾, 横尾, 妹尾 등의 예가 확인되었다. 다섯째, 西자가 들어간 성씨로 西를 비롯하여 大西, 中西, 小西, 葛西, 今西, 川西, 寺西, 河西 등이 확인되었다. 여섯째, 内가 들어간 성씨로는 竹内, 山内, 堀内, 宮内, 大内, 河内, 木内, 池内, 武内 등이 확인되었다. 일곱 번째, 中자가 들어간 성씨로는 中를 비롯하여 田中, 山中, 野中, 畑中, 畠中 등의 예가 확인되었다. 여덟 번째, 가까운 거리를 지시하는 脇자가 들어간 성씨로는 門脇, 宮脇, 森脇, 西脇 등이, 아홉 번째, 틈이나 사이를 지시하는 間자가 들어간 성씨로는 本間, 佐久間, 風間, 岩間 등이 확인되었다. 열 번째, 변방 및 변두리를 지시하는 辺자가 들어간 성씨로는 田辺, 川辺, 渡邊, 渡辺 등이 있었다. 열한 번째, 東자가 들어간 성씨로 東, 伊東, 坂東의 예가 확인되었다. 東보다 西가 들어간 성씨가 많은 것이 이채롭다. 열두 번째, 가장자리를 지시하는 端자가 들어간 성씨로는 川端, 田端가 있었으며, 마지막으로 기타로는 奥, 境, 南, 北 그 자체가 성씨가 되는 예도 있었으며, 田尻에서 보듯 말단을 의미하는 尻자가 들어간 성씨도 확인되었다.

4) 행정구획

村나 里와 같은 행정구획을 지시하는 한자가 들어간 성씨로는 中村, 木村, 西村, 田村, 野村, 北村, 吉村, 川村, 松村, 奥村, 今村, 上村, 岡村, 河村, 大村, 藤村, 下村, 山村, 竹村, 志村, 植村, 島村, 三村, 高村, 市村, 仲村, 杉村, 梅村, 本村, 新村, 内村, 井村, 岩村, 辻村와 中里, 宮里 등을 들 수 있다.

5) 동식물

일본인의 성씨에 식물이 들어간 한자도 있다. 우선, 등나무, 즉 藤자가 들어간 성씨로는 佐藤, 伊藤, 加藤, 斎藤, 後藤, 近藤, 遠藤, 安藤, 工藤, 内藤, 武藤, 江藤, 進藤, 首藤 등이 확인되었다. 둘째, 나무를 의미하는 木자가 들어간 鈴木, 佐々木, 青木, 高木, 荒木, 八木, 黒木, 大木, 三木, 柏木, 植木, 並木, 松木, 正木, 藤木, 赤木, 白木, 玉木, 村木 등의 성씨가 확인되었다. 셋째, 숲을 의미하는 林자가 들어간 성씨로 林, 小林, 若林, 平林, 中林, 栗林, 大林, 東海林 등의 예가 확인되었다. 넷째, 빽빽한 숲을 의미하는 森자가 들어간 성씨로 森, 大森, 小森, 藤森, 金森 등이 있었다. 다섯째, 나뭇잎을 의미하는 葉자가 들어간 성씨로 千葉, 稲葉, 秋葉가 있었다. 여섯째, 소나무를 의미하는 松자가 들어간 성씨로 小松, 村松, 平松, 高松, 若松, 植松, 赤松, 重松 등이 있었다. 일곱째, 나무뿌리를 의미하는 根자가 들어간 성씨로 関根, 山根, 中根, 曽

根가 있었으며, 대나무를 의미하는 竹자가 들어간 성씨로는 大竹, 佐竹가 있었다. 여덟째, 버드나무를 의미하는 柳자가 들어간 성씨로는 柳, 青柳, 小柳, 高柳 등이 있었으며, 기타로는 물푸레나무 槻자가 들어간 大槻, 밤나무를 의미하는 栗자가 들어간 小栗, 오동나무를 지시하는 桐자, 골풀을 의미하는 菅자가 들어간 菅와 小菅, 귤나무를 의미하는 橘자, 꽃을 의미하는 花가 들어간 立花, 배나무를 의미하는 梨자가 들어간 高梨, 삼나무를 의미하는 杉자가 들어간 小杉, 上杉, 쌀을 의미하는 米자가 들어간 久米, 나뭇가지를 의미하는 枝자가 들어간 三枝, 떡갈나무를 의미하는 樫자가 들어간 富樫, 녹나무를 의미하는 楠자가 사용된 성씨 등이 확인되었다.

동물로는 馬자가 들어간 相馬, 有馬가 있었다. 곰에 관련된 성씨로 大熊, 새로는 白鳥가 확인되었다.

6) 농사

田(논)에 관련된 성씨로는 吉田, 山田, 池田, 前田, 岡田, 藤田, 福田, 太田, 原田, 松田, 和田, 石田, 森田, 上田, 内田, 柴田, 高田, 増田, 村田, 武田, 島田, 西田, 飯田, 安田, 平田, 中田, 久保田, 岩田, 福田, 本田, 浜田, 野田, 黒田, 永田, 横田, 宮田, 小田, 鎌田, 成田, 沢田, 奥田, 富田, 寺田, 多田, 豊田, 角田, 竹田, 坂田, 植田, 神田, 長田, 戸田, 町田, 米田, 金田, 堀田, 杉田, 川田, 古田, 須田, 新田, 梅田, 土田, 下田, 塚田, 広田, 嶋田, 栗田, 窪田, 稲田, 浅田, 林田, 柳田, 富田, 篠田, 鶴田, 沼田, 大田, 園田, 花田, 倉田, 田畑, 千

田, 德田, 秋田, 細田, 岸田, 塩田, 河田, 半田, 亀田, 織田, 有田, 三田, 井田, 今田, 木田, 北田, 小野田, 水田, 門田, 生田, 仲田, 浦田, 大和田, 羽田, 真田, 依田, 濱田, 深田, 矢田, 清田, 芦田, 桑田, 飛田, 合田, 脇田, 志田, 勝田, 益田, 恩田, 会田, 熊田, 持田, 沖田, 八田, 重田, 玉田, 菊田, 桜田, 牧田, 梶田, 丸田 등등이 확인되었다. 밭(畑)이 들어간 성씨로는 畑, 川畑, 小畑, 大畑, 高畑 등이 있었다.

7) 기타

우선 만물의 근본을 지시하는 本이 들어간 성씨가 가장 많았다. 예를 들면 山本, 松本, 橋本, 石本, 平本, 井本, 坂本, 福本, 吉本, 岡本, 竹本, 森本, 川本, 楠本, 浜本, 谷本, 寺本, 中本, 辻本, 宮本, 岩本, 坂本, 野本, 秋本, 藤本, 木本, 榎本, 塚本, 河本, 滝本, 岸本, 西本, 杉本, 根本, 池本, 倉本, 松本, 阪本 등이 있었다. 둘째, 松永, 森永, 福永, 冨永, 安永, 末永, 久保, 岩永, 徳永, 吉永와 같이 시간적 길이를 지시하는 永자가 들어간 성씨도 확인되었다. 셋째, 五十嵐, 清水, 望月, 大石, 白石, 石黒, 湯浅, 春日에서 보듯 자연물과 관련한 성씨가 확인되었다. 넷째, 渡部, 服部, 阿部, 南部가 확인되었으며, 다섯째, 関, 小関, 大関가, 마지막으로 馬場, 秋元, 大久保, 古賀, 河合, 足立, 児玉, 岡部, 安部, 田代, 本多, 安達, 落合, 三好, 佐伯, 甲斐, 大場, 日高, 庄司, 比嘉, 丹羽, 緒方, 三輪, 小出, 加納, 越智, 芳賀, 志賀, 浅見, 高見, 大友, 大坪, 難波, 井手, 井出, 川合, 尾形, 立石, 奈良, 真鍋, 宮地, 毛利, 那須, 矢部, 鳥居,

石渡, 牧, 岩佐, 宇佐美, 土居, 秦, 長谷部, 椎名, 都築, 石丸, 乾, 堀越, 諏訪, 布施, 大矢, 大貫, 麻生, 喜多, 小幡, 島袋, 倉持, 小久保, 須賀, 金丸, 平良, 目黒, 山形, 山元, 勝又, 橋爪, 角, 玉置, 小玉, 小高, 有賀, 明石, 大和, 曽我, 磯部, 川越, 国分, 夏目, 日下部, 塩見, 福地, 鬼頭, 田所, 今, 大高, 鵜飼, 猪股, 野呂, 川添, 五味, 小俣, 知念, 小暮, 末吉 등과 같이 의미적인 그룹화가 어려운 성씨가 다수 확인되었다.

6. 마치며

지금까지 본 장에서는 일본인들의 주요 한자 성씨(1000개)를 고찰하였다. 우선 일본인들의 성씨로 사용된 한자는 대부분 난도가 높지 않은 한자가 많았기 때문에 한국인 일본어 학습자들이 습득에 큰 어려움은 없을 것으로 전망된다.

둘째, 일본인들의 한자 성씨는 대부분 1자, 2자, 3자로 구성되어 있는데, 그중에서 2자로 된 성씨가 95%로 가장 많은 것을 알 수 있었다.

셋째, 일본인의 한자 성씨는 음+음, 훈+훈, 음+훈, 훈+음, 기타와 같은 다양한 방식으로 읽히는데, 그중에서 훈+훈이 88%로 가장 많은 것을 알 수 있었다.

마지막으로 일본인들의 한자 성씨는 지형에서 유래된 것이 36.7%로 가장 많으며, 기타, 농사, 방위 및 방향, 건조물, 동식물, 행정구획 등이 각각 그 뒤를 잇는 것으로 나타났다.

본 장에서 내린 결론은 양적인 면에서는 다소 부족한 면이 없지는 않으나, 일본어학적인 방법에 입각하여 일본인들의 성씨를 체계적으로 분석하여 획득한 것이므로 일본인들의 한자 성씨를 이해하는 데에 있어 일정 부분 기여하는 바가 있을 것으로 생각된다.

제8장 일본의 슈퍼마켓 전단지의 어휘 및 표현으로 본 일본사정

1. 시작하며

사회언어학은 일본어의 내적 특성을 규명하는 연구 방식에서 머무르지 않고 해당 어휘나 표현이 일본사회에서 어떠한 구성원에 의해서 어떻게 운용되는지를 규명하는 것까지 연구의 범위를 확장해나가는 데에 큰 특징이 있다(cf. 천호재(2014)). 본 장에서는 이러한 사회언어학적인 연구 방식을 채용하여 일본의 슈퍼마켓 전단지를 분석하고자 한다. 우선 슈퍼마켓 전단지에 나타난 상품명의 표기 자종의 실태를 살펴볼 것이다(2절). 둘째, 슈퍼마켓 전단지에 명시된 상품명의 어종에 대해서 살펴볼 것이다(3절). 셋째, 슈퍼마켓 전단지에 명시된 광고 문구를 살펴볼 것이다(4절). 넷째, 슈퍼마켓 전단지에 명시된 일본사정(일본문화)에 대해서 살펴볼 것이다(5절). 마지막으로 슈퍼마켓 전단지에 나타난 어휘를 활용한 실제 교실활동 방법(지도법)을 소개할 것이다(6절).

2. 슈퍼마켓 전단지에 나타난 상품명의 표기 자종

슈퍼마켓 전단지도 일종의 언어환경이라고 할 수 있다. 슈퍼마켓이라는 특정 공간을 이용하는 소비자와 판매자의 언어가 문자의 방식으로 소통이 이루어지기 때문이다. 일본어는 세계 언어에서 유례를 찾기 어려울 만큼 다양한 자종을 보유하기 때문에 슈퍼마켓 전단지에 어떠한 자종이 표기되는가를 보는 것은 사회언어학적으로도, 일본어교육학적으로도 매우 중요하다고 생각된다.

본 장에서는 슈퍼마켓 전단지에 나타난 표기 자종을 분석하기 위한 도구로 일찍이 표기 자종을 정의한 진노우치 마사다카(陣内正敬:2007)의 분석법을 이용하고자 한다. 진노우치 마사다카(陣内正敬:2007)는 일본어 자종으로 한자가나형 · 가타카나형 · 알파벳형을 예와 함께 다음과 같이 제시하였다. 슈퍼마켓 전단지에는 숫자로 표기된 것도 있었기 때문에 본 저자는 ④와 같이 숫자형을 추가하여 분석을 하였다.

1)한자가나형 - 표기 수단으로서 한자나 히라가나가 표기되었지만 가타카나나 알파벳은 표기되지 않는 것. 예를 들면 「新日本紀

行」「おかあさんと一緒」등이 있다.

2)가타카나형 - 가타카나만 표기된 경우, 또는 가타카나가 한 글자라도 표기된 경우이다. 예를 들면 「ウルトラアイ」「魔法使いサリー」등이 있다.

3)알파벳형 - 알파벳만 표기된 경우, 또는 알파벳이 한 글자라도 표기된 경우이다. 예를 들면 「NHK特派員報告」「AH! SO」등이 있다.

4)숫자형(아라비아 숫자, 로마자 숫자) - 숫자만 표기된 경우, 또는 숫자가 한 글자라도 표기된 경우이다. 구체적인 예는 본문에서 제시하겠다.

본 장에서는 일본 하치오지시(八王子市)의 미나미오사와(南大沢) 역 근처에 소재하는 Sakagami 슈퍼마켓 전단지(2018년 8월 17일-8월 19일)를 분석의 도구로 하였다. 이 전단지는 본 저자가 해당 슈퍼를 직접 방문하여 입수한 것임을 밝혀둔다. 아래의 사진을 참조할 것)

먼저 한자가나형으로 표기된 상품명은 다음과 같다.

1) 한자가나형

尾花沢の西瓜(수박), じょっぱり大根(무), 梅おろし(매실 간 것), 勘兵衛梨園の梨(배), 刺身盛合せ(생선회), 白す干し(건멸치), いかおくら(오징어), 七夕こしひかり(쌀), もちぶた生姜焼丼(생강), 南部どり親子丼(계란덮밥), 南部どり天丼(닭고기 덮밥), いか天丼(오징어덮밥), 中華丼(중화덮밥), 秋刀魚の塩焼き(꽁치구이), 南部どりの焼きとり(닭고기구이), いか淡酢〆(오징어 식초), 銀鮭甘口(은어), まぐろ切り落し(참치), 塩さば(고등어), 小松菜(소송채), 豆苗(완두콩새싹), 根生姜(생강), えのき(팽나무버섯), 青梗菜(청경채), 甘辛いわし(정어리), ますのすし(초밥), お惣菜(반찬)

한자가나형으로 표기된 상품명을 보면 농수산물 관련이 주류를 이루는 것을 볼 수 있다. 그 외 상품명은 아니지만 다음과 같은 한자가나형으로 표기된 어휘들이 있었다.

二幸(식품회사명), 半額(반액), 広島県音戸産(히로시마현 온도산), 夕方(저녁), 小(소), 中(중), 大(대), 毎週月曜日(매주 월요일), 半身(절반), 特価(특가), 山形産(야마가타산), 月曜青果市(월요일 청과시장), 水曜精肉市(수요일 정육시장), 鮮魚市(생선시장), 販売日(판매일), 涼味(시원한 맛), 全品(전품), 長野県産(나가노현산), 国産(국산), 千葉県産(치바현산), 北海道産(홋가이도산), 高知県産(고치현산), 茨城県産(이바라기현산), 山梨県産(야마나시현산), 太平洋産ほか(태평양산 외)

가타카나형으로 표기된 상품명은 다음과 같다.

2) 가타카나형

フルーツ大福(과일떡), キウイフルーツ(키위), ネーブルオレンジ(오렌지), メイヤ―レモン(레몬), アボカド(아보카드), バナナ(바나나), ベルモルトゴールド(벨기에 맥주), オーロラサーモン刺身用(연어회), もちぶたカツ丼(돼지고기 덮밥), 黒豚カレー(돼지고기 카레), 国産牛シチュー用(소고기스튜), 霧島黒豚肩ロース切落し(돼기고기), ポテトサラダ(감자샐러드), カキフライ(굴튀김), ベビーリーフ(어린새싹), トマト(토마토), ミニエリンギ(미니새송이버섯), ワイン類(와인류)

그 외에 상품명은 아니지만 전단지에 출현한 가타카나형 단어를 제시하면 다음과 같다.

ニュージランド産(뉴질랜드산), メキシコ産(멕시코산), フィリピン産ほか(필리핀산 외), ノルウェー産(노르웨이산), サカガミクラブカード

(사카가미클럽카드), 新規入会キャンペーン(신규입회캠페인), プレゼント(선물), ベルギー産(벨기에산), チリ産養殖(칠레산 양식)

마지막으로 알파벳형과 숫자형으로 표기된 상품명은 확인되지 않는다. 대부분 시간이나 상품의 단위(무게, 개수, 부피) 등을 나타내는 용도로 알파벳형과 숫자형이 사용되는 것을 볼 수 있다.

3) 알파벳형

Club Card, 1P, 100g, 5*kg*当たり

4) 숫자형

5 00ポイント, 1個, 4時, 各1串, 5本, 1袋, 20日, 22日限り, 1枚, 1切, 350¥, 350ml, 4点盛り, 1尾

3. 슈퍼마켓 전단지에 나타난 상품명의 어종

일본어 어휘의 어종으로 순수 일본어(和語), 한어, 외래어, 혼종어를 들 수 있는데 먼저 슈퍼마켓 전단지에 나타난 순수 일본어를 제시하면 다음과 같다. 한자로 표기된 단어는 한어가 아니라 순수 일본어를 한자로 표기한 것에 불과하므로 순수 일본어의 범주에 넣었다.

1) 순수 일본어(和語)

尾花沢(오바나자와), 梨(배), 刺身盛合せ(생선모듬회), 白す干し(말린 멸치), いかおくら(오징어 절임), 七夕こしひかり(칠석 고시히카리), 梅(うめ)おろし(매실 간 것), まぐろ切り落し(참치살), いか淡酢〆(오징어초), 塩さば(간고등어), 秋刀魚(꽁치), 塩焼き(소금구이), 銀鮭甘口(단맛나는 은연어), 小松菜(소송채), えのき(팽나무), 甘辛いわし(달면서 매운 맛 나는 정어리), ますのすし(마스초밥), 焼(や)きとり(닭고기 구이)

한어(일제한어 포함)로는 다음과 같은 어휘들이 확인되었다.

2) 한어(漢語)

西瓜(すいか), 中華丼(ちゅうかどん), 豆苗(とうみょう), 青梗菜(チンゲンサイ), 半額(はんがく), 涼味(りょうみ), 全品(ぜんぴん), 国産(こくさん), 北海道産(ほっかいどうさん), 二幸(にこう), 太平洋産(たいへいようさん), 特価(とっか), 南部(なんぶ), 勘兵衛梨園(かんべえりえん), 高知県産(こうちけんさん)

외래어로는 다음과 같은 어휘들이 확인되었다.

3) 외래어(外来語)

ポテトサラダ, カキフライ, ベビーリーフ, トマト, ミニエリンギ, キウイフルーツ, ネーブルオレンジ, メイヤーレモン, アボカド, バナナ, ベルモルトゴールド, サカガミクラブカード, プレゼント

마지막으로 혼종어인데 슈퍼마켓 전단지에서는 혼종어의 사용 비율이 높은 것을 확인할 수 있었다.

4) 혼종어(混種語)

じょっぱり大根(좆빠리무), 南部どり親子丼(남부닭고기 계란덮밥), もちぶた生姜焼丼(돼지생강구이덮밥), 南部どり(남부닭고기), いか天丼(오징어덮밥), 南部どり天丼(남부닭고기덮밥), 山形産(야마가타산), 水曜精肉市(수요일정육시장), 月曜青果市(월요일청과시장), 鮮魚市(생선시장), オーロラサーモン刺身用(오로라연어회용), ワイン類(와인류), ニュージランド産(뉴질랜드산), メキシコ産(멕시코산), フィリピン産(필리핀산), 国産牛(국산소), シチュー用(시츄용), ベルギー産(벨기에산), フルーツ大福(과일대복), ノルウェー産(노르웨이산), 新規入会キャンペーン(신규입회 캠페인), 霧島黒豚肩ロース切落し(기리시마흑돼지견로스부분살), 黒豚カレー(흑돼지카레), 茨城県産(이바라기현산), 山梨県産(야마나시현산), お惣菜(부식류), 長野県産(나가노현산), 千葉県産(치바현산), 販売日(판매일), もちぶたカツ丼(돼지가쓰동), チリ産養殖(칠레산양식), 広島県音戸産(히로시마현온도산), 半身(절반), 根生姜(뿌리생강)

4. 슈퍼마켓 전단지에 나타난 광고 문구

일본의 슈퍼마켓 전단지에는 상품에 관련 부가 정보, 즉 광고 문구가 비교적 상세하게 기재되어 있는 것이 확인되었다. 이하

광고 문구를 나열한다.

1) 国産牛シチュー用　煮込めばトロトロになります!
カレーにも!
국산소 스튜용, 푹 끓이면 걸쭉해집니다!
카레로도 드실 수 있습니다.

2) オススメのお惣菜
甘辛いわし　イワシを秘伝のたれで仕上げた逸品!
추천 반찬류
달고 매운 정어리를 비전의 타레로 완성한 일품!

3) 食べ応え有り!
カキフライ　とってもジューシーで甘みのあるカキフライ!
식감이 좋아요!
굴튀김 매우 쥬시하고 감미가 있는 굴튀김

4) 野菜たっぷりポテトサラダの日!
ポテトサラダ　旨さで一番人気!
야채가 듬뿍 들어간 감자 샐러드의 날!
맛이 좋아 감자 샐러드 인기가 대단해요!

5) バナナ　バナナは, ミラクル・フルーツ.

その優れた栄養バランスは特筆もの.
바나나 바나나는 미라클 후르츠.
그 뛰어난 영향 밸런스는 특출납니다.

6) ますのすし桜色のます，純白のすし飯，緑の笹の味と色彩が見事に調和した富士の名産品です.
송어초밥 벚꽃 색의 송어, 순백의 초밥, 초록색 조릿대의 맛과 색채가 훌륭하게 조화된 후지의 명산품입니다.

7) 月曜青果市
鮮度重視で揃えています.
大人気につき品切れする場合がございます.
월요청과시장
과일의 빛깔을 중시하며 과일들을 진열해놓고 있습니다.
너무나도 인기가 많아 품절되는 경우가 있습니다.

8) 水曜精肉市!
お肉を一週間で一番オススメする日!
수요정육시장!
일주일 중에서 고기를 제일 먼저 추천하는 날!

9) 脂のり良好!　柔らかい!
塩さば(半身)　脂ののったノルウェーさばを一塩に仕上

げました. ふんわり柔らかで美味しい.

기름기가 반지르르! 연하다!

간고등어(반마리). 기름기가 잘 오른 노르웨이 고등어를 간하여 완성했습니다. 연하고 맛있다.

10) そのままでも旨い!二幸いか淡酢

그냥 먹어도 맛있다. 니코 오징어 초절임

そのままでも美味しい. 酢の物. 和え物にも.

그냥 먹어도 맛있다. 초무침. 무침에도.

11) まぐろ切落し

毎週火曜日はまぐろ切り落としがお買い得な日.

丼やそのままおつまみに.

참치회

매주 화요일은 참치회를 싸게 살 수 있는 날.

덮밥으로 혹은 그냥 안주로도 좋아요.

12) 人気の鮭が大特価!

銀鮭甘毎週恒例人気の鮭がお買い得な日. 脂がのっていて冷めても美味しいんです. お弁当, おにぎりに.

인기 많은 연어가 대특가!

달달한 은연어. 매주 늘 인기 많은 연어를 싸게 살 수 있는 날. 기름기가 잘 올라 있어 차게 해 드셔도 맛있습니다. 도시락이나 오니기리에도.

13) 昼夜の温度差が生む最高の旨さ!山形県産　尾花沢の西瓜
これからの西瓜の美味しい産地はココ. 尾花沢市の気候と風土が美味しい西瓜を作ります. 真っ赤に熟した果肉!溢れだす果汁!甘く, スイカをしっかりと感じることができる味わい!
낮과 밤의 온도차가 낳은 최고의 맛! 야마가타산 오바나자와 수박. 수박이 맛있는 산지가 바로 여기. 오바나자와시의 기후와 풍토가 맛있는 수박을 만들어냅니다. 새빨갛게 익은 과육. 흘러넘치는 과즙. 수박을 달게 제대로 느낄 수 있는 맛!

14) 冷やしてどうぞ!千年屋　フルーツ大福
冷やして楽しめる夏の新提案大福!
차게 해서 드세요. 천년가게 후르츠대복.
차게 해서 즐길 수 있는 여름의 새로운 제안 대복!

15) コクありの第三のビール!　ベルギー産　ベルモルトゴールド　麦芽の量が多いコクありの第三ビールです!
맛이 진한 제3의 맥주. 벨기에산 베르모르트골드 보리싹의 양이 많은 진한 제3의 맥주입니다.

16) 大根サラダがおススメ!青森県黒石市産じょっぱり大根

今の時期，サラダで食べると美味しい大根です．八甲田の麓，標高750mで生産者の諏訪さんが丁寧に作っています．

무샐러드를 추천! 아오모리현 구로이시시산 콧빠리무

지금 시기에 샐러드로 맛있게 드실 수 있는 무입니다. 핫코다의 산기슭, 표고 750m에서 생산자인 스와씨가 정성껏 재배하고 있습니다.

17) 近藤造酢　ノンオイルドレッシング梅おろし

곤도조스 논오일드레싱 우메오로시

18) ふりかけの定番です．

静岡県産ほか白す干し ごはんには白す干しが一番合う!

大葉，みょうがを加えてさらに美味しく．

늘 인기 있는 후리카케입니다.

시즈오카산 잔 마른 멸치가 밥에 가장 잘 어울린다!

오바, 양하를 넣어 더더욱 맛있게 드세요.

19) クセのないサーモン!ノルウェー産

オーロラサーモン刺身用チルドのまま空輸で到着しています．

脂がのっているのにクセの無い味わいです．

맛이 담백한 연어! 노르웨이산 오로라연어회용.

냉장을 한 채 공수로 도착하였습니다.

기름기가 올랐지만 담백한 맛입니다.

20) やっぱり生が美味しい!
生まぐろ入り刺身盛合せマグロも各地で水揚げされてきました.
その時一番美味しい産地のマグロをご提供いたします!
역시 날 것이 맛있다. 생참치가 들어간 생선회모듬.
참치도 각지에서 올라 왔습니다.
그 때 가장 맛있는 산지의 참치를 제공하겠습니다.

21) 夏のおつまみに!
カキや　いかおくら　ツルツルネバネバ,
そのままでも良し, うどんやパスタ, 納豆和えにも.
여름의 안주로!
굴이나 오징어오크라 미끌미끌 끈적끈적 그대로 먹어도 좋아요. 우동이나 파스타, 낫토 무침에도 좋아요.

22) オススメお惣菜秋刀魚の塩焼き
추천 반찬! 꽁치 소금구이

23) 美味・新米入荷. 佐賀県産. 七夕こしひかり. 新米!
旧暦の七夕(8月7日頃)に収穫の限米. 品質重視の米づくりが定評. 柔らかくて粘りも強く, 甘みがあり, ピカピカの炊き上がり.

맛있는 햅쌀 입하. 사가현산 다나바타고시히카리 햅쌀!

음력 7월(8월 7일경)에 수확한 한정미. 품질을 중시하는 쌀 재배가 좋은 평판을 얻고 있어요. 부드럽고 찰기도 있고 단맛이 있으며 갓 지었을 때 기름기가 자르르 도는 고시히카리.

24) 宮城県産黒豚大特価!霧島黒豚肩ロース切落し半額しゃぶしゃぶでも生姜焼きでもOK!

キリシマハム　黒豚カレー　ブランドの霧島黒豚を使用した絶品カレー

미야기현산 흑돼지 대특가! 기리시마 흑돼지어깨로스살 반액 샤부샤부로도 생강구이로도 좋아요!

기리시마햄 흑돼지카레 브랜드인 기리시마 흑돼지를 사용한 절품 카레

25) 8/1 勘兵衛梨園様を視察, 今年も豊作!

勘兵衛梨園は創業1851年(嘉永四年)の歴史ある梨園. 温暖な気候と肥沃な土地の中で, 肥料にこだわり木の管理から徹底して栽培をしています. 食感にこだわった, コクのある梨です. 代々受け継がれる, 環境に配慮した有機低農薬栽培と園地の管理. だから病気や害虫等, 常に樹と土の健康をチェックしています. 他の追随を許さない旨さがここにあります.

감베배농원을 시찰, 금년에도 풍작!

감베배농원은 창업 1851년의 역사가 있는 배재배 농원입니다. 온난한 기후와 비옥한 토지 속에서 비료를 엄선하여 나무 관리부터 철저히 재배를 하고 있습니다. 식감을 중시한 진한 맛이 있는 배입니다. 대대손손으로 이어져오는 환경을 배려한 저유기농약재배 농원지의 관리. 그래서 병충해 등, 늘 나무와 토지의 건강을 체크하고 있습니다. 타의 추종을 불허하는 맛이 여기에 있습니다.

5. 슈퍼마켓 전단지에 나타난 일본사정(일본문화)

이 절에서는 4절에 제시한 광고 문구에 들어 있는 일본사정(일본문화)을 살펴보고자 한다.

먼저 国産牛シチュー用. 煮込めばトロトロになります!カレーにも!를 보자. 이 광고 문구를 통해 일본인들은 소를 스튜의 방식으로 카레의 방식으로 섭취하는 음식문화를 가진 것을 알 수 있다.

オススメのお惣菜. 甘辛いわし. イワシを秘伝のたれで仕上げた逸品! 일본인들은 주식에 부식(반찬)을 섭취하며 또한 해산물인 정어리를 달고 매운 타레를 끼얹져 먹는 음식문화를 가진 것을 알 수 있다.

食べ応え有り!カキフライとってもジューシーで甘みのあるカ

キフライ! 굴을 튀김의 방식으로 섭취하는 음식문화가 존재하는 것을 알 수 있다.

野菜たっぷりポテトサラダの日!ポテトサラダ. 旨さで一番人気! 다이어트를 위해 감자샐러드가 판매되는 사실을 알 수 있다. 반면에 한국의 슈퍼마켓에서는 야채샐러드가 주로 판매된다.

ますのすし. 桜色のます, 純白のすし飯, 緑の笹の味と色彩が見事に調和した富士の名産品です 송어를 초밥의 방식으로 섭취하는 음식문화가 존재하며 송어초밥이 후지지방의 명산품인 것을 알 수 있다.

月曜青果市. 鮮度重視で揃えています. 大人気につき品切れする場合がございます 일본의 슈퍼마켓에서는 월요일에 특별히 과일을 싸게 판매하는 행사가 있다는 것을 알 수 있다.

水曜精肉市!お肉を一週間で一番オススメする日! 수요일에 고기를 싸게 파는 행사가 있으며, 脂のり良好!柔らかい!塩さば(半身)脂ののったノルウェーさばを一塩に仕上げました. ふんわり柔らかで美味しい 고등어에 소금을 쳐서 섭취하는 음식문화가 존재하는 것을 알 수 있다. 그리고 해양국가이면서도 노르웨이에서 고등어를 수입하는 현실을 확인할 수 있다.

そのままでも旨い!二幸. いか淡酢〆. そのままでも美味しい. 酢の物. 和え物にも. 일본에는 니코라는 식품회사가 있으며 오징어가 초절임, 초무침, 일반무침으로 조리되는 음식문화가 존재하는 것을 확인할 수 있다.

まぐろ切落し. 毎週火曜日はまぐろ切り落としがお買い得な日. 丼やそのままおつまみに 매주 화요일에 참치생선살을 싸게 살 수 있는 행사가 있으며, 참치생선살이 덮밥이나 안주의 방식으로 섭취하는 음식문화가 존재하는 것을 확인할 수 있다.

人気の鮭が大特価!銀鮭甘口. 毎週恒例人気の鮭がお買い得な日. 脂がのっていて冷めても美味しいんです. お弁当, おにぎりに 일본인들의 연어에 대한 선호도 높으며 연어가 도시락이나 오니기리의 방식으로 섭취되는 음식문화가 존재하는 것을 확인할 수 있다.

昼夜の温度差が生む最高の旨さ!山形県産. 尾花沢の西瓜. これからの西瓜の美味しい産地はココ. 尾花沢市の気候と風土が美味しい西瓜を作ります. 真っ赤に熟した果肉!溢れだす果汁!甘く, スイカをしっかりと感じることができる味わい! 일본에는 야마가타현이란 곳이 있으며 그중에서도 오바나자와(尾花沢)가 수박 명산지로 알려져 있는 것을 확인할 수 있다.

冷やしてどうぞ!千年屋. フルーツ大福. 冷やして楽しめる夏の新提案大福! 일본에는 千年屋라고 하는 상호가 있으며 그 가게에서 후르츠대복을 차게 해서 먹을 수 있는 음식을 제조 판매하는 사실을 확인할 수 있다.

コクありの第三のビール!ベルギー産ベルモルトゴールド麦芽の量が多いコクありの第三ビールです! 일본에서는 벨기에산 맥주를 수입하고 있다는 것을 확인할 수 있다.

大根サラダがおススメ!青森県黒石市産. じょっぱり大根 일본에서

는 무를 샐러드방식으로 섭취하는 음식문화가 존재한다는 것을 확인할 수 있다. 또 아오모리현 구로이시에서 재배되는 무가 유명하며 그 무의 이름이 춋빠리무라는 사실을 확인할 수 있다.

今の時期，サラダで食べると美味しい大根です．八甲田の麓，標高750mで生産者の諏訪さんが丁寧に作っています 8월 중순의 시점에서 무를 샐러드의 방식으로 섭취하는 것이 매우 적절하며 그 무가 표고 750미터의 핫코다 산기슭에서 스와라는 농민에 의해 재배되는 사실을 알 수 있다.

近藤造酢．ノンオイルドレッシング．梅おろし 곤도양조장에서 갈은 매실로 만든 논오일 드레싱이 일본인들의 식생활의 한 부분을 차지하는 것을 확인할 수 있다.

ふりかけの定番です．静岡県産ほか，白す干し．ごはんには白す干しが一番合う!大葉，みょうがを加えてさらに美味しく 일본에는 시즈오카현이라는 행정구역이 있으며 건잔멸치, 양하와 오바가 들어간 후리카케를 밥에 뿌려 먹는 음식문화가 존재하는 사실을 확인할 수 있다.

クセのないサーモン!ノルウェー産．オーロラサーモン刺身用．チルドのまま空輸で到着しています．脂がのっているのにクセの無い味わいです 일본인들은 담백한 맛의 연어를 즐기며 노르웨이에서 연어를 냉장의 방식으로 수입하는 사실을 확인할 수 있다.

やっぱり生が美味しい!生，まぐろ入り．刺身盛合せ．マグロも各地で水揚げされてきました．その時一番美味しい産地のマグロをご提供いたします! 일본인들에게는 참치를 날로 먹는 음식문

화가 있다는 사실을 확인할 수 있다.

夏のおつまみに!カキや．いかおくら．ツルツルネバネバ，そのままでも良し，うどんやパスタ，納豆和えにも 끈적끈적하고 미끌미끌한 굴이나 오징어를 날 것으로 먹거나 우동, 파스타, 낫토 무침으로 먹는 음식문화가 있다는 사실을 확인할 수 있다.

オススメお惣菜!秋刀魚の塩焼き 꽁치를 소금구이하여 부식으로 먹는 음식문화가 존재하는 것을 확인할 수 있다.

美味・新米入荷．佐賀県産．七夕こしひかり．新米!旧暦の七夕(8月7日頃)に収穫の限米．品質重視の米づくりが定評．柔らかくて粘りも強く，甘みがあり，ピカピカの炊き上がり 일본인들은 햅쌀을 선호하며 사가현산의 다나바타 고시히카리를 높이 평가하는 사실을 확인할 수 있다. 그리고 한국과 마찬가지로 부드럽고 찰기도 있고 단맛이 있으며 갓 지었을 때 기름기가 감도는 밥을 높이 평가하는 사실을 확인할 수 있다.

宮城県産黒豚大特価!霧島黒豚肩ロース切落し．半額．しゃぶしゃぶでも生姜焼きで もOK!キリシマハム．黒豚カレー．ブランドの霧島黒豚を使用した絶品カレー 일본에는 미야기현이라는 행정구역이 있으며 흑돼지가 특산물이며, 돼지가 샤부샤부, 생강구이 방식으로 섭취되는 음식문화가 존재하는 사실을 확인할 수 있다.

6. 슈퍼마켓 전단지를 활용한 교실활동 방안

이와 같이 일본인들이 일상 이용하는 슈퍼마켓 전단지에도 많은 문자정보와 문화정보가 들어 있는 사실을 확인할 수 있다. 슈퍼마켓 전단지는 일본의 음식문화를 비롯한 다양한 문화정보를 제공해주기 때문에 그것을 활용한 교실활동을 모색해보는 것도 매우 있을 것으로 생각된다. 그러면 이하의 절에서 아래의 전단지를 통한 몇 가지 교실활동을 간략히 소개해보고자 한다.

1) 상품명의 표기 자종을 말하거나 적기

위의 전단지를 복사해서 학습자들에게 배부한다. 그다음으로 교수자는 일본어 표기로 한자가나형, 가타카나형, 알파벳형이 있다는 것을 말하고 각 표기형에 해당하는 실제 예를 몇 개씩 보여준다.

그다음으로 교수자는 학습자들에게 그 자종에 해당하는 상품명을 조별로 혹은 개인별로 경쟁적으로 말하거나 적게 한다. 예를 들어 한자가나형의 상품명(〈ex〉いかおくら)을 위의 전단지에서 발견하여 말하거나 적도록 하는 것이다.

2) 전단지에 표기된 상품금액을 일본어로 말하거나 적기

교수자는 학습자들에게 전단지에 표기된 상품금액을 상품과 함께 물어본 뒤, 학습자들이 그것에 대해 대답을 하거나 적도록 하는 것이다. 예를 들면 「刺身盛合せはいくらですか」라고 교수자가 물으면 학습자들이 가격을 말하거나 쓰도록 하는 것이다.

7. 마치며

우선 일본의 슈퍼마켓 전단지에 나타난 상품명의 표기 자종으로 한자히라가나형, 가타카나형, 알파벳형, 숫자형을 살펴보았다. 둘째로 일본의 슈퍼마켓 전단지에 나타난 상품명을 순수 일본어, 한어, 외래어, 혼종어로 나누어 살펴보았다. 그 결과 혼종어가 차지하는 비중이 높은 것을 알 수 있었다. 셋째, 일본의 슈퍼마켓 전단지에 나타난 광고 문구를 살펴보았다. 해당 상품의 장점을 광고 문구를 통해 부각시키고자 하는 판매자의 노력을 엿볼 수 있었다. 넷째, 일본의 슈퍼마켓 전단지에 나오는 광고 문구를 통해서 일본의 생활문화를 비롯하여 음식문화, 음식의 종류 및 특징, 일본지리 등과 같은 일본사정을 알 수 있었다. 마지막으로 교수자가 학습자에게 상품명의 표기 자종을 말하거나 쓰게 하거나, 또는 전단지에 표기된 상품금액을 교수자가 학습자들에게 일본어로 말하거나 쓰게 함으로써 전단지를 활용한 교실활동의 가능성을 모색해 보았다.

제9장 일본 화장품 광고의 언어적 특성으로 본 일본사정

1. 시작하며

본 장에서는 인문학적 연구가 학교발전→지역산업→국가경제에 기여할 수 있는 시도의 일환으로 일본 화장품 광고의 언어적 특성을 고찰하고자 한다.

본 장에서 화장품 광고에 특별히 주목하는 이유는 대략 2가지인데 하나는 전 세계적으로 경제적 여건이 좋지 않음에도 불구하고 2016년 이후로 매년 수요가 꾸준히 상승하는 미래유망산업으로 자리 잡고 있기 때문이며*, 다른 하나는 최근 한류 붐으로 인해 한국 화장품 산업의 성장 가능성이 기대되기 때문이다.

* KHIDI(2019) 화장품 산업 분석 보고서, p.14에서 인용함

〈그림 1〉 세계 화장품 시장규모 및 증가율

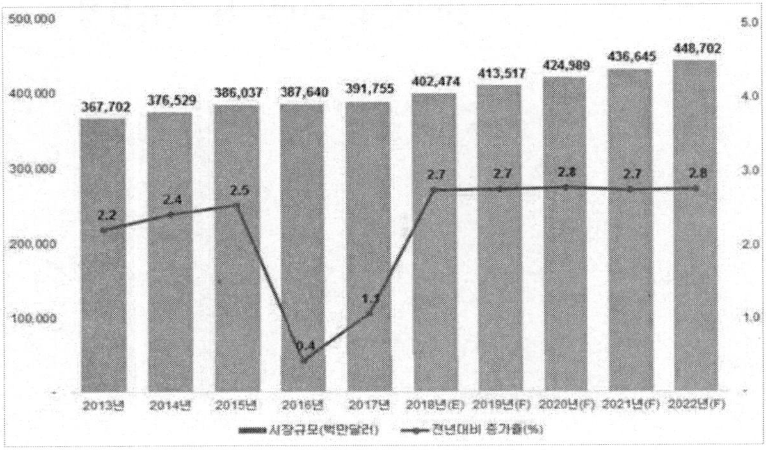

본 장에서는 생태심리학 연구의 기본 개념인 행위유도성으로 일본의 화장품 광고 영상에 나오는 언어적 요소를 분석하고자 한다. 이를 위해 먼저 본 장에서는 기존에서 언급되지 않은 생태심리학의 관점으로 화장품 광고를 정의할 것이다.

둘째, 소비자들이 화장품 광고 영상을 소비자들이 시청하지 않으면 아무런 의미가 없기 때문에 소비자들의 시청을 유도하기 위해 화장품 광고 영상 하단에 위치한 헤드라인을 분석하고자 한다.

셋째, 행위유도성으로 일본 화장품 광고에 나오는 다양한 표현들의 출현 양상과 특징들을 분석함으로써 행위유도성을 구심점으로 다양한 표현들이 어떻게 전략적으로 제시되는지를 고찰하고자 한다.

이러한 본 장의 분석이 중요한 이유는 기존의 연구가 화장품 광고에 나오는 언어적 특성을 단순히 나열하고 있는 것 이상의 의의는 제시하지 못하는 반면에 본 장의 연구는 다양한 언어적 요소들(비언어적 요소 포함)이 행위유도성이라는 망 내부에서 서로 유기적으로 연결된 것이라는 점을 밝혀 주기 때문이다.

2. 생태심리학이론과 관련 선행연구

이 절에서는 예비지식으로 생태심리학이론이 무엇인지, 생태심리학에 관련한 언어 연구로 어떠한 선행연구가 있는지를 살펴보도록 하겠다.

1) 생태심리학이론 - 행동유도성(affordance)

생태심리학이란 인간의 행동이 취하는 의미를 인간 자체가 아닌 인간을 둘러싼 환경과 연관시켜 찾고자 하는 학문분야이다.

일본어 구문과 영어 구문을 생태심리학적으로 분석한 대표적인 연구로 혼다(本多, 2013)를 들 수 있다. 그에 의하면 구문을 생태심리학이론의 하위개념인 지각의 능동성, 지각시스템, 행위유도성, 생태학적 자기, 정보의 잉여성, 대인간의 자기, 지각학습으로 분석한다.

먼저 지각의 능동성이란 지각자가 자신의 능동적인 탐색행동을 통해 무엇인가를 지각한다는 말이다. 예를 들어 「花子は猫が

好きだ(하나코는 고양이를 좋아한다)」라는 구문은 지각자가 일상 속에서 주어의 속성을 능동적으로 탐색하여 획득한 정보라고 할 수 있다.

둘째, 지각시스템이란 지각자가 대상의 속성이나 형상을 지각하는 장치를 말한다. 잘 알려진 바와 같이 오감(시각, 청각, 미각, 후각, 촉각)이 이에 해당한다. 예를 들어 「たき火(모닥불)」로 말하면 이 모닥불은 시각, 청각, 후각, 촉각을 통해 그 존재를 지각할 수 있다.

셋째, 행위유도성(affordance)이란 대상이 지각자에게 부여하는 행위가능성을 말한다. 예를 들어 「椅子」는 지각자에게 앉는 행위가능성을 부여한다. 그러나 의자가 부여하는 행위가능성을 지각자가 실행할지 여부는 지각자의 선택에 달려 있다.

넷째, 생태학적 자기(eclological self)란 지각자의 시야에 들어온 생태적 환경을 지각하는 지각자 자신을 말한다. 예를 들어 비행기 내에서 활주로를 비춰주는 영상을 보는 승객은 자신이 처한 공간적 위치를 지각할 수 있으며 밥을 먹거나 담배를 피우고 바지를 입음으로써 지각자 자신의 신체적 컨디션이나 상태를 지각할 수 있다.

다섯째, 정보의 잉여성이란 하나의 대상을 복수의 지각시스템을 통하여 지각하는 성질을 말한다. 「たき火」는 시각, 촉각, 후각, 촉각 등의 지각시스템으로 모두 지각이 가능하다.

여섯째, 지각학습이란 어느 대상의 속성을 지각하는 데에는 일정한 기간 동안의 학습을 필요로 한다는 것이다. 예를 들어

소믈리에의 능력은 장시간의 숙련과정을 통해 획득된다.

일곱째, 대인간의 자기와 관찰점의 공공성이다. 먼저 대인간의 자기란 지각자가 획득한 정보가 지각자 자신에게 머무르지 않고 늘 타인에게 전달될 가능성을 지닌다는 말이다. 관찰점의 공공성이란 대상의 형상이나 속성을 특정한 위치에서 특정한 지각자만이 아니라 누구라도, 언제라도, 어느 위치에서라도 탐색활동의 주체가 될 수 있다는 말이다.

2) 생태심리학 관련 선행연구

천호재(千昊載, 2019) 논문에서는 우선 주어의 속성을 기술하는 일본어 중간구문, 예를 들어 「花子はすぐ泣く(하나코는 금방 운다)」는 지각자의 대상(주어)에 대한 속성을 능동적으로 탐색하여 획득한 정보이다. 둘째, 중간구문이 기술하는 주어의 속성은 지각자의 지각시스템을 통해 획득된 정보이며, 셋째, 지각자의 시야 내에서 획득된 주어의 속성은 지각자나 청자에게 행위 가능성(affordance)을 제공한다. 넷째, 중간구문이 기술하는 주어의 속성은 일정 기간 동안 지각자가 학습한 것이며, 마지막으로 중간구문에서는 생태학적 자기, 관찰점, 시간의 확대 등의 방식으로 공공성이 확보된다고 하였다.

3) 광고 관련 선행연구

광고에 관련한 국내외 선행연구를 보면 주로 언어 형식, 표현 방법, 인간관계, 이미지 등을 다루는 연구가 대부분이다. 대표적인 연구로 마나베(真鍋, 1985), 마나베(真鍋, 1986), 사이토(斎藤, 1986), 기시(岸,1993), 다카기(高木, 2005), 야마시타(山下, 2005)·코노(河野, 2005), 미네타(嶺田, 2012a)·나가사와(長澤), 미네타(嶺田, 2012b)·나가사와(長澤) 등을 들 수 있다.

사이토(斎藤, 1986)에서는 1955년부터 81년까지 제작된 45편의 텔레비전 광고(ACC수상작)의 자수, 상품명, 회사명, 상품가격, 음악, 언어 형태, 목소리의 질, 배경색채 등을 분석하였다.

마나베(真鍋, 1986)에서는 마나베(真鍋, 1985)의 연구에 이어 등장인물이 없는 광고, 등장인물이 1명뿐인 광고, 2명 이상이 나오는 광고로 분류한 뒤, 등장인물이 나오는 광고를 대상으로 등장인물의 성별, 국적, 연령, 인간관계, 행동, 커뮤니케이션 방식, 커뮤니케이션 종류를 분석하였다.

미네타(嶺田, 2012a)·나가사와(長澤)에서는 2011년 3월부터 12월 사이에 방영된 텔레비전 광고를 대상으로 텔레비전 광고에 나오는 형식과 문말표현의 특징을 분석하였다. 형식으로는 뉴스 및 고지 형식, 데이터를 중시하는 형식, 경고를 중시하는 형식, 의뢰 및 호소를 중시하는 형식, 질문을 중시하는 형식, 정서를 중시하는 형식, 효용 및 이익을 중시하는 형식, 상품명을 중시하는 형식이 있는 것으로 밝혀졌다. 문말 표현으로서는 체언 금지법과 상체, 경체가 있는데 텔레비전 광고에서는 체언 금지법과 상체가 많이 사용되는 것으로 밝혀졌다.

기시(岸, 1993)는 1992년 11월부터 93년까지 방영된 243개의 텔레비전 광고를 분석하였는데 그 결과 정보형 광고, 변환형 광고, 이미지형 광고로 나누어지는 것으로 밝혀졌다. 정보형 광고는 상품의 속성정보를 전달하는 언어표현이 많이 사용하며 변환형 광고는 언어표현보다 감정적 동기와 긍정적 감정을 표출하는 빈도가 높은 것으로 나타났다. 마지막으로 이미지형 광고는 상품의 이미지를 시각적으로 전달하는 데에 초점이 두어지며 감각정보나 감정표현은 그다지 사용되지 않는다고 하였다.

다카기(高木, 2005)는 텔레비전 광고에 나오는 비언어적 커뮤니케이션, 그중에서도 모델의 표정과 시선을 중심으로 비언어 커뮤니케이션이 어떻게 소비자들에게 전달될 수 있는지를 고찰하였다.

또한 한국이나 미국 등 다른 나라의 TV 광고와 비교한 것으로는 소미야(宗宮, 1993), 구연화(具軟和, 2008), 구연화(具軟和, 2009)를 들 수 있다. 소미야(宗宮, 1993)에서는 미국과 일본의 텔레비전 광고를 비교하였는데 그 결과 일본의 광고는 논리성이 약한 단어가 강한 어조로 전달되거나 반대로 논리성이 강한 단어가 약한 어조로 전달된다고 하였다. 또 미국의 텔레비전 광고는 논리적, 직선적인 방식으로 상품의 속성을 전달하는 반면에 일본의 광고는 비논리적으로 다발적으로, 나아가 언어유희의 기법을 가미하여 전달한다고 하였다.

구연화(具軟和, 2008)는 한국과 일본의 텔레비전 광고를 수사법을 기준으로 분석을 하였는데 그 결과 한국의 광고는 일본 광고와는 달리 수사법, 그중에서도 반복법이나 과장법을 사용하는 비중이 높은 반면에, 일본의 경우 의성어 및 의태어, 의인법과 같은 수사법을 사용하는 비중이 높다고 하였다.

구연화(具軟和, 2009)는 일본과 한국의 식품광고에 나오는 단어와 연어를 조사하였다. 그 결과 일본에서는 식품의 맛에 관련된 단어와 연어와 많이 출현하는 데에 반해, 한국에서는 식품의 장점을 언급하는 단어와 연어들이 많이 출현한다고 하였다.

이상에서 살펴본 것처럼 선행연구에서는 상품 광고 영상에 나오는 언어적 측면과 비언어적 측면을 부분적으로 다루고는 있으나 본 장과 같이 언어적 측면과 비언어적 측면을 통합적으로 다룬 연구는 보이지 않는다. 즉 선행연구에서는 소비자의 구매 욕구를 충족하기 위한 구체적인 표현 형식과 전략을 총체적으로 제시해주지 못하고 있다는 점에서 미흡하다고 생각한다.

3. 화장품 광고의 생태심리학적 정의

생태심리학적인 관점으로 화장품 광고(영상, 이하 영상은 생략한다.)를 정의해보자. 먼저 지각의 능동성으로 말하면 화장품 광고는 불특정 다수 소비자들이 화장품의 속성을 능동적으로 지각하도록 전달하는 행위이다.

둘째, 지각 시스템으로 말하면 화장품 광고는 발신자가 화장품의 속성 정보를 불특정 다수 소비자들의 시각 및 청각 시스템으로 지각하도록 전달하는 행위이다.

셋째, 행위유도성(affordance)으로 말하면 화장품 광고는 불특정 다수 소비자들의 구매 행위를 자극하는 행위이다.

넷째, 생태학적 자기(eclological self)로 말하면 화장품 광고는 불특정 다수 소비자들의 시야 속으로 자사의 상품을 이동하는 행위이다. 따라서 불특정 다수 소비자는 자사의 상품과 1대1의 관계를 형성하며 그 상품의 속성을 마주하게 된다.

다섯째, 정보의 잉여성으로 말하면 화장품 광고는 화장품의 속성을 불특정 다수 소비자들에게 시청각 시스템뿐만 아니라 후각 및 촉각 시스템으로 자사의 제품을 지각할 수 있도록 유도하는 행위이다.

여섯째, 지각학습으로 말하면 화장품 광고는 불특정 다수 소비자들이 자사가 개발한 화장품의 속성을 학습할 수 있도록 일정 기간 반복적으로 영상을 제공하는 행위이다.

마지막으로 관찰점의 공공성으로 말하면 화장품 광고는 대인간의 자기 개념을 충실히 구현하기 위해 자사의 제품을 언제 어디서나 지각할 수 있도록 고비용의 공중파를 통해 전달하는 행위이다.

이상, 생태심리학적 관점으로 화장품 광고를 정의하였는데 이 모든 것은 행위유도성(affordance)으로 귀결된다. 화장품 광고의 최종 목적이 불특정 다수 소비자들의 구매 행위를 촉진하는 것 이외의 목적이 있다고는 생각되지 않기 때문이다. 따라서 화장품 광고에 등장하는 언어적 요소와 비언어적 요소(10장에서 논의함)는 모두 행위유도성을 염두에 두고 성립된 것으로 생각할 수 있다.

4. 화장품 광고 영상 헤드라인에 나타난 행위유도성 - 행위유도성①

4절에서는 화장품 광고는 불특정다수 소비자인 수신자들에게 자사가 개발한 화장품을 구매하도록 하는 행위, 즉 행위유도성을 유발하는 행위라고 하였다. 그러나 여기에서 말하는 행위유도성은 수신자들이 해당 화장품 광고 영상을 시청하였을 때 해당하는 것으로, 좀 더 면밀히 살펴보면 또 다른 행위유도성이 존재하는 것을 알 수 있다. 그것은 수신자들이 해당 화장품 광고 영상을 보도록 하는 행위유도성이다. 이것을 편의상 행위유도성①, 행위유도성을 행위유도성②로 분류한다.

수신자(시청자)들의 행위유도성①을 유도하는 것은 바로 특정 영상 하단에 있는 헤드라인이다.* 이 헤드라인은 해당 영상의 내용을 한 문장 길이로 압축한 것으로 다양한 유형이 있음을 확인할 수 있는데 그 예를 살펴보면 다음과 같다.

우선 해당 상품명만 제시된 경우가 있다. 예를 들면 カネボウ リサージ リサージコラゲリード 2020 CM으로 헤드라인이 작성된 경우이다. カネボウ リサージ リサージコラゲリード는 상품명이다.

둘째, 상품명과 주제(단어나 구의 길이)가 제시된 경우로 花王ビオレマシュマロホイップ「清潔な洗顔」篇(2020)을 예로 들 수 있다. 花王ビオレマシュマロホイップ은 상품명이며, 「清潔な洗顔」은 구 단위의 주제로 생각할 수 있다. 나아가 アクアレーベル スペシャルジェルクリーム A(ホワイト)「エステ行ってきます」篇 | 資生堂에서 보듯, 문장 단위로 주제가 명시된 헤드라인도 확인된다.

셋째, 상품명과 모델명이 제시된 경우이다. 花王ビオレマシュマロホイップ「今こそ」篇 CM波瑠와 コーセー エスプリーク 北川景子 CM「肌をひきしめ, 毛穴もキュッと」篇15秒 등의 예를 들 수 있다. 波瑠와 北川景子는 모두 일본의 인기 여배우이다.

넷째, 상품명과 상품의 속성이 제시된 경우이다. 예를 들어 美的CM2020年3月号 | 特集「あざといですか?『透明感』をちゃっか

* 본 고찰의 대상은 총 42개로 상세 내역은 제9장의 참고문헌 코너에 제시하였다.

り仕込む，2月」特別付録【神崎恵監修1本で二刀流・美リップ養成ブラシ】를 보면 「『透明感』をちゃっかり仕込む，2月」가 바로 상품의 속성을 전달하는 것을 알 수 있다.

다섯째, 문장 단위의 헤드라인만 제시된 경우도 있다. 예를 들면 「まだファンデでスキンケアしてないの？」篇15秒 | 資生堂의 경우도 그러한 예인데 특정 화장품 그 자체 광고보다 수신자의 주의를 환기하는 데에 우선적으로 목적이 두어진 것으로 생각된다.

여섯째, 상품명과 시간이 제시된 경우가 있는데, アルティミューン20SS15秒 | 資生堂가 바로 이 경우에 해당한다. 상품명과 15초라는 시간을 제시함으로써 시청 시간이 불과 15초에 불과하다는 사실을 강조함으로써 시청에 따른 부담을 경감하고자 하는 것이 목적으로 생각된다.

일곱째, 화장품명과 제조회사가 제시된 경우인데 이것은 앞의 예에서 이미 확인할 수 있다. SHISEIDO TSUBAKI 資生堂ツバキCM「Round Door」篇 | 資生堂에서 資生堂가 바로 그 예이다. 資生堂의 브랜드 가치가 높기 때문에 資生堂를 평소에 애용하는 수신자들은 자연스럽게 해당 영상을 클릭할 가능성이 높다는 점을 감안했을 것으로 생각된다.

여덟째, 헤드라인이 한자가나형(한자와 히라가나)으로 표기된 경우인데 예를 들면 "天使"石原さとみ降臨！純白の羽根がまぶしい…가 바로 그 예이다.

아홉째, 헤드라인이 가타카나형으로 표기된 경우이다. 예를

들어 「まだファンデでスキンケアしてないの？」篇 | 資生堂에서 보듯 가타카나어 ファンデ와 スキンケア가 바로 그 예이다.

마지막으로 헤드라인이 알파벳형으로 표기된 경우인데, 예를 들어 SHISEIDO TSUBAKI 資生堂ツバキCM「Round Door」篇 | 資生堂에서 보듯 SHISEIDO TSUBAKI가 바로 그 예이다. SHISEIDO와 TSUBAKI는 일본어 고유어임에도 불구하고 히라가나나 한자로 표기하지 않고 알파벳으로 표기했다는 것은 불특정 다수 소비자들이 자사의 제품에 대해 세련되고 신선한 느낌을 강조하기 위한 것과 무관하지 않다고 생각한다. 가타카나 표기에 대해서도 동종의 설명이 가능하다. 따라서 한자가나형으로 표기하느냐, 가나형으로 표기하느냐, 알파벳으로 표기하느냐도 행위유도성①을 촉진하는 데에 중요한 영향을 미친다는 점을 유추해볼 수 있다.

5. 화장품 광고 언어에 나타난 행위유도성-행위유도성②

본 장에서는 화장품 광고에 등장한 일본어를 어종별, 품사별, 술어문의 종류, 문법 카테고리별, 발화의 목적별, 회화 요소별, 서법별로 나누어서 살펴보기로 한다. 이 절의 분석을 통해서 발신자가 수신자의 구매 행위를 위해 어떠한 일본어 형식을 취사선택했는지가 명확하게 드러날 것으로 기대된다.

1) 어종

일반적으로 일본어의 어종은 순수 일본어(和語), 한어(漢語), 외래어(外来語), 혼종어(混種語)로 나뉜다. 본 장에서는 명사, 형용사, 동사를 중심으로 어종을 분류하였다. 그 결과, 화장품 광고에 사용된 어종으로 전체 634개의 어종 중에서 순수 일본어가 332개로 가장 많았으며, 외래어와 한어가 각각 120개, 117개, 혼종어가 65개로 그 뒤를 이었다. 화장품에 관련된 어종으로 당연히 외래어가 많을 것으로 생각되지만 순수 일본어가 압도적으로 많은 것이 매우 흥미롭다. 이하 자세한 설명은 생략하겠지만 어떠한 단어가 순수 일본어로, 외래어로, 한어로, 혼종어로 사용되는지를 유심히 관찰함으로써 화장품 광고의 언어 환경을 숙지할 필요가 있다고 하겠다.

우선 순수 일본어가 사용된 단어는 다음과 같다.

女の子，洗い，すすぎ，こする，洗う，泡，減らす，今，(摩擦を)減らす，明日，ずっと，潤い，肌，ひきしめる，毛穴，キュッと，乾く，くすむ，変える，立て直す，肌アレ，シミ，たまらない，ほしい，(肌は)気まぐれ，ぶれない(キレイ)，力強い(明日)，なめらかさ，ハリ，明るさ，ツバキなら，驚き，艶，指通り，髪，唇，熱い，君，語る，輝く，美しい，素直，つや玉，恋する，日焼け止め，ひと塗り，色づく，背中，思い続ける，やさしさ，満たす，行き渡る，弾む，なめらか，潤う，サラッと，しっとり，大人，思い出ジミ，夕方，ガサガサ，粉ふき，肌荒れ，防ぐ，カサつき，気になる，繰り返しがち，ちゃんと，守る，優しい，使いごこち，へこむ，しぼむ，押し上げる，とろける，毛穴汚れ，くすみ，毛穴，つるん，(キレイが)続く，好きな色，似合う，唇，華やか，うれしい(色)，テカリ，すっごい，とろみ，つけたて，美しさ，ポンポン，のせる，ピタっと，つややかに，透ける，光降る，大きな瞳，(肌が)吸い込む，疲れ，(代謝の)乱れ，(代謝を)助ける，触る，ベタベタする，辛い，脚

둘째, 외래어가 사용된 단어는 다음과 같다.

フェイスマスク, スキンケア, ファンデ, スキントリートメントファンデーション, ナチュラルグラッセ, シュガー, ミルク, ノーサンキュー, アリシアクリニック, マシュマロホイップ, ビオレ, アクティブ, サプリメント, マイナス, タッチ, アップ, フローズン, ベースメイク, エスプリーク, セラムベール, ファンデ, スキンケア, ケアハイブリットファンデ, アクアレーベル, オールインワン, サロン, ナンバーワン, リンクルクリーム, リップ, ブラシ, クリームペンシル, アイライナー, ソフィーナ, シートマスク, セラミドケア, ディープモイスチャースプレー, スキンケアクレンジング, ブライトアップルージュ, メディア, ダブル, サイン, フェイスマスク, スキントリートメントファンデーション, カバー, メラニン, ブロック, ペア, プラス, フルカバー, ノンオイリー

위와 같은 외래어 가타카나 표기는 뜻을 알기 어렵다는 노년

층과 달리 젊은 층에는 그리 낯설어 보이지 않는다. 또 세계화에 따라 일본어로는 표현하기 어려운 외국어 표현을 그대로 가타카나로 표기하는 것도 많이 볼 수 있다.

셋째, 한어가 사용된 단어는 다음과 같다.

卒業, 洗顔, 大丈夫, 最近, 代謝, 原因, 改善, 新登場, 女性, 応援, 安心, 摩擦, 清潔, 自分, 脳腸相関, 着目, 資生堂, 誘導, 基礎, 原点, 新美容液, 薬用, 透明感, 時代, 商品, 処方, 満足感, 誕生, 密着, 自宅, 表情, 有効成分, 改善, 主役, 美的3月号, 新時代, 品質, 自信, 環境, 天然成分, 弾力性, 繊維, 化粧水, 七難, 二種, 美白有効成分, 記憶, 保湿, 消炎剤配合, 新習慣, 全身, 一気, 時期, 紫外線, 低刺激, 人生, 1品, 7役, 瞬間, 工夫, 一日中, 効果, 印象, 一番, 濃厚, 天然, 日中, 異体験, 最先端, 発生源, 乳液, 新提案, 洗顔後, 炭酸, 土台, 新提案, 境界線, 決着, 運転手

마지막으로 혼종어가 사용된 단어는 다음과 같다.

化粧ノリアップ, 一体感パウダー, 絶品肌, 待ち時間, 新ツバキ, サロン帰り, 極細ライン, ハリ美容液, 肌人生, ケアする, トリプルエフェクト処方, 新TSUBAKI, ドレスアップする, 密着アイライナー, 敏感肌用化粧水, 敏感肌研究, 乾燥性敏感肌, 新アネッサマイルド, 本格的エイジングケア, 濃密バーム, エステ級, 色設計, くずれ防止下地, メイクしたて, お化粧したて, 透明バリア, 化粧肌支持率, 肌

ラボ, 美白パーフェクトゲル, スキンケア効果, 新アネッサ, 針状美容液, 高濃密ジェリーコンパクト, 美白ケア, サクラブライト肌, 新タイプ, 高発色カラー, ジャッジする, タブル美容液, 高濃密ジェリーリキッド, 密着する, 最新リキッドファンデ, 集中ケア

위에 제시한 혼종어 구조를 제시하면 다음과 같다.

① 化粧ノリアップ
=「化粧(漢語)」+「ノリ(和語)」+「アップ(外来語)」

② 一体感パウダー
=「一体感(漢語)」+「パウダー(外来語)」
다른 예) 極細ライン, 密着アイライナー, 本格的エイジングケア, 濃密バーム, 透明バリア, 美白 パーフェクトゲル, 新アネッサ, 高濃密ジェリーコンパクト, 美白ケア, 新タイプ, 高発色カラー, 高濃密ジェリーリキッド, 最新リキッドファンデ, 集中ケア

③ 絶品肌
=「絶品(漢語)」+「肌(和語)」
다른 예) 乾燥性敏感肌, お化粧したて

④ 待ち時間
=「待ち(和語)」+「時間(漢語)」 다른 예) 肌人生, 針状美容液, 色設計, くずれ防止下地

⑤ ケアする

=「ケア(外来語)」+「する(和語)」

다른 예) サロン帰り, エステ級, メイクしたて, ドレスアップする, ジャッジする, サクラブライト肌

⑥ 密着する

=「密着(漢語)」+「する(和語)」

다른 예)(漢語) + (漢語) + (和語)の乾燥性敏感肌

⑦ 肌ラボ

=「肌(和語)」+「ラボ(外来語)」

⑧ ハリ美容液

=「ハリ(外来語)」+「美容液(漢語)」

다른 예) トリプルエフェクト処方, エステ級, スキンケア効果, ダブル美容液

⑨ 敏感肌用化粧水

=「敏感(漢語)」+「肌用(和語 + 漢語)」+「化粧水(漢語)」

다른 예) 敏感肌研究, 化粧肌支持率 가 있다.

⑩ 新TSUBAKI

=「新(漢語)」+「つばき(和語)(ローマ字表記)」

다른 예) 新ツバキ(和語)(カタカナ表記)

2) 품사(자립어)

화장품 광고에 출현한 단어를 품사별((대)명사, 동사, 부사, 형용사)로 살펴보자. 출현 빈도수를 보면 (대)명사가 455개, 동사가 110개, 부사가 50개, 형용사가 45개(동사의 たい형, ない형도 포함)로 집계되었다.

(1) (대)명사

이미 언급한 바와 같이 (대)명사가 455개로 집계되었는데 집계를 하면서 출현한 명사들을 일정한 카테고리별로 나눌 수 있었다.

먼저 대명사를 보면 これ, それ, ここ, 自分, 私, 私たち, あなた, 君 등의 단어를 확인할 수 있었다.

둘째, 시간을 나타내는 명사들을 확인할 수 있었는데, 구체적으로 예시하면 毎日, (すすぐ)時, 今日, 明日, 夏, (どんな)日, 時代, 新時代, 待ち時間, 朝, 夕方, 翌朝, 夜, 時期, 今年 등을 들 수 있다.

셋째, 고유명사가 사용된 예로 다음과 같은 단어들이 확인되었다. アリシアクリニック(화장품명), マシュマロホイップ, ビオレ, 資生堂, コーセー, セラムヴェール, アクアレーベル, エスプリーク, アルティミューン, 銀座, 東京, TSUBAKI, エリクシール, アリィー, UV, デジャヴュ, ソフィーナ, ディープログラム, プリオール, HAKU, キュレル, アネッサ, クリアプロ, カネボウ, エリクシール, メディア, マキアージュ, ナビジョン, ハイチオール, プリマ, セザンヌ, メディキュット, フレアフレグランス 등의 예가 확인되었다.

넷째, 보통명사(일반명사)가 사용된 단어로는 印象, 集中ケア, シュガー, ミルク, 女の子, 卒業, 泡, サプリメント, 毛穴, 肌, 美容液, ファンデ, 薬用, シミ, 商品, エステ, パウダー, 艶, サロン, 唇,

皺, つや玉, 化粧品, リップ, 背中, ブラシ, リップブラシ, クリームペンシル, 極細ライン, アイライナー, ハリ美容液, 繊維, 化粧水, 大人, 消炎剤, スプレー, 全身, セラミドケア, ディープモイスチャースプレー, 紫外線, 赤ちゃん, 濃密バーム, くすみ, クレンジングバーム, 色, 青, 透明バリア, ミルキィジェル, 肌ラボ, 植物オイル, フェイスマスク, スキントリートメントファンデーション, 針状美容液, 高濃密ジェリーコンパクト, メラニン, アイシャドー, 3ラメ, 光, 瞳, ペア, 乳液, 洗顔, 炭酸, 高濃密ジェリーリキッド, 色むら, リキッドファンデ, 運転手, 女性, 脚 등의 예가 확인되었다.

다섯째, 전성명사의 예를 들 수 있다. 전성명사는 의미적인 측면에서 보면 香り와 같이 보통명사인 것도 있고, 思い出와 같이 추상명사인 것도 있지만, 분류의 번잡함을 피하기 위해 형태적인 기준으로만 살펴보면 다음과 같은 예를 들 수 있다. 洗い, すすぎ, 潤い, 驚き, 指通り, サロン帰り, 売り上げ, 日焼け止め, ひと塗り, やさしさ, ハリ, 偽り, 肌荒れ, カサつき, 毛穴汚れ, テカリ, とろみ, 美しさ, 疲れ 気もち, 気まぐれ, なめらかさ, 明るさ, 悩み, 粉ふき, 乱れ, つけたて 등의 예가 확인되었다.

여섯째, 추상명사의 예로는 基礎, 肌人生, 透明感, 誕生, 一体感, ビューティー, チャンス, 表情, 有効成分, No1, 気分, 主役, 品質, 自信, 環境, 天然成分, 弾力性, 敏感肌研究, 七難, 記憶, 新習慣, 配合, 使いごこち, 人生, 原因, エステ級, 下地, 瞬間, 効果, 印象, くずれ防止下地, サイン, 化粧肌支持率, 天然, スキンケア効果, 異体験, 最先端, 発生源, 代謝 등의 예가 확인되었다.

마지막으로, 특정한 행위를 나타내는 명사로 洗顔, 摩擦, 着目, サプリメント, タッチ, トリプルエフェクト処方, 改善, 配合, 低刺激設計, エイジングケア, スキンケアクレンジング, ひと工夫, 色設計, シミ対策, カバー, 美白ケア, ブロック, スキンケア, 新提案, フルカバー, 決着, ダンス, 集中ケア 등의 예가 확인되었다.

(2) 동사

동사는 모두 110개가 출현하였다. 구체적으로 그 예를 제시하면 다음과 같다.

誓う, 乗る, 化粧する, いる, 応援する, 保湿する, 防ぐ, 気になる, 使う, 好きになる, 行き渡る, 弾む, こする, 洗う, すすぐ, (摩擦を)減らす, (潤いを)誘導する, (肌を)ひきしめる, (夏を)変える, 乾く, くすむ, 立て直す, ケアする, (明るさの)ある, 思う, 決める, 語る, 輝く, 恋する, 色づく, 高まる, ドレスアップする, (リップを)変える, (背中を)押す, (ブラシで)塗る, 思い続ける, 満たす, 使う, 好きになる, 知る, 触れたくなる, 潤う, (思い出ジミを)つくる, (肌荒れを)防ぐ, 繰り返す, (肌荒れを)防ぐ, (赤ちゃんの肌にも)使える, 人生へこむ, しぼむ, 押し上げる, とろける, (下地が)変わる, (キレイが)続く, (肌バイに)こだわり抜く, (メイクしたての肌が)続く, 消える, (美容液で)作る, (ポンポン)のせる, (資生堂が26年)かける, 透ける, (3Dラメを)重ねる, 光降る, (美容液を)使う, ジャッジする, (肌が)吸い込む, (顔に)出てしまう, (代謝を)助ける, (肌に)密着する, 触る, ベタベタする

(3) 부사(절)

모두 50개의 부사(부사절)가 확인되었는데, 구체적인 예로 ずっと, ちょっと, まるで, 最近, いきなり, ピタッと, ちゃんと, 日中, ダブルで, 瞬間, 明るく, 最近, もう, こすらずに, 清潔に, ずっと, まだ, なかなか, たった一度で, 自分で, 熱く, 美しく, 1日中, 使うたびに, 何度でも, シートマスクしたみたいに, サラッと, しっとり, もっと, 私らしく, 朝に, いくら, 夕方に, ガサガサ, 一気に, 肌バイに, 一番, ダブルで, 何で, フェイスマスクのように, いきなり, ずっと, 寝ながら, 夕方でも 등의 예가 확인되었다.

(4) 형용사

45개의 형용사(형용동사)가 출현하였는데, 이 중에는 동사+ない, 동사+たい, 동사+やすい 형도 포함하였다. 그리고 嬉しく와 같은 것은 부사의 역할을 하므로 형용사에서 제외하였다. 오로지 문말 술어형과 연체형에 한해서 형용사의 범주에 넣었다. 구체적인 예로 다음과 같은 형용사들이 확인되었다.

好きだ, 気もちいい, 忙しい, (印象で)いたい, 楽しい, 辛い(脚), 守りたい, 欲しい, 暑い(夜), 華やかだ, うれしい, たまらない, きれいだ, デリケートだ, ぶれない, 力強い, 濃厚だ, 大丈夫だ, アクティブだ, 変わりやすい, 素直だ, 知ってほしい, 優しい, うれしい, すっごい, 新しい, ノンオイリーだ, ナチュラルだ, 大事だ...

이들 형용사들을 의미적으로 분류하면 好きだ, 気もちいい, 忙しい, (印象で)いたい, 楽しい, 辛い(脚), 暑い(夜), 華やかだ, うれしい, たまらない 등은 화자의 감정이나 감각을 나타내는 형용사, 나머지는 속성을 나타내는 형용사로 분류될 수 있다.

3) 술어문의 종류

술어에는 명사를 술어로 하는 명사 술어문, 형용사(형용동사 포함)를 술어로 하는 형용사 술어문, 동사를 술어로 하는 동사 술어문이 있다. 명사 술어문은 전체 172개 술어문 가운데 120개로 가장 많았으며 동사 술어문이 38개, 형용사 술어문이 14개로 각각 그 뒤를 이었다.

술어문의 역할은 수신자들에게 일정한 정보를 전달하는 데에 있다. 즉 명사, 동사, 형용사가 술어문의 형태로 수신자들에게 일정한 정보를 전달하는 기능을 한다. 이하 각 술어문을 예시하는 예를 제시하면 다음과 같다.

(1) 명사 술어문

毎日の洗顔は洗いとすすぎ. 夏を変えるフローズンベースメイク. 女の子はもう卒業よ. 脳腸相関に着目. 資生堂のサプリメント. どんな日も絶品肌, エスプリーク. 新美容液セラムベール. 資生堂の薬用, ケアハイブリットファンデ. 肌アレ, シミ, 透明感. 欲しい商品をトリプルエフェクト処方でまるでエステの満足感. 一体感パウダー. サロンになかなか行けなくてもツバキなら, たった一度で驚きの艶と指通り. 待ち時間0秒サロン, 新ツバキ. 皺改善化粧品売り上げNO.1(ナンバーワン). アイライナーに新時代. ソフィーナのハリ美容液. 偽りの愛ね. 違います. 私たちに肌ですよ. 夏には夏の. シートマスクしたみたいに, 潤う化粧水. 乾燥性敏感肌の悩み. カサつき, 気になるたべにセラミドケア. 私の新習慣, キュレルディープモイスチャースプレー. これからは全身一気にセラミドケア. キュレル, ディープモイスチャースプレー. 私はマイルド. 優しい使いごこち. 資生堂が26年かけた最先端の美白ケア. 赤ちゃんの肌にも使える低刺激設計. これが透明バリアで守られたサイン.

(2) 동사 술어문

そんな女性を応援することを誓います. セザンヌは誓います. 異体験のちみちていく. テカリもカサつきもダブルで防ぐから, メイクしたての肌が続く. このひと工夫で, キレイが続くんだ. でも私には, これがある. 消炎剤配合, 肌荒れを防ぐ! ベトベトしてても中は乾いてる. 50年の敏感肌研究から誕生. このなめらかな肌何度でも触れたくなる. 使うたびに好きになる. 天然成分でやさしさに満たされる. 人を思い続けると, 品質に自信を持てました. 肌を思い続けたら, 環境にやさしくなりました. 肌人生を原点から変える. エステ, 行って来ます. リップブラシ美的3月号についてきます. リップを変えるだけで, 表情を変えたり, 気分を変えたり, 自分の背中を押してあげることって, できると思うんです. ひと塗りで肌が色づく. どんな表情でも, つや玉, 輝く.

(3) 형용사 술어문

このオールインワンはたまらない. 最近, 私の表情は素直だ! 私たちの肌は変わりやすい. 自分で決めて行けばいい. 1日中, キレイ. 弾力性のある繊維に行きわたり, 弾むようなハリを知ってほしい. 肌がデリケートな時期は, 紫外線からちゃんと守りたい. 化粧水も乳液も使わない. ノンオイリーなつやは, テカリに見えない. 忙しい時も, 楽しい時もお化粧したての肌でいたい. ずっと安心. ずっとキレイ. 朝一番のキレイな香りくずれない.

4) 문법 카테고리

문법 카테고리별로 살펴본 결과, 자동사문이 34개, 타동사문 34개, 자발문 21개, 가능문 3개, 희망문 2개, 수수문 1개, 수동문 1개가 나왔다. 문법 카테고리에 해당하는 실제 광고문을 예시하면 다음과 같다.

(1) 자동사문

触って, ベタベタしたらドキッ! かわいたり, くすんだり. 私たちの肌は変わりやすい. エステ, 行って来ます. このオールインワンはたまらない. 美白も誕生! どんな肌にも密着. 自分で決めて行けばいい. 誰よりも輝け, 美しく. ひと塗りで肌が色づく. ドレスアップする—UV(ユーヴィ). リップブラシ美的3月号についてきます. 何度でも触れたくなる. 50年の敏感肌研究から誕生. 人生へこんだり, しぼんだりするけど. とろけてみない. コフレドールの下地が変わる. このひと工夫で, キレイが続くんだ. 好きな色が, 似合わなくなってきたら, メディアのブライトアップルージュ. 肌バイにこだわり抜いた色設計だから, 唇から. 日中ずっと続く, スキンケア効果とつけたての美しさ. 異体験のち, みちていく. 光降る, 自分だけの大きな瞳へ. アッ！ちょつと乗ります, 運転手さん. お化粧したての肌でいたい. 夏, 一日中働いた辛い脚に. 暑い夜でも寝ながらメディキュット. 高発色カラーに3Dラメを重ねて, 光降る, 自分だけの大きな瞳へ.

(2) 타동사문

そんな女性を応援することを誓います. 美肌の基礎を立て直そう!肌人生を原点から変える. ファンデでケアする時代へ. 唇よ, 熱く君を語れ. リップを変えるだけで, 表情を変えたり, 気分を変えたり, 自分の背中を押してあげることって, できると思うんです. だからこそ, リップは主役だと思って, このブラシで塗ってみてください. 人を思い続けると, 品質に自信を持てました. 肌を思い続けたら, 環境にやさしくなりました. 弾力性のある繊維に行きわたり, 弾むようなハリを知ってほしい. 思い出ジミをつくらないでもっと私らしく. 消炎剤配合, 肌荒れを防ぐ!消炎剤配合で, 肌荒れを防ぐ. デリケートな肌もちゃんと守りたいから. そんなお方に一気に押し上げる. テカリもカサつきもダブルで防ぐから, メイクしたての肌が続く. これが透明バリアで守られたサイン. 100%天然, 植物オイルの贅沢な美容液で作ったファンデーション. 塗るのではない針状美容液. ポンポンのせるだけでピタっとつややかにカバー. 資生堂が26年かけた最先端の美白ケア. 高発色カラーに3Dラメを重ねて, 光降る, 自分だけの大きな瞳へ. 化粧水も乳液も使わない. これからは, いきなり2つの美容液を使うだけ. この新しいスキンケアをあなたの肌で, ジャッジしてください. 新しくなったハイチオールは, 代謝を助け, シミと疲れを改善. そんな女性を応援することを誓います.

(3) 자발문

最近気になるのは, シミ？顔に出てしまう疲れ？どんな表情でも, つや玉, 輝く. キレイが高まる. ひと塗りで肌が色づく. 肌を思い続けたら, 環境にやさしくなりました. 使うたびに好きになる. 弾力性のある繊維に行きわたり, 弾むようなハリを知ってほしい. ベトベトしてても中は乾いてる. シートマスクしたみたいに, 潤う化粧水. 朝にいくら保湿しているつもりでも, 夕方にはガサガサ, 粉ふきまで!カサつき, 気になるたびにセラミドケア. 人生へこんだり, しぼんだりするけど. 1品7役の濃密バームがとろけて. テカリもカサつきもダブルで防ぐから, メイクしたての肌が続く. そしてまるで, 肌が吸い込む美容液. 最近気になるのは, シミ?顔に出てしまう疲れ?肌に密着して, 毛穴, 色むら. ノンオイリーなつやは, テカリに見えない. 私は生まれ変わったフレアフレグランス. 朝一番のキレイな香りくずれない.

(4) 가능문

赤ちゃんの肌にも使える低刺激設計. サロンになかなか行けなくてもツバキなら, たった一度で驚きの艶と指通り. 人を思い続けると, 品質に自信を持てました.

(5) 희망문

デリケートな肌もちゃんと守りたいから.

(6) 수수문

リップを変えるだけで, 表情を変えたり, 気分を変えたり, 自分の背中を押してあげることって, できると思うんです.

(7) 수동문

天然成分でやさしさに満たされる.

5) 발화의 목적

화장품 광고문을 발화의 목적별로 살펴본 결과, 평서문 142개, 작용문 9개, 의문문 8개, 부정문 4개로 확인되었다. 이들 수치를 통해 일본 화장품 광고에서는 판매자가 소비자에게 정보를 일방적으로 전달하는 평서문이 가장 많이 사용된다는 점을 확인할 수 있다.

(1) 평서문

私は生まれ変わったフレアフレグランス. シュガーもミルクもノーサンキュー. 女の子はもう卒業よ. 毎日の洗顔は洗いとすすぎ. すすぐ時まで, 摩擦を減らして清潔に. 今こそ「マシュマロホイップ, ビオレ」脳腸相関に着目. 資生堂のサプリメント. 肌をひきしめ, 毛穴もキュッと. 化粧ノリアップ. 夏を変えるフローズンベースメイク. どんな日も絶品肌, エスプリーク. 私たちの肌は変わりやすい. 新美容液セラムベール, 肌人生を原点から変える. 資生堂の薬用, ケアハイブリットファンデ. 肌アレ, シミ, 透明感. ファンデでケアする時代へ. エステ, 行って来ます. 欲しい商品をトリプルエフェクト処方でまるでエステの満足感. 美白も誕生!どんな肌にも密着. 一体感パウダー. どんな日も絶品肌. なめらかさ, ハリ, 明るさのある肌へ. 待ち時間0秒サロン, 新ツバキ. チャンスなんだと思う. 自分で決めて行けばいい. 最近, 私の表情は素直だ!有効成分, レチノールで皺と改善. どんな表情でも, つや玉, 輝く. 皺改善化粧品売り上げ

NO.1(ナンバーワン). エリクシールのリンクルクリーム. 日焼け止めに, ひと塗りで肌が色づく. キレイが高まる. アリィー, ドレスアップする—UV(ユーヴィ). リップを変えるだけで, 表情を変えたり, 気分を変えたり, 自分の背中を押してあげることって, できると思うんです. リップブラシ美的3月号についてきます. クリームペンシルなら極細ラインも思いのまま. 1日中, キレイ. アイライナーに新時代. 人を思い続けると, 品質に自信を持てました. 肌を思い続けたら, 環境にやさしくなりました. 天然成分でやさしさに満たされる, シャンソン化粧品. 使うたびに好きになる. ソフィーナのハリ美容液. 新しい敏感肌用化粧水, program. このなめらかな肌, 何度でも触れたくなる. 50年の敏感肌研究から誕生. 私はdprogram(ディープログラム). ベトベトしてても中は乾いてる. 偽りの愛ね. 違います. 私たちに肌ですよ. 夏には夏の. シートマスクしたみたいに, 潤う化粧水. 思い出ジミをつくらないでもっと私らしく. 朝にいくら保湿しているつもりでも夕方にはガサガサ, 粉ふきまで!でも私には, これがある. 消炎剤配合, 肌荒れを防ぐ!カサつき, 気になるたびにセラミドケア. 私の新習慣, キュレルディープモイスチャースプレー. 繰り返しがちな肌荒れに, キュレルからスプレー誕生」消炎剤配合で, 肌荒れを防ぐ. これからは全身一気にセラミドケア. キュレル, ディープモイスチャースプレー. 肌がデリケートな時期は, 紫外線からちゃんと守りたい. 私はマイルド. 赤ちゃんの肌にも使える. 人生へこんだりしぼんだりするけど. そんなお方に一気に押し上げる. 私たちのオールインワン本格的エイジングケア. 誕生, スキンケアクレンジング. コーセー, クリアプロ. 1品7役の濃密バームがとろけて毛穴汚れ, くすみの原因までオフ. クレンジングだけであと肌, まるでエステ級. コーセー, クリアプロ, クレンジングバーム. フレドールの下地が変わる. これからは, 瞬間, 明るく毛穴つるん!ほらここまで, つるん!このひと工夫で, キレイが続くんだ. 朝のひと工夫で, 一日中「つや玉」続く, 大人の肌に三つの効果, エリクシール. 好きな色が, 似合わなくなってきたら, メディアのブライトアップルージュ. マキアージュのくずれ防止下地. うるさらセンサーパウダーで, テカリもカサつきもダブルで防ぐから, メイクしたての肌が続く. 荒木さん!夏は青の日焼け止め. すっごい濃厚!すっごいとろみ!これが透明バリアで守られたサイン. 100%天然, 植物オイルの贅沢な美容液で作ったファンデーション. フェイスマスクのように, 日中ずっと続く, スキンケア効果とつけたての美しさ. ファンデでフェイスマスク, スキントリートメントファンデーション. ポンポンのせるだけでピタっとつややかにカバー. 資生堂が26年かけた. 最先端の美白ケア. メラニンの発生源をブロック!透けるようなサクラブライト肌. マキアージュの高濃密ジェリーコンパクト. アイシャドーに3Dラメの新タイプ. これからは, いきなり2つの美容液を使うだけ. どちらも代謝の乱れが原因かも. 新しくなったハイチオールは, 代謝を助け, シミと疲れを改善. ハイチオールC, プラス2新登場. 誕生, 高濃密ジェリーリキッド, 肌に密着して, 毛穴, 色むら. これが私のまるで「キレイな素肌」. マキアージュの高濃密ジェリーリキッド. 触って, ベタベタしたらドキッ!それはテカリのサイン. プリマの最新リキッドファンデ. 今年も下地はプリマ. セザンヌは誓います. お化粧したての肌でいたい. そんな女性を応援することを誓います. ずっと安心. ずっとキレイ. い夜でも寝ながらメディキュット. スーパークール, 一晩中, 集中ケア. 翌朝の脚, スッキリ!寝ながらメディキュット. 私は生まれ変わったフレアフレグランス. 夕方でも香りは, 朝8時のまま. 新フレアフレグランス.

(2) 작용문

美肌の基礎を立て直そう! 唇よ, 熱く君を語れ. 誰よりも輝け, 美しく. 潤いを誘導せよ. ALIVE with Beauty(アライブウィズビューティー). サロン帰りの髪を自宅で. 弾力性のある繊維に行きわたり, 弾むようなハリを知ってほしい. あなたに一番うれしい色を, メディア. あなたの肌で, ジャッジしてください. 洗顔後, まずは炭酸の泡の土台美容液.

(3) 의문문

恋したことある?肌は気まぐれ, なのにぶれないキレイの, そのわけは?こすらずに洗っているのに, すすぎは大丈夫? まだ, ファンデでスキンケアしてないの?あなたのペアは何色?最近気になるのは，シミ?顔に出てしまう疲れ? 美白は? とろけてみない?えッ，何で消えた?

6) 회화 요소

일본의 화장품 광고문에서는 회화적인 요소도 많이 출현하는 것으로 밝혀졌다. 회화적인 요소가 들어간 광고문에서 가장 많이 사용된 것은 생략이 들어간 표현이 117개로 가장 많았으며 일어문이 42개, 암시가 19개, 접속사 6개, 종조사 5개, 감동사 3개, 도치 3개로 각각 그 뒤를 이었다. 이 가운데 생략 표현을 좀 더 자세히 살펴보면 조동사 생략이 101개로 가장 많았으며, 조사 생략 8개, 술어 생략 7개, 주절 생략 1개로 각각 그 뒤를 이었다. 이하 실제 예를 제시하면 다음과 같다.

(1) 생략

① 조동사 생략

毎日の洗顔は洗いとすすぎ．こすらずに洗っているのに，すすぎは大丈夫?脳腸相関に着目．資生堂のサプリメント．化粧ノリアップ．資生堂の薬用，ケアハイブリットファンデ．待ち時間0秒サロン，新ツバキ．皺改善化粧品売り上げNO.1(ナンバーワン)．エリクシールのリンクルクリーム．ドレスアップする＿UV(ユーヴィ)．ソフィーナのハリ美容液．新しい敏感肌用化粧水．私はdprogram．肌アレ，シミ，透明感．夏には夏のシートマスクしたみたいに，潤う化粧水．乾燥性敏感肌の悩み．カサつき，気になるたべにセラミドケア. これからは全身一気にセラミドケア. キュレル, ディープモイスチャースプレー. 私はマイルド. 赤ちゃんの肌にも使える. 低刺激設計. 優しい使いごこち. たちのオールインワン. 本格的エイジングケア. 誕生, スキンケアクレンジング. コーセー, クリアプロ. あと肌, まるでエステ級. コーセー, クリアプロ, クレンジングバーム. 朝のひと工夫で, 一日中「つや玉」続く, 大人の肌に三つの効果. エリクシール. 好きな色が, 似合わなくなってきたら, メディアのブライトアップルージュ. あなたに一番うれしい色を. メディア. マキアージュのくずれ防止下地. マキアージュのくずれ防止下地. 荒木さん! 夏は青の日焼け止め. 白パーフェクトゲル. 肌にいいこと, 肌ラボ. 100%天然, 植物オイルの贅沢な美容液で作ったファンデーション. フェイスマスクのように, 日中ずっと続く, スキンケア効果とつけたての美しさ. ファンデでフェイスマスク, スキントリートメントファンデーション. ピタっとつややかにカバー. これが私のまるで「キレイな素肌」マキアージュの高濃密ジェリーコンパクト. 最先端の美白ケア. メラニンの発生源をブロック! 透けるようなサクラブライト肌. マジョリカ, マジョルカ. アイシャドーに3Dラメの新タイプ. あなたのペアは何色?これからは, いきなり2つの美容液を使うだけ. 洗顔後, まずは炭酸の泡の土台美容液. そしてまるで, 肌が吸い込む美容液. 以上. 新提案, タブル美容液. 最近気になるのは, シミ?顔に出てしまう疲れ?これが私のまるで「キレイな素肌」マキアージュの高濃密ジェリーリキッド. プリマのリキッドファンデ. 触って, ベタベタしたらドキッ! それはテカリのサイン. プリマの最新リキッドファンデ. 今年も下地はプリマ. 私は生まれ変わったフレアフレグランス. 夕方でも香りは, 朝8時のまま. 新フレアフレグランス.

② 조사 생략

どんな表情でも, つや玉, 輝く. 消炎剤配合, 肌荒れを防ぐ!消炎剤配合で, 肌荒れを防ぐ. 朝一番のキレイな香りくずれない.

③ 술어 생략

日焼け止めに. 極細ラインも思いのまま. サラッとしっとり. 大人の七難に. 思い出ジミをつくらないでもっと私らしく.

(2) 일어문

アリシアクリニック. NOU(エヌ・オー・ユー). KOSE(コーセー). ワンバイコーセー. 新美容液セラムベール. アクアレーベル. 一体感パウダー. アルティミューン. 新TSUBAKI. detavu(デジャヴュ). 密着アイライナー. シャンソン化粧品. やだぁー. プリオール. HAKU(ハク). 美白美容液V. キュレル. 新アネッサ. 新アネッサマイルド. らくちん!コフレドール. MEDIR(メディア). マキアージュ. おしまい. シミ対策. ナビジョン. 高濃密ジェリーコンパクト. SOFINA IP(ソフィーナ アイピー). フルカバー.

(3) 암시(言いさし)

華やかな印象へ. つやとテカリの境界線に決着を. 明日もその先もずっと.「マシュマロホイップ」の泡なら. すすぐ時まで, 摩擦を減らして清潔に. ファンデでケアする時代へ. 欲しい商品をトリプルエフェクト処方で. 肌は気まぐれ, なのに. ぶれないキレイの, そのわけは?二種の美白有効成分で, シミの記憶をゼロ化へ. 朝にいくら保湿しているつもりでも. 華やかな印象へ. シミ対策, オールインワンなら. 化粧肌支持率NO.1(ナンバーワン)の肌ラボから. デリケートな肌もちゃんと守りたいから. 高発色カラーに3Dラメを重ねて, 光降る, 自分だけの大きな瞳へ. つやとテカリの境界線に決着を. 夏, 一日中働いた辛い脚に. キレイも大事, だから.

(4) 종조사

まだ, ファンデでスキンケアしてない?偽りの愛ね. 違います, 私たちに肌ですよ.

7) 서법의 종류

서법에 관련된 표현으로 확언이 167개, 의문 8개, 권유 6개, 의지 5개, 명령 4개, 희망 3개, 확언 보류 2개, 거절 1개, 허가 1개, 의뢰 1개로 나타났다.

(1) 확언

肌をひきしめ，毛穴もキュッと．化粧ノリアップ．女の子はもう卒業よ．毎日の洗顔は洗いとすすぎ．夏を変えるフローズンベースメイク．どんな日も絶品肌，エスプリーク．かわいたり，くすんだり，私たちの肌は変わりやすい．新美容液セラムベール．肌人生を原点から変える．資生堂の薬用，ケアハイブリットファンデ．このオールインワンはたまらない．どんな肌にも密着．待ち時間0秒サロン，新ツバキ．最近，私の表情は素直だ！有効成分，レチノールで皺と改善．どんな表情でも，つや玉，輝く．皺改善化粧品売り上げNO.1(ナンバーワン)．エリクシールのリンクルクリーム．日焼け止めに，ひと塗りで肌が色づく．キレイが高まる．1日中，キレイ．アイライナーに新時代．密着アイライナー．人を思い続けると，品質に自信を持てました．肌を思い続けたら，環境にやさしくなりました．天然成分でやさしさに満たされる．このなめらかな肌，何度でも触れたくなる．ベトベトしてても中は乾いてる．繰り返しがちな肌荒れに，キュレルからスプレー誕生．消炎剤配合で，肌荒れを防ぐ．これからは全身一気にセラミドケア．キュレル，ディープモイスチャースプレー．赤ちゃんの肌にも使える，低刺激設計．1品7役の濃密バームがとろけて，毛穴汚れ，くすみの原因までオフ．これが透明バリアで守られたサイン．100%天然，植物オイルの贅沢な美容液で作ったファンデーション．フェイスマスクのように，日中ずっと続く，スキンケア効果とつけたての美しさ．

ファンデでフェイスマスク，スキントリートメントファンデーション．ポンポンのせるだけでピタっとつややかにカバー．化粧水も乳液も使わない．これからは，いきなり2つの美容液を使うだけ．

(2) 의문

最近気になるのは，シミ?美白は?まだ，ファンデでスキンケアしてないの?肌は気まぐれ，なのにぶれないキレイの，そのわけは?恋したことある?(すっごい濃厚，すっごいとろみ，なのに)えッ!何で消えた?最近気になるのは，シミ?顔に出てしまう疲れ?

(3) 권유

こすらずに洗っているのに，すすぎは大丈夫?美肌の基礎を立て直そう!

(4) 명령(의뢰)

いを誘導せよ．唇よ，熱く君を語れ．この新しいスキンケアをあなたの肌で，ジャッジしてください．

(5) 의지

そんな女性を応援することを誓います．セザンヌは誓います．エステ，行って来ます．

6. 화장품 광고 언어의 생태심리학적 분석

이 절에서는 화장품 광고 언어에 나타난 생태심리학적 특징 중의 하나인 오감 표현이 사용된 것으로 생각되는 예를 제시하면 다음과 같다.

광고 언어를 보면 동영상 특성상 시각 관련 표현이 가장 많이 보이는 것은 당연한 것으로 생각된다. 그러나 광고 특성상, 촉각에 관련된 표현도 많이 확인되었다.

(1) 시각표현

サロンになかなか行けなくてもツバキなら, たった一度で驚きの艶と指通り. メラニンの発生源 をブロック！透けるようなサクラブライト肌. このオールインワンはたまらない. 欲しい商品をトリプルエフェクト処方でまるでエステの満足感. 資生堂の薬用, ケアハイブリットファンデ. 肌アレ, シミ, 透明感. このオールインワンはたまらない. 欲しい商品をトリプルエフェクト処方でまるでエステの満足感, 美白も誕生!肌バイにこだわり抜いた色設計だから, 唇から華やかな印象へ. うるさらセンサーパウダーで, テカリもカサつきもダブルで防ぐから, メイクしたての肌が続く. プリマのリキッドファンデ, ノンオイリーなつやはテカリに見えない.

(2) 청각표현

朝にいくら保湿しているつもりでも. 夕方にはガサガサ, 粉ふきまで!これからは, 瞬間, 明るく毛穴つるん!

(3) 촉각표현

おっ！このなめらかな肌. 何度でも触れたくなる. 高濃密ジェリーコンパクト. ポンポンのせるだけで. ピタっとつややかにカバー. 毎日の洗顔は洗いとすすぎ. こすらずに洗っているのに, すすぎは大丈夫?どんな肌にも密着, 一体感パウダー. なめらかさ, ハリ, 明るさのある肌へ. ひと塗りで肌が色づく. 弾力性のある繊維に行きわたり, 弾むようなハリを知ってほしい. ベトベトしてても中は乾いてる. 夏には夏の. シートマスクしたみたいに, 潤う化粧水, サラッとしっとり. 朝にいくら保湿しているつもりでも, 夕方にはガサガサ, 粉ふきまで!赤ちゃんの肌にも使える, 低刺激設計新アネッサマイルド. 高濃密ジェリーコンパクトポンポンのせるだけでピタっとつややかにカバー, これが私のまるで「キレイな素肌」触ってベタベタしたらドキッ, それはテカリのサイン.

(4) 후각표현

私は生まれ変わったフレアフレグランス. 朝一番のキレイな香りくずれない. 夕方でも香りは, 朝8時のまま. 新フレアフレグランス.

위에 나열한 표현 중에서 미각표현이 없는 것은 화장품의 특성과는 무관하기 때문이다. 그리고 위에 제시한 오감 관련을 보면 특정한 지각 시스템이 아닌, 복수의 지각 시스템을 조합한 방식으로 표현된 것을 알 수 있다. 예를 들어 「サロンになかなか行けなくてもツバキならたった一度で驚きの艶と指通り. メラニンの発生源をブロック!透けるようなサクラブライト肌」라는 표현을 통해서 시각, 청각, 촉각 관련 표현들이 복수 제시된 것을 알 수 있다.

제10장 일본 화장품 광고의 비언어적 요소로 본 일본사정

1. 시작하며

동영상으로 소비자에게 제공되는 화장품 광고에는 언어적 요소뿐만 아니라 비언어적 요소도 당연히 들어 있다. 즉 화장품 광고에 등장하는 모델이 짓는 표정, 시선, 자세, 제스처 등의 요소도 들어가 있는 것이다. 본 장에서는 이들 비언어적 요소 역시 언어적 요소만큼이나 소비자의 행위유도성을 유발하는 중요한 요소로 간주하고, 이들 비언어적 요소들이 화장품 광고에서 구체적으로 어떻게 나타나는지를 살펴보도록 하겠다.

2. 이론적 배경

이 절에서는 논의에 들어가기 전에 비언어적 요소인 표정과 신체 동작이 커뮤니케이션에서 차지하는 역할을 살펴보고자 한다. 이하의 내용과 설명은 모두 다카기 사치코(高木幸子2005:25-36)에서 사견을 덧붙이는 방식으로 인용한 것이다.

먼저 사람들은 일상에서 타인들과 의사소통을 하면서 비언어적으로도 다양한 정보를 수신 내지 발신을 한다. 비언어적으로 의사소통하는 것을 비언어 커뮤니케이션이라고 하는데, 이 비언어 커뮤니케이션으로 표정, 시선, 자세, 제스처 등을 들 수 있다.

우선 표정은 얼굴에서 드러나는데, 성별과 연령 등의 생물학적인 속성, 입의 움직임으로 전달되는 발화 정보, 인물의 사회적 속성, 의도 및 관심 등의 심리적 상태가 내포되어 있다. 심리상태는 구체적으로 사랑, 행복(불행), 즐거움, 분노, 놀람, 공포, 고통, 분노 및 결의, 혐오, 경멸 등으로 나타난다.

둘째, 시선도 의사소통에 있어 매우 중요한 역할을 한다. 눈을 맞추지 않거나, 반대로 주시하는 등의 방식으로 상대방에게 다양한 메시지를 전달한다. 즉 어떠한 시선을 취하느냐에 따라 그 사람의 심리적 상태가 드러난다고 할 수 있다.

셋째, 자세와 제스처도 의사소통에 있어 화자의 다양한 메시지를 전달하는 기능을 한다. 즉 화자가 허리를 구부리느냐, 펴느냐, 혹은 정자세를 취하느냐, 다리를 꼬으느냐, 펴느냐, 서 있느냐, 혹은 앉아 있느냐, 팔짱을 끼고 있느냐에 따라 메시지의 질적 측면이 영향을 받는다고 할 수 있다.

그 외에도 화자와 청자의 물리적 거리로 의사소통에 있어 중요한 역할을 한다. 거리가 가까울수록 쌍방의 친밀도가 증가하며, 멀수록 친밀도가 감소한다. 연인이나 가족 구성원들끼리 하는 대화라면 당연히 물리적 거리가 가까운 상태에서, 관계가 소원하거나 외부인과 나누는 대화라면 물리적 거리를 어느 정도 유지한 채 의사소통이 이루어질 것이다. 이외에 음성의 크기나 음질, 신체 접촉의 유무 등도 의사소통에 있어 매우 중요한 역할을 한다.

이상, 다카기 사치코(高木幸子, 2005:25-36)에서 논의된 비언어적 요소를 살펴보았는데, 본 장에서는 다카기 사치코(高木幸子, 2005:25-36)가 제안한 표정, 시선, 자세, 제스처를 기준으로 일본 화장품 관련 유튜브 동영상을 분석하고자 한다. 거리, 음성의 크기, 음질, 신체 접촉 등의 개념은 동영상이라는 한계 때문에 분석의 대상에서 제외하고자 한다.

3. 화장품 광고에 나타난 비언어적 특성

이 절에서는 2절에서 소개한 표정, 시선, 자세, 제스처를 기준으로 이들 비언어적 요소가 화장품 광고 동영상에 나타나는 양상을 살펴보고자 한다.

1) 표정

표정은 전달자의 감정이나 정서가 얼굴에 드러나는 것으로 어떠한 표정을 짓느냐에 따라 소비자의 구매욕구에 영향을 끼칠 수 있으므로 15초 남짓한 길이로 전달되는 동영상에 상당히 전략적으로 표정이 연출될 것으로 예측된다. 본 장에서는 표정의 하위분류로 사랑(①), 행복(②), 즐거움(③), 기쁨(④), 만족(⑤), 놀라움(⑥), 쾌락(⑦), 공포(⑧), 고통(⑨), 분노(⑩), 결의(⑪), 혐오(⑫), 경멸(⑬), 자신감(⑭)으로 나누고 이들 하위분류된 표정들이 동영상에 나타나는 양상을 살펴보고자 한다.

그런데 여기에서 분명히 밝혀두어야 하는 것이 있는데 그것은 사랑과 행복, 즐거움, 기쁨, 만족, 쾌락 등의 표정이 독립적이 아니라 상호보완적일 가능성이 농후하다는 점이다. 즉 모델이 짓는 특정한 표정이 사랑과 행복, 기쁨이라는 복수의 감정이 내재되어 있을 가능성이 높다는 것이다. 따라서 세분화된 요소 하나하나를 카운트하여 획득된 수치를 정량화하기 어렵다는 문제점이 대두될 수 있다. 이에 본 장에서는 이 점을 충분히 감안하여 문맥을 최대한 고려하는 방식으로 세분화된 요소 하나하나를 충실하게 추출하고자 노력하였음을 감안해주길 바란다. 이하 각 세분화된 요소에 해당하는 그림을 제시하면 다음과 같다. 아래의 그림(시선, 자세, 제스처 그림도 포함)은 저자가 의뢰하여 그린 것이다.

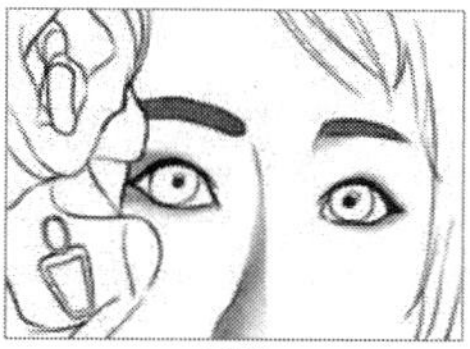
사랑

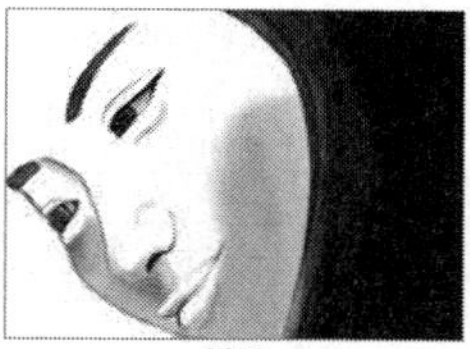
행복

즐거움

기쁨

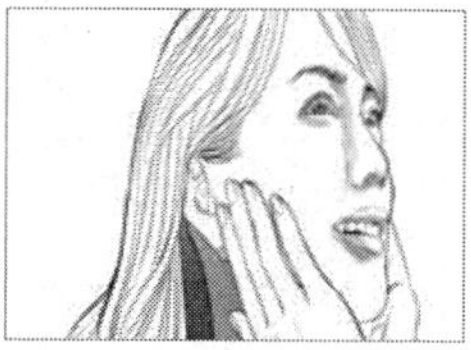
만족

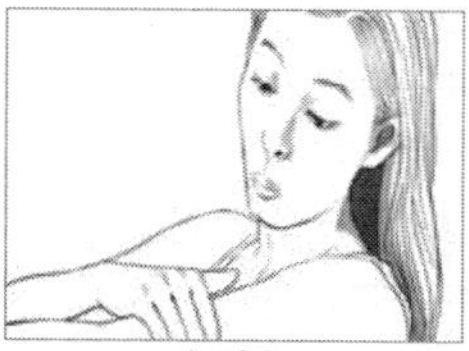
놀라움

쾌락

분노

결의

자신감

42개의 동영상을 분석한 결과, 표정에 관련한 요소들이 출현한 횟수를 다음과 같이 규정지을 수 있었다. 〈표 1〉을 보도록 하자.

〈표 1〉 화장품 광고 동영상에 나타나는 표정

	①	②	③	④	⑤	⑥	⑦	⑧	⑨	⑩	⑪	⑫	⑬	⑭	합
1	-	+	-	+	+	-	-	-	-	-	+	-	-	+	5
2	-	+	-	+	+	-	-	-	-	-	-	-	-	-	3
3	-	+	-	+	+	+	-	-	-	-	-	-	-	+	5
4	+	+	-	+	+	-	-	-	-	-	-	-	-	+	5
5	-	-	-	-	-	-	-	-	-	+	-	+	+	+	4
6	+	+	+	+	+	-	+	-	-	-	-	-	-	+	7
7	+	+	-	+	+	-	-	-	-	-	-	-	-	+	5
8	+	+	+	+	+	-	+	-	-	-	-	-	-	+	7
9	+	-	-	+	+	-	-	-	-	-	+	-	-	+	5
10	-	-	-	+	+	-	-	-	-	-	+	-	-	+	4
11	-	+	+	+	+	-	+	-	-	-	-	-	-	+	6
12	+	+	-	+	+	-	-	-	-	+	+	-	-	+	7
13	-	+	-	+	+	-	-	-	-	-	-	-	-	+	4
14	+	+	-	+	+	-	-	-	-	-	-	-	-	+	5
15	-	+	-	+	+	-	-	-	-	-	-	-	-	+	4
16	-	+	-	+	+	-	-	-	-	-	-	-	-	+	4
17	-	+	-	+	+	+	-	-	-	-	-	-	-	+	5
18	-	+	-	+	+	+	-	-	-	-	-	-	-	+	5
19	-	+	-	+	+	-	-	-	-	-	-	-	-	+	4
20	-	-	-	+	+	-	-	-	-	-	+	-	-	-	3
21	-	+	-	+	+	-	-	-	-	-	-	-	-	+	4
22	+	+	-	+	+	-	-	-	-	-	+	-	-	+	6
23	-	-	-	-	-	-	-	-	-	-	-	-	-	-	0
24	+	+	-	+	+	-	-	-	-	-	+	-	-	+	6
25	+	+	-	+	+	-	-	-	-	-	-	-	-	+	5
26	+	+	+	+	+	-	-	-	-	-	-	-	-	+	6
27	+	+	+	+	+	-	-	-	-	-	-	-	-	+	6
28	+	+	-	+	+	-	-	-	-	-	-	-	-	+	5
29	+	+	+	+	+	-	-	-	-	-	-	-	-	+	6
30	-	+	-	+	+	+	-	-	-	-	-	-	-	+	5
31	-	+	+	+	+	-	-	-	-	-	-	-	-	+	5
32	-	+	-	+	+	-	-	-	-	-	-	-	-	-	3
33	+	+	-	+	+	-	-	-	-	-	-	-	-	+	5
34	-	+	-	+	+	-	-	-	-	-	-	-	-	-	3
35	+	+	+	+	+	-	-	-	-	-	-	-	-	+	6
36	+	+	-	+	+	-	-	-	-	-	-	-	-	+	5
37	-	+	-	+	+	-	-	-	-	-	-	-	-	-	3
38	+	+	-	+	+	-	-	-	-	-	-	-	-	+	5
39	+	+	+	+	+	-	-	-	-	-	-	-	-	+	6
40	+	+	-	+	+	-	-	-	-	-	-	-	-	+	5
41	+	+	+	+	+	-	-	-	-	-	-	-	-	+	6
42	+	+	+	+	+	-	-	-	-	-	-	-	-	-	5
합	22	37	11	40	40	4	3	0	0	2	7	1	1	34	

〈표 1〉은 하나의 화장품 광고 동영상에 나타난 표정 하나하나를 카운트한 것이다. 〈표 1〉을 보면 비언어적 요소로 ①사랑, ②행복, ④기쁨, ⑤만족 ⑭자신감으로 대표되는 표정이 가장 많이 등장한다는 점을 알 수 있다. 그중에서도 ④기쁨, ⑤만족이 각각 40회로 가장 많이 등장하는 것을 알 수 있다. 반면에 놀라움(⑥), 쾌락(⑦), 공포(⑧), 고통(⑨), 분노(⑩), 결의(⑪), 혐오(⑫), 경멸(⑬)은 상대적으로 빈도가 낮은 것을 알 수 있다. 따라서 일본 화장품 광고에서는 ①사랑, ②행복, ④기쁨, ⑤만족 ⑭자신감 등의 비언어적 요소가 불특정 다수 소비자들의 구매욕구를 자극하기 위해 채택되는 것을 알 수 있다.

2) 시선, 자세, 제스처

이 절에서는 시선, 자세, 제스처를 기준으로 일본 화장품 광고 동영상을 분석하고자 한다.

시청자와 시선이 맞으면 시선(①)이 들어간 것으로 카운트하였다. 자세는 등장인물 중에서 중심인물이 취하는 모습인데 본 장에서는 선 자세(②), 앉은 자세(③), 누운 자세(④), 걷는 자세(⑤), 뛰는 자세(⑥)로 나누어서 광고 동영상을 분석하였다. 제스처는 몸의 일부를 움직임으로써 내면의 감정이나 의지를 드러내는 것으로 손(⑦), 팔(⑧), 어깨(⑨), 머리(⑩), 다리(⑪)의 움직임 여부를 분석하였다.

시선, 자세, 제스처를 예시하는 그림을 제시하면 다음과 같다. (①), 선 자세(②), 앉은 자세(③), 누운 자세(④그림은 생략함), 걷는 자세(⑤), 뛰는 자세(⑥), 손을 움직인다(⑦), 팔을 움직인다(⑧), 어깨를 움직인다(어깨가 클로즈업된 것도 포함)(⑨), 머리를 움직인다(⑩), 다리를 움직인다(⑪)

시선

선자세

앉은자세

걷는자세

뛰는자세

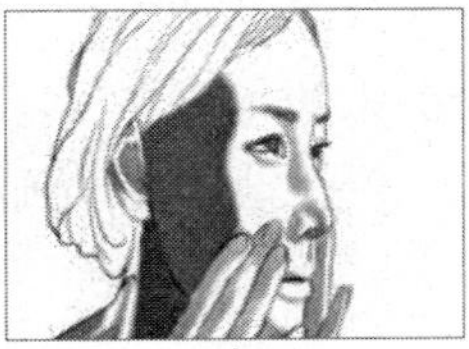
손

팔

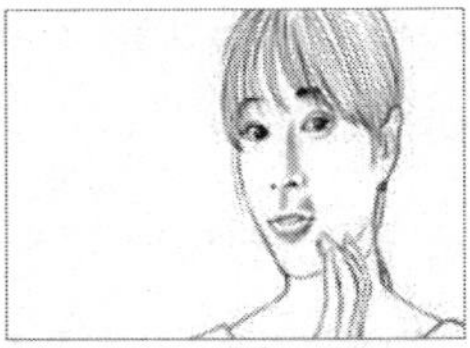
어깨

머리

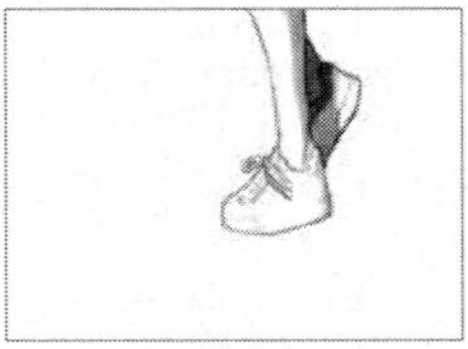
다리

다음의 〈표 2〉는 시선, 자세, 제스처를 기준으로 화장품 광고 동영상을 카운트한 집계 결과이다.

〈표 2〉 화장품 광고 동영상에 나타나는 시선, 자세, 제스처 출현 양상

	①	②	③	④	⑤	⑥	⑦	⑧	⑨	⑩	⑪	합
1	-	+	-	-	+	-	+	+	+	+	+	7
2	-	-	-	-	-	-	-	-	-	-	-	0
3	-	+	-	-	+	-	+	+	+	+	+	7
4	+	-	+	-	-	-	+	-	-	+	-	4
5	-	+	-	-	-	-	+	+	+	+	+	6
6	-	+	+	-	+	-	+	+	+	+	+	8
7	+	-	+	-	-	-	+	+	+	+	-	6
8	+	+	+	-	-	-	+	+	+	+	-	7
9	+	+	-	-	+	-	+	+	+	+	+	8
10	+	+	-	-	+	-	+	+	+	+	+	8
11	-	-	+	-	-	-	+	+	+	+	-	5
12	+	+	-	-	+	+	+	+	+	+	+	9
13	-	-	+	-	+	-	+	+	+	+	+	7
14	+	+	-	-	+	-	+	-	+	+	+	7
15	-	+	-	+	+	-	+	+	+	+	+	8
16	-	-	+	-	-	-	+	-	+	+	-	4
17	+	+	+	-	-	-	+	+	+	+	-	7
18	+	+	+	-	-	-	+	+	+	+	+	8
19	+	+	-	-	-	-	-	-	+	+	-	4
20	-	-	+	-	-	-	+	+	+	+	-	5
21	-	+	+	-	+	-	+	+	+	-	+	7
22	+	+	-	-	-	-	+	+	+	+	-	6
23	-	-	-	-	-	-	-	-	-	-	-	0
24	+	+	+	-	-	-	+	+	+	+	-	7
25	+	-	+	-	-	-	+	-	+	+	-	5
26	+	+	+	-	-	-	+	+	+	+	+	8
27	-	+	-	-	-	-	+	+	+	+	-	5
28	+	+	-	-	-	-	+	-	+	-	+	5
29	+	+	-	-	+	-	+	-	+	+	+	7
30	-	+	-	-	+	-	+	+	+	+	+	7
31	-	+	-	-	-	-	+	-	+	+	-	4
32	-	+	-	-	-	-	+	+	+	+	-	5
33	+	+	-	-	-	-	+	+	+	+	-	6
34	+	+	-	-	-	-	-	-	+	-	-	3
35	+	+	+	-	+	-	+	+	+	+	+	9
36	+	-	+	-	-	-	+	+	+	+	-	6
37	+	+	+	-	-	-	+	-	+	+	-	6
38	+	+	-	-	-	-	+	-	+	+	-	5
39	+	+	+	-	+	+	+	+	+	+	+	10
40	+	-	+	-	-	-	+	-	+	+	-	5
41	+	+	-	-	-	-	+	+	+	+	-	6
42	+	+	-	-	+	+	+	+	+	+	+	9
합	26	31	19	1	15	3	38	28	39	37	19	

〈표 2〉를 보면 시선을 맞춘 경우가 26회, 선 자세가 31회, 앉

은 자세가 19회, 손을 움직이는 제스처가 38회, 팔을 움직이는 제스처가 28회, 어깨가 39회, 머리가 37회, 다리가 19회로 나타난 사실을 알 수 있다. 42개의 동영상에서 시청자와의 시선을 맞추는 빈도가 생각보다 그리 높지 않은 것을 알 수 있다. 자세는 선 자세가 31회로 앉은 자세 19회보다 월등이 높은 것을 알 수 있다. 달리는 자세는 1회로 거의 출현하지 않았다. 제스처를 보면 손과 어깨, 머리가 들어간 장면이 각각 38회, 39회, 37회로 가장 매우 높은 빈도를 차지하는 것을 알 수 있다.

4. 본 장의 연구가 시사하는 바

본 장의 연구가 시사하는 바를 언급하면 다음과 같다. 우선, 기획자(제작자)가 소비자의 행위유도성을 강화하기 위해 언어적 요소만큼이나 비언어적 요소도 적극적으로 채택하고 있다는 점이다. 따라서 화장품 광고 언어를 이해하기 위해서는 무엇을 말하느냐뿐만 아니라 무슨 자세를 어떻게 취하느냐도 주목할 필요가 있다. 둘째, 본 장의 연구가 시사하는 바는 언어 연구로서 나아가 인공지능 연구에도 활발한 담론을 제공할 수 있다는 점이다. 광고 영상 속에 다양한 비언어적 요소를 데이터화하여 인공지능 연구에 유의미한 자료를 제공할 수 있기 때문이다. 셋째, 본 장의 연구가 시사하는 바는 인간이 의사소통을 하는 데에 있어 표정, 시선, 자세, 제스처뿐만 아니라 헤어스타일, 복장,

음악, 효과음, 자막에 표기된 문자 스타일, 헤어스타일, 배경색채, 장소 등도 행위유도성을 촉진하기 위한 것으로 간주하고 언어적 요소, 비언어적 요소와 동일한 비중으로 고찰을 진행할 필요가 있다는 점이다. 마지막으로 본 장의 연구가 시사하는 바는 일본과 한국 화장품 광고를 비교하여 그 차이점과 공통점을 추출함으로써 현지 수출 전략 수립에 유의미한 공헌을 할 수 있는 기반을 마련할 수 있다는 점이다.

제11장 잉어꿈 해몽으로 본 일본인의 정신경관
- 한국인의 잉어꿈과의 비교 -

1. 시작하며

일반적으로 말하는 경관은 시내 외 풍경이나 자연을 담은 사진과 같은 외관적인 비쥬얼을 가리킨다(이를 물리적 경관이라고 하자.). 경관이라는 말이 존재한다는 것은 그 경관을 보는 누군가가 있다는 말도 된다. 따라서 경관과 그 경관을 바라보는 존재는 불가분의 관계에 놓여 있다고 할 수 있다. 한편 눈을 감아도 눈을 떴을 때와 같은 풍경이 기억의 형태로 나아가 신앙, 편견, 가치관 등등의 추상적 이미지가 있다. 이것을 본 장에서는 정신적 경관이라 부르겠다.

본 장에서 경관에 주목하는 이유는 물리적 경관이든 정신적 경관이든 경관을 통해 인간의 문화적 배경이나 가치관을 이해하는 텍스트가 될 수 있기 때문이다. 예를 들어 새벽에 일본의

가게 앞을 지날 때, 가게 모퉁이에 소금이 소복하게 쌓여져 있다면 거기에는 액운을 떨치고자 하는 일본인(점주)의 문화적 배경, 가치관, 신념 등이 반영된 것으로 볼 수 있다. 즉 액운을 떨치고자 하는 정신적 경관이 소금이라는 물리적 경관을 통해 드러났다고 볼 수 있는 것이다.

이에 본 장에서는 잉어와 잉어꿈을 통해서 일본인의 물리적 경관과 정신적 경관을 살펴보고자 한다.* 그 이유는 위의 사진에서 보듯 본 저자가 거주하는 지역에 잉어가 많이 살기 때문인데 사실은 물리적 경관과 정신적 경관을 고찰하기 위한 대상은 비단 잉어와 잉어꿈에만 국한되는 것은 아니다. 한국과 일본에서 존재하는 모든 것은 모두 고찰의 대상이 될 수 있는 것이다. 잉어는 한국에서나 일본에서나 담수어(淡水魚, 민물에 사는 물고기의

* 아래의 사진은 본 저자가 직접 촬영한 것이다.

총칭)를 기반으로 하는 문화를 공유하고 있으며 담수어 중에서 잉어가 차지하는 위상이 매우 크기 때문에 충분히 고찰의 대상이 될 수 있다고 본다. 잉어가 우리에게 주는 위상은 조선의 민화나 일본화에 잉어가 단골소재로 자주 등장하는 데에서도 그 크기를 짐작할 수 있다.

본 장의 목적은 이미 언급한 바와 같이 잉어꿈을 통하여 일본인들의 정신적 경관을 고찰하는 것인데, 구체적으로 언급하면 다음과 같다. 우선 잉어에 대한 일본과 한국의 이미지를 비교 고찰한다. 둘째, 일본과 한국에 공통적으로 존재하는 잉어 관련 꿈을 비교 고찰한다. 셋째, 일본에만 존재하는 잉어 관련 꿈을 비교 고찰한다. 넷째, 한국에만 존재하는 잉어 관련 꿈을 비교 고찰한다. 다섯째, 현실성이 있는 꿈과 현실성이 없는 꿈(판타지적 성격의 꿈)을 비교 고찰한다. 여섯째, 꿈을 꾼 사람의 역할(관찰자, 목격자, 관여자)을 비교 고찰한다. 일곱째, 잉어꿈의 해몽이 주는 암시어를 비교 고찰한다. 마지막으로 잉어꿈에 관련된 길몽과 흉몽을 비교 고찰함으로써 일본인들의 정신적 이미지를 들여다볼 것이다.

2. 잉어 관련 선행연구

잉어에 관련한 대표적인 선행연구로 캐럴린 폴리(カロリン・ポレー, 2010)를 들 수 있다. 캐럴린 폴리(カロリン・ポレー, 2010:170-

187)는 잉어라는 담수어를 둘러싼 문화를 통해서 일본인들의 세계관을 고찰하였다.

그가 주목한 잉어문화로 우선 잉어가 고이노보리(鯉のぼり)로 상징화되며 등용문(登竜門)으로 인식되기도 하고 양식으로 길러지기도 하며, 때로는 보양식으로, 나아가 질병 치료 및 활력제로 사용되는 사실에 주목하였다. 또 반도호온사(坂東報恩寺)에서 열리는 잉어마나히라키(鯉の俎板開き)나 소지사(総持寺)에서 열리는 호쵸식(包丁式)에서 보듯 잉어가 사찰에서 의식을 치르기 위해 사용되기도 한다. 이들 행사에서는 잉어의 배를 가르고, 몸을 절단하기도 하는데 살생을 금하는 사찰에서 이러한 행사가 열리는 것에 대해 우리 한국인로서는 선뜻 이해하기가 어렵다.

그다음으로 그가 주목한 잉어문화로 잉어가 신의 사자, 신의 이동수단으로 여겨지는 부분이었다. 예를 들어 홍수로 신사가 잠길 위험에 처했을 때, 수많은 잉어들이 나타나서 가미사마의 본영을 안전하게 옮길 수 있도록 징검다리 역할을 수행했다고 하는 전설을 소개하고 있다.

마지막으로 그는 잉어가 이 세상과 저 세상을 이어주는 신이 보낸 사자로서의 역할을 수행한 전설에도 주목하였다. 즉 일본에서는 신의 하명을 받은 잉어는 이 세상에 길흉화복을 가져다 주는 존재로 여겨졌다는 것이다.

3. 연구 방법 및 전제

구글(Google)에서 검색한 한국과 일본의 잉어꿈 해몽을 비교하는 방식으로 비교 고찰하였다. 인용한 사이트명은 제11장 참고문헌에서 확인할 수 있다.

본격적인 고찰로 들어가기 전에 본 저자는 하나의 전제를 두고자 한다. 그것은 바로 본 장의 연구는 어디까지나 하나의 시론으로 객관성을 염두에 둔 고찰이 아니라는 것이다. 예를 들면 한국의 잉어꿈의 해몽을 보면 "잉어가 물속에서 헤엄치는 꿈"이 나오는데, 일본 사이트에서도 「鯉が元気に泳ぐ」에서 보듯 동일한 내용이 확인된다. 따라서 본 장에서는 이들 꿈을 한국에서도 일본에서도 동일하게 나타나므로 객관적 비교는 가능하다고 할 수 있다.

반면에 「弱った鯉を見る」라는 꿈은 일본의 사이트에서는 확인되는 것에 반해, 한국의 사이트에서는 확인되지 않기 때문에 이 꿈을 본 저자는 일본에만 존재하는 꿈으로 분류하였다. 물론 그 반대인 경우도 있다. 그런데 문제는 설사 일본과 한국의 사이트에 제시된 꿈의 내용들이 다르다고 하더라도 한국사람들이 「弱った鯉を見る」를 꿀 가능성이 없겠느냐 하는 것이다. 이러한 반론을 예상하면서도 본 장에서는 오로지 일본과 한국의 해몽 사이트에만 나타난 내용만을 다루기로 한다.

또 예상되는 반론으로 꿈에 대한 해몽이 모든 일본인과 한국인들의 동의를 얻은 것이 아니며 특정 해몽의 타당성을 검증할 방법이 없다는 점이다. 이러한 반론은 실제로 본 저자가 학회에서 발표를 한 직후 토론자를 비롯해 방청객들로부터 들은 반론인데 그들의 말대로 해몽과 같은 정신적 경관을 과학적으로 검증할 방법이 없다. 일반적으로 해몽은 오랜 세월 동안 공동체적 기억의 형태로 전승되어 내려온 정신적 유산이므로 그것을 유물론적인 방식으로 검증하기에는 처음부터 무리라고 할 수 있다. 따라서 독자들은 이 점을 충분히 염두에 두고 본 장을 읽어주길 바란다.

4. 분석

이하의 절에서는 우선 잉어에 대한 일본과 한국의 이미지를 비교한다. 둘째, 일본과 한국에 공통적으로 존재하는 잉어 관련 꿈을 고찰한다. 셋째, 일본에만 존재하는 잉어 관련 꿈을 고찰한다. 넷째, 한국에만 존재하는 잉어 관련 꿈을 고찰한다. 다섯째, 일본과 한국의 잉어 관련 꿈 중에서 현실성이 있는 것과 현실성이 없는 꿈을 고찰한다. 여섯째, 꿈속에서 꿈을 꾼 사람의 역할(관찰자, 목격자, 관여자)을 고찰한다. 일곱째, 잉어꿈에 관련된 한국과 일본의 암시어를 비교 고찰한다. 마지막으로 잉어꿈에 관련된 길몽과 흉몽을 비교 고찰한다.

1) 잉어꿈에 나타난 잉어의 이미지 비교

이 절에서는 일본과 한국의 잉어에 대한 이미지를 비교하고자 한다. 먼저 본 저자가 일본의 잉어꿈 관련 사이트에 나타난 잉어의 이미지를 제시하면 다음과 같다.

경사(慶事), 약선요리(薬膳料理), 생명력(生命力), 명예(名誉), 영예(栄誉), 승진(昇進), 목표달성(目標達成), 희망의 성취(願望達成), 컨디션(体調), 감정(感情), 입신출세(立身出世), 성공(成功), 행운(幸運), 성욕(性欲), 임신(妊娠), 경사로운 물고기(めでたい魚), 연기물(縁起物), 성장(成長), 금운(金運), 직업운(仕事運), 연애운(恋愛運), 성장하는 전조(成長する前兆), 비약(飛躍), 운기상승(運気上昇), 행운의 방문(幸運の訪れ)

한편, 한국의 잉어꿈 관련 인터넷 사이트에 나타난 잉어 이미지는 다음과 같다.

신성한 물고기, 상스러운 물고기, 귀한 동물, 보양식, 결핵에 좋은 약, 산모의 회복, 영적 물고기, 수행의 징표, 출세, 소망, 일거리, 지혜, 태몽(임신), 출산, 인연, 능력, 능력자, 성과, 승진, 승급, 재물, 금전운, 무병장수, 처세가, 귀인, 부와 명예, 총명한 자녀

위에 제시한 일본과 한국의 잉어 이미지를 보면 잉어에 관련된 물리적 이미지와 추상적 이미지가 혼재해 있는 것을 알 수 있다. 예를 들어 약선요리는 잉어의 물리적 이미지를 대표하는

것이라 할 수 있다. 잉어가 인간의 치유를 위한 약재가 되기 때문이다. 반대로 경사, 입신출세, 금운 등의 이미지는 잉어의 추상적 이미지에 해당한다. 위에 제시한 양국의 잉어 이미지를 비교해보면 우선 공통점으로 물리적 이미지보다 추상적 이미지가 압도적으로 많다는 점을 확인할 수 있다. 또 경사, 약선요리(결핵에 좋은 약), 보양식, 임신, 명예, 금전운, 출세, 승진 등의 이미지는 양국에서 공통적으로 확인되는 이미지이다. 둘째, 신성함, 생명력, 승진, 목표달성, 성욕, 운기상승, 연애운, 행운의 방문 등의 이미지는 일본과 한국에서 모두 확인되는 이미지이다. 반대로 귀한 동물, 산모의 회복, 수행의 징표, 소망, 일거리, 지혜, 처세가, 귀인, 총명한 자녀 등은 한국에서만 확인되는 이미지이다.

2) 일본인과 한국인에게 모두 나타나는 잉어꿈

먼저 일본의 사이트에서 확인되는 잉어꿈을 정리하면 다음과 같다.

잉어가 건강하게 헤엄친다(鯉が元気に泳ぐ), 잉어가 펄쩍 뛰다(鯉が跳ねる), 잉어가 수면 위로 펄쩍 뛰어오르다(鯉が跳ねて水面から飛び出す), 잉어를 먹는다(鯉を食べる), 잉어회를 먹는다(鯉の洗いを食べる), 잉어요리를 먹는다(鯉の料理を食べる), 잉어를 자른다(鯉を切る), 잉어를 손으로 잡는다(鯉を手で掴む), 잉어를 포획한다(鯉を捕まえたり掴んだりする), 잉어를 그물로 잡는다(鯉を網で捕まえる), 잉어가 폭포를 오르는 것을 본다(鯉の滝登りを見る), 잉어를 낚는다(鯉を釣る), 비단잉어를 낚는다(錦鯉

を釣る), 죽은 잉어를 본다(死んだ鯉を見る), 잉어가 대량으로 있다(鯉が大量にいる), 잉어가 많이 있다(鯉がたくさんいる), 잉어가 하늘을 난다(鯉が空を飛ぶ), 연못에 있는 잉어를 본다(池にいる鯉を見る), 잉어를 놓치다(鯉を逃がす), 잉어가 달아나다(鯉が逃げる), 개울가를 헤엄치는 잉어(どぶ川を泳ぐ鯉)

그다음으로 한국의 사이트에서 확인되는 잉어꿈을 정리하면 다음과 같다.

잉어가 물속에서 헤엄치는 꿈, 잉어가 펄쩍(팔딱팔딱) 뛰는 꿈 잉어를 먹는 꿈, (죽은 잉어나) 요리된 잉어를 먹는 꿈, 잉어를 도마 위에 놓고 토막 내어 죽이는 꿈, (큰) 잉어를 손으로 잡는 꿈, 맑은 물에서 월척의 잉어를 잡는 꿈, 폭포 위로 잉어가 뛰어오르는 꿈, 잉어가 물을 거슬러 올라가는 꿈, 강물에서 낚시로 잉어를 낚아 올리는 꿈, 죽은 잉어를 보는 꿈, 죽어가는 잉어를 봄, 잉어 떼를 발견한 꿈, 연못에 수많은 잉어가 노는 꿈, 잉어가 뛰어 하늘로 날아가는(올라가는) 꿈, 개울가에서 헤엄치는 잉어를 본 꿈, 잡은 잉어를 방생한 꿈, 잉어를 놓아주는 꿈, 잡고 있던 잉어를 놓치는 꿈, 비단잉어를 잡는 꿈

이상, 제시된 꿈을 비교하면 우선 잉어를 둘러싼 물리적 경관이 꿈속에 그대로 반영된다는 공통점을 확인할 수 있다. 잉어가 헤엄을 친다든지, 수면을 펄쩍 뛴다든지, 잉어가 죽어 있는 꿈 등이 바로 그 예이다. 둘째, 양국에서 잉어를 수렵하는 문화와

먹는 음식문화가 공존하는 사실을 확인할 수 있다.

3) 일본인에게만 나타나는 잉어꿈

그러면 일본인에게만 나타나는 꿈을 보도록 하자.

잉어(비단잉어) 색이 금색이나 검정색인 꿈(鯉の色が金色や黒色の夢(錦鯉)), 고이노보리(鯉のぼり), 살이 찐 잉어를 보는 꿈(太った鯉を見る), 잉어가 수면에서 입을 벌리는 꿈(鯉が水面で口を開ける), 잉어가 수면에서 얼굴을 내밀고 입을 벌리는 꿈(鯉が水面から顔を出し口を開けている), 금색의 잉어가 인상에 남은 꿈(鯉の金色が印象に残った夢), 붉은 색 잉어가 인상에 남은 꿈(鯉の赤色が印象に残った夢), 검정 색의 잉어가 인상에 남은 꿈(鯉の黒色が印象に残った夢), 흰색 잉어가 인상에 남은 꿈(鯉の白色が印象に残った夢), 황색 잉어가 인상에 남은 꿈(鯉の黄色が印象に残った夢), 회색 잉어가 인상에 남은 꿈(鯉の灰色が印象に残った夢), 오렌지색 잉어가 인상에 남은 꿈(鯉のオレンジが印象に残った夢), 핑크색 잉어가 인상에 남은 꿈(鯉のピンクが印象に残った夢), 잉어를 키우는 꿈(鯉を育てる夢), 힘이 없는 잉어를 본 꿈(弱った鯉を見る), 잉어에게 습격 받는 꿈(鯉に襲われる), 잉어에게 물리는 꿈(鯉に噛まれる), 잉어가 일본정원에서 헤엄치는 꿈(鯉が日本庭園で泳ぐ), 강에서 헤엄치는 잉어 꿈(川で泳ぐ巨大な鯉を見る), 잉어가 자신을 노려보는 꿈(鯉に睨まれる), 아름다운 비단잉어를 보는 꿈(美しい錦鯉を見る), 수조 안에서 잉어가 헤엄치는 꿈(水槽を鯉が泳ぐ), 비단잉어 무리를 본 꿈(錦鯉の大群を見る), 하구에서 잉어를 본 꿈(鯉を河口で見る), 비단잉어가 튀어 오르는 꿈(錦鯉が飛び跳ねる), 비단잉

어가 죽는 꿈(錦鯉が死ぬ)

4) 한국인에게만 나타나는 잉어 꿈

이하 한국인에게만 나타나는 잉어 꿈은 다음과 같다.

커다란 잉어를 얻는 꿈, 잉어를 잡았으나 보관할 곳이 없는 꿈, 우물이나 연못에 잉어를 넣는 꿈, 잉어가 내 품에 들어오는 꿈(품에 안기는 꿈), 붕어가 잉어로 변하는 꿈, 잉어를 놓쳐서 딸에게 떨어지는 꿈, 잉어가(헤엄치다) 사라지는 꿈, 웅덩이에 검은 잉어를 집어넣는 꿈, 자신의 집 연못에 잉어를 집어넣는 꿈, 잉어를 붙잡아 그릇에 담아 물과 함께 넣은 꿈, 화장실 욕조 안에 잉어가 보이는 꿈, 호수에서 목욕을 하던 아들(딸)이 갑자기 잉어가 되어 폭포 위로 뛰어오르는 꿈, 잉어를 붙잡아 집안으로 가져오는 꿈, 잉어를 강에서 잡아 우물이나 연못에 넣는 꿈, 잉어를 놓치고 송사리만 잡는 꿈, 잉어를 사가지고 오다가 땅에 떨어뜨리는 꿈, 본인이 혹은 나의 자식이 잉어로 변하는 꿈, 잉어가 내 집 안에서 노는 꿈, 잉어를 잡으려 했으나 다른 물고기만 잡힌 꿈, 잉어를 도마 위에 올려놓고 쳐 죽이는 꿈, 잉어를 사가지고 오다가 땅에 떨어뜨린 꿈, 잉어가 용으로 변하는 꿈, 타고 있는 배 안에서 잉어를 얻는 꿈, 물에서 나온 금빛 잉어가 용이 되어 구름 속에서 불꽃 덩어리 두 개를 떨어뜨린 꿈, 낚시로 맑은 물에서 신묘한 오색 잉어를 낚아 올리는 꿈, 붕어인 줄 알았는데 잉어인 꿈, 물에서 나온 금빛잉어가 용이 되어 구름 속에서 불꽃 덩어리를 떨어뜨린 꿈, 물에서 잉어가 안개를 휘감고 나타나는 꿈, 매(물새)가 물위로 떠오르는 대형 잉어를 보고 순식간에 낚아채는 꿈, 큰 고래만한 잉어가 자신에게 다가오다가 어느 틈에 바다로 가버리는 꿈, 물총새가 잉어를 낚아채는 꿈, 잉어를 피했으나 끝까지 따라와 치마폭에 안긴 꿈, 임산부의 꿈에 큰 잉어가 자기 앞으로 헤엄쳐 오다가 사라지는 꿈, 잉어를 칼로 회치다가 살을 베는 꿈, 잉어가 물에 휩쓸려 내려가는 꿈, 안개 속에서 잉어가 점점 그 모습을 드러내는 꿈

5) 현실성의 비교

한국에서만 나타나는 꿈을 보면 현실에서 일어날 수 없는 점을 많이 확인할 수 있다. 이에 본 저자는 일본인과 한국인들의 꿈 내용을 현실성을 기준으로 분류를 해보았다. 다음은 그 집계 결과이다.

〈표 1〉 현실성을 기준으로 한 일본과 한국의 잉어꿈

	일본의 잉어꿈	한국의 잉어꿈
현실성	88%(38개)	68%(38개)
비현실성	12%(5개)	32%(18개)
합계	100%(43개)	100%(56개)

위의 〈표 1〉을 보면 현실세계의 물리적 경관이 투영된 꿈(현실성이 있는 꿈)의 비율이 일본의 경우 88%를 차지하는 반면에 한국의 경우는 68%를 차지하는 것으로 나타났다. 현실성에서 일본의 잉어꿈이 20% 높은 점을 확인할 수 있다. 이것은 잉어꿈에 대한 판타지적 요소(비현실적 요소)가 일본인보다 한국인의 잠

재의식 속에 훨씬 많이 내재되어 있다는 것을 보여준다.

그러면 일본의 잉어꿈 중에 현실성이 있는 꿈을 보도록 하자.

잉어가 건강하게 헤엄치는 꿈(鯉が元気に泳ぐ), 잉어가 펄떡거리는 꿈(鯉が跳ねる), 잉어가 펄떡거리며 수면 위로 뛰어오르는 꿈(鯉が跳ねて水面から飛び出す), 잉어를 먹는 꿈(鯉を食べる), 잉어회를 먹는 꿈(鯉の洗いを食べる), 잉어요리를 먹는 꿈(鯉の料理を食べる), 잉어를 자르는 꿈(鯉を切る), 잉어를 손으로 잡는 꿈(鯉を手で掴む), 잉어를 포획하는 꿈(鯉を捕まえたり掴んだりする), 잉어를 그물로 잡는 꿈(鯉を網で捕まえる), 잉어를 낚는 꿈(鯉を釣る), 죽은 잉어를 보는 꿈(死んだ鯉を見る), 잉어가 대량으로 있는 꿈(鯉が大量にいる/鯉がたくさんいる), 연못에 있는 잉어를 보는 꿈(池にいる鯉を見る), 개천을 헤엄치는 꿈(どぶ川を泳ぐ), 잉어를 놓치는 꿈(鯉を逃がす), 잉어가 달아나는 꿈(鯉が逃げる), 비단잉어를 보는 꿈(錦鯉を釣る), 잉어의 색깔이 금색이나 검정색인 꿈(비단잉어), 고이노보리(鯉のぼり), 살찐 잉어를 보는 꿈(太った鯉を見る), 잉어가 수면에서 입을 벌리는 꿈(鯉が水面で口を開ける), 잉어가 수면에서 얼굴을 내밀고 입을 벌리는 꿈(鯉が水面から顔を出し口を開けている), 금색의 잉어가 인상에 남는 꿈(鯉の金色が印象に残った夢), 붉은색 잉어가 인상에 남는 꿈(鯉の赤色が印象に残った夢), 검정색 잉어가 인상에 남는 꿈(鯉の黒色が印象に残った夢), 흰색의 잉어가 인상에 남는 꿈(鯉の白色が印象に残った夢), 노란색 잉어가 인상에 남는 꿈(鯉の黄色が印象に残った夢), 회색의 잉어가 인상에 남는 꿈(鯉の灰色が印象に残った夢), 오렌지색 잉어가 인상에 남는 꿈(鯉のオレンジが印象に残った夢), 핑크색 잉어가 인상에 남는 꿈(鯉の

ピンクが印象に残った夢), 잉어를 키우는 꿈(鯉を育てる夢), 힘이 없는 잉어를 본 꿈(弱った鯉を見る), 잉어가 일본정원에서 헤엄치는 꿈(鯉が日本庭園で泳ぐ), 강에서 헤엄치는 잉어꿈(川で泳ぐ鯉), 아름다운 비단잉어를 보는 꿈(美しい錦鯉を見る), 수조를 잉어가 헤엄치는 꿈(水槽を鯉が泳ぐ), 비단잉어의 큰 무리를 보는 꿈(錦鯉の大群を見る), 하구에서 잉어를 본 꿈(鯉を河口で見る), 비단잉어가 펄떡거리는 꿈(錦鯉が飛び跳ねる), 비단잉어가 죽는 꿈(錦鯉が死ぬ)

둘째, 비현실적인 일본의 잉어꿈으로는 거대한 잉어를 보는 꿈(巨大な鯉を見る), 잉어가 폭포를 거슬러 올라가는 꿈(鯉の滝登りを見る), 잉어가 하늘을 나는 꿈(鯉が空を飛ぶ), 잉어에게 습격당하는 꿈(鯉に襲われる), 잉어에게 물리는 꿈(鯉に噛まれる), 잉어가 자신을 노려보는 꿈(鯉に睨まれる) 등을 들 수 있다. 잉어에게 물리는 꿈을 비현실적인 꿈으로 분류하였으나 현실적으로 발생할 수 있는 꿈일 수도 있다는 생각이 든다.

셋째, 한국의 잉어꿈 중에 현실성이 있는 꿈을 제시하면 다음과 같다.

잉어가 물속에서 헤엄치는 꿈, 잉어가 펄쩍(팔딱팔딱) 뛰는 꿈, 잉어를 먹는 꿈(죽은 잉어나 요리된 잉어를 먹는 꿈), 잉어를 도마 위에 놓고 토막 내어 죽이는 꿈, (큰) 잉어를 손으로 잡는 꿈(맑은 물에서 월척의 잉어를 잡는 꿈), 잉어가 물을 거슬러 올라가는 꿈, 강물에서 낚시로 잉어를 낚아 올리는 꿈, 죽은 잉어를 보는 꿈(죽어가는 잉어를 보는 꿈), 잉어떼를 발견한 꿈(연못에 수많은 잉어가 노는 꿈), 연못에 수많은 잉어가 노는 꿈, 개울가에서 헤엄치는 잉어를 본 꿈, 잡은 잉어를 방생한 꿈(잉어를 놓아주는 꿈), 잡고 있던 잉어를 놓치는 꿈, 비단잉어를 잡는 꿈, 커다란 잉어를 얻는 꿈, 잉어를 잡았으나 보관할 곳이 없는 꿈, 우물이나 연못에 잉어를 넣는 꿈, 잉어를 놓쳐서 딸에게 떨어지는 꿈, 잉어가 (헤엄치다) 사라지는 꿈, 웅덩이에 검은 잉어를 집어넣는 꿈, 자신의 집 연못에 잉어를 집어넣는 꿈, 잉어를 붙잡아 그릇에 담아 물과 함께 넣은 꿈, 화장실 욕조 안에 잉어가 보이는 꿈, 잉어를 붙잡아 집안으로 가져오는 꿈, 잉어를 강에서 잡아 우물이나 연못에 넣는 꿈, 잉어를 놓치고 송사리만 잡는 꿈, 잉어를 사가지고 오다가 땅에 떨어뜨리는 꿈, 잉어를 칼로 회치다가 살을 베는 꿈, 잉어가 물에 휩쓸려 내려가는 꿈, 안개 속에서 잉어가 점점 그 모습을 드러내는 꿈, 잉어를 잡으려 했으나 다른 물고기만 잡히는 꿈, 잉어가 내 집안에서 노는 꿈, 잉어를 도마 위에 올려놓고 쳐 죽이는 꿈, 잉어를 사가지고 오다가 땅에 떨어뜨리는 꿈, 타고 있는 배안에서 잉어를 얻는 꿈, 낚시로 맑은 물에서 신묘한 오색 잉어를 낚아 올리는 꿈, 붕어인 줄 알았는데 잉어인 꿈, 매(물새)가 물위로 떠오르는 대형 잉어를 보고 순식간에 낚아채는 꿈, 물총새가 잉어를 낚아채는 꿈

마지막으로 한국의 비현실적인 꿈들을 예시하면 다음과 같다.

폭포 위로 잉어가 뛰어오르는 꿈, 잉어가 뛰어 하늘로 날아가는(올라가는) 꿈, 잉어가 내 품에 들어오는 꿈(품에 안기는 꿈), 붕어가 잉어로 변하

는 꿈, 호수에서 목욕을 하던 아들(딸)이 갑자기 잉어가 되어 폭포 위로 뛰어오르는 꿈, 임산부의 꿈에 큰 잉어가 자기 앞으로 헤엄쳐 오다가 사라지는 꿈, 본인이 혹은 나의 자식이 잉어로 변하는 꿈, 잉어가 용으로 변하는 꿈, 호수에서 목욕을 하던 딸이 갑자기 잉어가 되어 폭포 위로 뛰어 오르는 꿈, 물에서 나온 금빛 잉어가 용이 되어 구름 속에서 불꽃 덩어리(2개)를 떨어뜨리는 꿈, 물에서 잉어가 안개를 휘감고 나타나는 꿈, 큰 고래만한 잉어가 자신에게 다가오다가 어느 틈에 바다로 가버리는 꿈, 잉어를 피했으나 끝까지 따라와 치마폭에 안긴 꿈

6) 관여자(당사자)/목격자(방관자)의 비교

꿈을 꾸면 꿈을 꾸는 주체가 직접 관여한, 즉 관여자(당사자)로 꿈을 꾸는 경우가 있는가 하면, 반대로 목격자(방관자)의 입장으로 꿈을 꾸는 경우가 있다. 다음의 〈표 2〉는 꿈속에서 꿈을 꾸는 주체가 관여자(당사자)인가, 목격자(방관자)인지를 집계한 결과이다.

〈표 2〉 목격자/관여자와 잉어꿈

	일본의 잉어꿈	한국의 잉어꿈
목격자(방관자)	77%(33개)	40%(22개)
관여자(당사자)	23%(10개)	60%(34개)

〈표 2〉를 보면 꿈을 꾼 주체가 목격자(방관자)인 경우로 일본의 경우 77%, 한국의 경우는 40%로 일본 쪽이 무려 37%나 높은 것으로 나타났다. 반대로 꿈을 꾼 주체가 관여자(당사자)인 경우로 일본의 경우 23%, 한국의 경우 60%로 한국의 경우가 압

도적으로 높은 것을 알 수 있다. 이것은 일본인의 경우, 꿈을 꾸는 주체가 꿈을 구경하는 비중이 높다고 한다면, 반대로 한국인의 경우, 꿈을 꾸는 주체가 꿈에 직접 참여하는 비중이 높다는 것을 말해주는 것이다.

우선 꿈을 꾸는 주체가 목격자(방관자)인 것을 예시하는 일본의 잉어꿈을 나열하면 다음과 같다.

잉어가 건강하게 헤엄치는 꿈(鯉が元気に泳ぐ), 잉어가 펄떡거리는 꿈(鯉が跳ねる), 잉어가 펄떡거리며 수면에서 튀어오른 꿈(鯉が跳ねて水面から飛び出す), 죽은 잉어를 보는 꿈(死んだ鯉を見る), 잉어가 대량으로 있는 꿈(鯉が大量にいる), 잉어가 많이 몰려 있는 것을 보는 꿈(鯉がたくさんいる), 연못에 있는 잉어를 보는 꿈(池にいる鯉を見る), 개천을 헤엄치는 꿈(どぶ川を泳ぐ), 잉어가 달아나는 꿈(鯉が逃げる), 비단잉어 색깔이 금색이나 검정색인 꿈(鯉の色が金色や黒色の夢(錦鯉)), 고이노보리(鯉のぼり), 살이 찐 잉어를 보는 꿈(太った鯉を見る), 잉어가 수면에서 입을 벌리는 꿈(鯉が水面で口を開ける), 잉어가 수면에서 얼굴을 내밀며 입을 벌리는 꿈(鯉が水面から顔を出し口を開けている), 금색의 잉어가 인상에 남는 꿈(鯉の金色が印象に残った夢), 붉은 색 잉어가 인상에 남는 꿈(鯉の赤色が印象に残った夢), 검정색 잉어가 인상에 남는 꿈(鯉の黒色が印象に残った夢), 흰색 잉어가 인상에 남는 꿈(鯉の白色が印象に残った夢), 노란색 잉어가 인상에 남는 꿈(鯉の黄色が印象に残った夢), 회색 잉어가 인상에 남는 꿈(鯉の灰色が印象に残った夢), 오렌지색 잉어가 인상에 남는 꿈(鯉のオレンジが印象に残った夢), 핑크색 잉어가 인상에 남는 꿈(鯉のピンクが印

象に残った夢), 약한 잉어를 보는 꿈(弱った鯉を見る), 잉어가 일본정원에서 헤엄치는 꿈(鯉が日本庭園で泳ぐ), 강에서 잉어가 헤엄치는 꿈(川で泳ぐ鯉), 거대한 잉어를 보는 꿈(巨大な鯉を見る), 아름다운 비단잉어를 보는 꿈(美しい錦鯉を見る), 수조를 잉어가 헤엄치는 꿈(水槽を鯉が泳ぐ), 잉어가 큰 무리를 지으며 헤엄치는 꿈(錦鯉の大群を見る), 하구에서 헤엄치는 잉어를 보는 꿈(鯉を河口で見る), 비단잉어가 펄떡거리는 꿈(錦鯉が飛び跳ねる), 잉어가 죽는 꿈(錦鯉が死ぬ), 잉어가 폭포 위를 거슬러 올라가는 꿈(鯉の滝登りを見る), 잉어가 하늘을 나는 꿈(鯉が空を飛ぶ)

둘째, 꿈을 꾸는 주체가 목격자(방관자)인 것을 예시하는 한국의 잉어꿈을 나열하면 다음과 같다.

잉어가 (헤엄치다) 사라지는 꿈, 잉어가 물속에서 헤엄치는 꿈, 잉어가 펄쩍(팔딱팔딱) 뛰는 꿈, 잉어가 물을 거슬러 올라가는 꿈, 죽은 잉어를 보는 꿈(죽어가는 잉어를 보는 꿈), 잉어떼를 발견한 꿈(연못에 수많은 잉어가 노는 꿈), 연못에 수많은 잉어가 노는 꿈, 개울가에서 헤엄치는 잉어를 본 꿈, 화장실 욕조 안에 잉어가 보이는 꿈, 잉어가 물에 휩쓸려 내려가는 꿈, 안개 속에서 잉어가 점점 그 모습을 드러내는 꿈, 잉어가 내 집안에서 놀고 있는 꿈, 매(물새)가 물위로 떠오르는 대형 잉어를 보고 순식간에 낚아채는 꿈, 물총새가 잉어를 낚아채는 꿈, 폭포 위로 잉어가 뛰어오르는 꿈, 잉어가 뛰어 하늘로 날아가는(올라가는) 꿈, 붕어가 잉어로 변하는 꿈, 호수에서 목욕을 하던 아들(딸)이 갑자기 잉어가 되어 폭포 위로 뛰어오르는 꿈, 잉어가 용으로 변하는 꿈, 호수에서 목욕을 하던 딸이 갑자기 잉어가 되어 폭포 위로 뛰어 오르는 꿈, 물에서 나온 금빛 잉어가 용이 되어 구름 속에서 불꽃 덩어리(2개)를 떨어뜨리는 꿈, 물에서 잉어가 안개를 휘감고 나타나는 꿈

셋째, 꿈을 꾸는 주체가 관여자(당사자)인 것을 예시하는 일본의 잉어꿈을 나열하면 잉어를 먹는 꿈(鯉を食べる), 잉어회를 먹는 꿈(鯉の洗いを食べる), 잉어요리를 먹는 꿈(鯉の料理を食べる), 잉어를 자르는 꿈(鯉を切る), 잉어를 손으로 잡는 꿈(鯉を手で掴む), 잉어를 포획하는 꿈(鯉を捕まえたり掴んだりする), 잉어를 그물로 잡는 꿈(鯉を網で捕まえる), 잉어를 낚는 꿈(鯉を釣る), 잉어를 놓치는 꿈(鯉を逃がす), 비단잉어를 낚는 꿈(錦鯉を釣る), 잉어에게 습격당하는 꿈(鯉に襲われる), 잉어에게 물리는 꿈(鯉に噛まれる), 잉어가 자신을 노려보는 꿈(鯉に睨まれる), 잉어를 키우는 꿈(鯉を育てる夢) 등을 들 수 있다.

마지막으로 꿈을 꾸는 주체가 관여자(당사자)인 것을 예시하는 한국의 잉어꿈을 나열하면 다음과 같다.

잉어를 먹는 꿈(죽은 잉어나 요리된 잉어를 먹는 꿈), 잉어를 도마 위에 놓고 토막 내어 죽이는 꿈, (큰) 잉어를 손으로 잡는 꿈(맑은 물에서 월척의 잉어를 잡는 꿈), 강물에서 낚시로 잉어를 낚아 올리는 꿈, 잡은 잉어를 방생한 꿈(잉어를 놓아주는 꿈), 잡고 있던 잉어를 놓치는 꿈, 비단잉어를 잡는 꿈, 커다란 잉어를 얻는 꿈, 잉어를 잡았으나 보관할 곳이 없는 꿈, 우물이나 연못에 잉어를 넣는 꿈, 잉어를 놓쳐서 딸에게 떨어지는 꿈, 웅

덩이에 검은 잉어를 집어넣는 꿈, 자신의 집 연못에 잉어를 집어넣는 꿈, 잉어를 붙잡아 그릇에 담아 물과 함께 넣은 꿈, 잉어를 붙잡아 집 안으로 가져오는 꿈, 잉어를 강에서 잡아 우물이나 연못에 넣는 꿈, 잉어를 놓치고 송사리만 잡는 꿈, 잉어를 사가지고 오다가 땅에 떨어뜨리는 꿈, 잉어를 칼로 회치다가 살을 베는 꿈, 잉어를 잡으려 했으나 다른 물고기만 잡히는 꿈, 잉어를 도마 위에 올려놓고 쳐 죽이는 꿈, 잉어를 사가지고 오다가 땅에 떨어뜨리는 꿈, 타고 있는 배안에서 잉어를 얻는 꿈, 낚시로 맑은 물에서 신묘한 오색 잉어를 낚아 올리는 꿈, 붕어인 줄 알았는데 잉어인 꿈, 잉어가 내 품에 들어오는 꿈(품에 안기는 꿈), 임산부의 꿈에 큰 잉어가 자기 앞으로 헤엄쳐 오다가 사라지는 꿈, 본인이 혹은 나의 자식이 잉어로 변하는 꿈, 큰 고래만한 잉어가 자신에게 다가오다가 어느 틈에 바다로 가버리는 꿈, 잉어를 피했으나 끝까지 따라와 치마폭에 안긴 꿈

7) 암시어의 비교

본 저자는 잉어꿈의 해몽에 관련된 암시어를 면밀히 검토한 결과, 몇 가지 차이점을 발견할 수 있었는데, 본 장에서는 몇몇 예에 한해서 일본과 한국에 모두 존재하는 꿈을 대상으로 시론적으로 몇 가지 차이를 살펴보고자 한다. 이하 암시어를 설명하지 않고 단순히 나열만 하도록 하겠다.

우선 첫째로 연못에서 노는 잉어를 본 꿈(野池で泳ぐ鯉/池にいる鯉を見る)에 대한 암시어로 「自由, 閑居, 有閑, 資産, 保護, 保全, 無心, 大金, 野生, 解放」를 들 수 있으며 한편, 한국에서는 지위상

승, 사업 번창, 권리 증대, 재물 증대, 출세, 아내의 임신, 행운, 순조로운 사업 등의 암시어가 주어지는 점을 해몽을 통해서 확인할 수 있었다.

둘째, 개울가에서 헤엄치는 잉어를 본 꿈(どぶ川を泳ぐ鯉)의 경우, 일본은「古色蒼然, 時代遅れ, 間違い, 後悔, 放棄, 敗訴, 調停, 係争, 水害, 台風, 望まぬ妊娠, 娘の恋人, 思想の対立, 宗教間の争い」등의 풍부한 암시어가 주어지는 반면에 한국의 경우는 사업의 번창, 좋은 성과라는 단 2개의 암시어만이 주어지는 점이 확인되었다.

셋째, 잉어가 펄쩍(팔딱팔딱) 뛰는 꿈(鯉が跳ねる/鯉が跳ねて水面から飛び出す)의 경우, 일본에서는「チャンス, 機会, きっかけ, 出会い, 片思い, 進学」등의 암시어가 주어지는 반면에 한국에서는 승진, 순조로운 사업, 아내의 임신, 지위 상승, 좋은 평가, 사업운 상승, 한단계 도약, 직책이나 직위의 상승, 주식투자 수익 상승 등의 다양한 암시어가 주어지는 점이 확인되었다.

넷째, 잉어를 먹는 꿈(鯉を食べる/鯉の洗いを食べる/鯉の料理を食べる)의 경우, 일본에서는「活力, 手術の成功, 完治, 進級, 昇進, 昇給, 結婚, 孫の誕生, 育成, 改造, 改革」등의 암시어가 주어지는 반면에 한국에서는 승진, 좋은 학교 입학, 좋은 직장 취업, 합격, 사업운 상승, 횡재수 등의 암시어가 주어지는 점이 확인되었다.

다섯째, 잉어떼를 보는 꿈(鯉が大量にいる/鯉がたくさんいる)의 경우, 일본에서는「有事, 投資, 不動産, 高騰, 暴落, バブル, 崩壊, 再生, 創業, 子供の成長」이라는 암시어가 주어지는 반면에, 한국에

서는 사업 성취, 귀인의 협력, 번성, 발전, 재물, 권리의 증대라는 암시어가 주어지는 점이 확인되었다.

여섯째, 폭포 위로 잉어가 뛰어오르는 꿈(鯉の滝登りを見る)의 경우, 일본에서는「出生, 才能, 経済的成功, 受賞, 合格, 臨時収入, 結婚, 玉の輿, 努力の成果, 脱出, 積極性, 健康」등의 암시어가 주어지는 반면에, 한국에서는 사업 번창, 사업의 호황, 사업의 성공, 명성을 얻을 자식의 잉태, 세상의 빛을 봄 등의 암시어가 주어지는 것이 확인되었다.

일곱째, 죽은 잉어를 보는 꿈(死んだ鯉を見る)의 경우, 일본에서는「事故, 訴訟, 離婚調停, 敗戦, 勝機を逃す, 事業の失敗, 消極性, 消火器疾患, 従順性」등의 암시어가 주어지는 반면에, 한국의 경우는 건강 악화, 질병, 병원 입원, 병세 악화, 부상, 죽음 등의 암시어가 주어지는 점이 확인되었다.

여덟째, 잉어가 뛰어 하늘로 날아가는(올라가는) 꿈(鯉が空を飛ぶ)의 경우, 일본에서는「長男, 飛行機, 移動, 手術の成功, 感激, 感動, 誘惑, 年上の女との情事, 無限, 性欲の亢進」등의 암시어가 주어지는 반면에, 한국의 경우는 승진, 명예 획득, 호전 등의 암시어가 주어지는 점이 확인되었다.

마지막으로 잉어를 낚는 꿈(鯉を釣る(釣り上げる))의 경우, 일본에서는「出世, 事業の成功, 脱出, 合格, 遺産相続, 支援者の登場, 進学, 出会い, 初体験, 投資の成功, 勝訴, 上京, 勝敗の行方, 完治, 出産」등의 암시어가 주어지는 반면에, 한국의 경우는 애인이 생김, 사업 투자 성과, 태몽, 자식의 명성, 머리 좋은 자식 잉태,

재물 증대, 금전 증대, 좋은 사업 아이템 떠오름 등의 암시어가 주어지는 점이 확인되었다.

8) 길몽(흉몽)의 비교

우선 일본의 잉어꿈 중에서 길몽으로 해몽되는 꿈을 제시하면 다음과 같다.

잉어가 건강하게 헤엄치는 꿈(鯉が元気に泳ぐ), 잉어가 펄떡거리는 꿈(鯉が跳ねる), 잉어가 펄떡거리며 수면에서 튀어 오르는 꿈(鯉が跳ねて水面から飛び出している), 잉어를 먹는 꿈(鯉を食べる(鯉の料理を食べる, 鯉の洗いを食べる)), 잉어를 손으로 잡는 꿈(鯉を手で掴む), 잉어를 포획하는 꿈(鯉を捕まえたり掴んだりする), 잉어가 폭포를 거슬러 올라가는 꿈(鯉の滝登りを見る), (비단)잉어를 낚는 꿈((錦)鯉を釣る), 잉어가 대량으로 있는 꿈(鯉が大量にいる), 잉어가 많이 있는 꿈(鯉がたくさんいる), 연못에 있는 잉어를 보는 꿈(池にいる鯉を見る), 잉어가 하늘을 나는 꿈(鯉が空を飛ぶ), 비단잉어를 보는 꿈(錦鯉を見る), 고이노보리를 보는 꿈(鯉のぼりを見る), 살찐 잉어를 보는 꿈(太った鯉を見る), 잉어가 수면에서 입을 벌리는 꿈(鯉が水面で口を開ける), 금색 잉어가 인상에 남는 꿈(鯉の金色が印象に残った夢), 붉은색 잉어가 인상에 남는 꿈(鯉の赤色が印象に残った夢), 검정색 잉어가 인상에 남는 꿈(鯉の黒色が印象に残った夢), 흰색 잉어가 인상에 남는 꿈(鯉の白色が印象に残った夢), 오렌지색 잉어가 인상에 남는 꿈(鯉のオレンジが印象に残った夢), 핑크색 잉어가 인상에 남는 꿈(鯉のピンクが印象に残った夢), 잉어를 키우는 꿈(鯉を育てる夢), 수면에서 잉어가 얼굴을 내밀고 입을 벌리는 꿈(水面から鯉が顔を出し口を開ける), 일본정원에서 잉어가 헤엄치는 꿈(日本庭園で泳ぐ), 잉어가 강에서 헤엄치는 꿈(川で泳ぐ), 거대한 잉어(비단잉어)를 보는 꿈(巨大な鯉を見る), 수조를 잉어가 헤엄치는 꿈(水槽を鯉が泳ぐ), 하구에서 헤엄치는 잉어를 보는 꿈(鯉を河口で見る)

둘째, 한국의 잉어꿈 중에서 길몽으로 해몽된 꿈을 제시하면 다음과 같다.

물속에서 헤엄치는(노는) 꿈, 잉어가 펄쩍(팔딱팔딱) 뛰는 꿈, 잉어를 먹은 꿈(죽은 잉어나 요리된 잉어를 먹은 꿈), 잉어가 집안에서 놀고 있는 꿈이나 손으로 잡는 꿈(큰 잉어를 잡는 꿈, 잉어를 산채로 잡는 꿈), 폭포 위로 잉어가 뛰어오르는 꿈, 강물에서 낚시로 잉어를 낚아올리는 꿈, 잉어떼를 발견한 꿈(연못에서 수많은 잉어가 노는 꿈), 잉어가 하늘로 날아가는 꿈, 잉어가 뛰어 하늘로 올라가는 꿈, 개울가에서 잉어가 헤엄치는 꿈, 커다란 잉어를 얻는 꿈, 비단잉어 잡는 꿈, 잉어를 놓아주는(방생하는) 꿈, 우물이나 연못에 잉어를 넣는 꿈, 잉어가 내 품에 들어오는 꿈, 붕어가 잉어로 변하는 꿈, 웅덩이에 검은 잉어를 집어넣는 꿈, 자신의 집 연못에 잉어를 집어넣는 꿈, 잉어를 붙잡아 그릇에 담아 물과 함께 넣는 꿈, 화장실 욕조 안에 잉어가 보이는 꿈, 호수에서 목욕을 하던 자식이 갑자기 잉어가 되어 폭포 위로 뛰어오르는 꿈, 잉어를 잡아 집안으로 가져오는 꿈, 매(물새)가 물위로 떠오르는 대형 잉어를 보고 순식간에 낚아채는 꿈, 물에서 잉어가 안개를 휘감고 나타나는 꿈, 물에서 나온 금빛잉어가 용이되어 구름속에서 불꽃 덩어리를 떨어뜨린 꿈, 붕어인줄 알았는데 잉어인 꿈, 안개 속에서 잉어가 점점 그 모습을 드러내는 꿈, 본인이 혹은 내 자식이 잉어로 변한 꿈, 잉어가 내 집안에서 노니는 꿈, 잉어가 용으로 변하는 꿈, 타고 있는 배 안에서 잉어를 얻는 꿈, 호수에서 목욕을 하던 딸이 갑자기 잉어가 되어 폭포 위로 뛰어오르는 꿈, 낚시로 맑은 물에서 신묘한 오색잉어를 낚아올리는 꿈, 물총새가 잉어를 낚아채는 꿈, 잉어를 피했으나 끝까지 따라와 자신의 치마폭에 안긴 꿈, 큰 잉어 세 마리 중에서 두 마리만 싱싱하게 살아 있는 꿈

셋째, 일본의 잉어꿈 중에서 흉몽으로 해몽된 꿈으로는 잉어를 토막내는 꿈(鯉を切る), 죽은 잉어를 보는 꿈(死んだ鯉を見る), 개천가를 헤엄치는 꿈(どぶ川を泳ぐ), 잉어를 놓치는 꿈(鯉を逃がす), 잉어가 달아나는 꿈(鯉が逃げる), 노란색 잉어가 인상에 남는 꿈(鯉の黄色が印象に残った夢), 축 늘어진 잉어를 보는 꿈(弱った鯉を見る), 회색의 잉어가 인상에 남는 꿈(鯉の灰色が印象に残った夢), 잉어에게 습격당하는 꿈(鯉に襲われる), 잉어에게 물리는 꿈(鯉に噛まれる), 잉어가 자신을 노려보는 꿈(鯉に睨まれる), 잉어가 죽는 꿈(錦鯉が死ぬ) 등을 들 수 있다.

마지막으로 한국의 잉어꿈 중에서 흉몽으로 해몽된 꿈을 제시하면 다음과 같다.

잉어를 도마 위에 올려놓고 토막내어 죽이는 꿈, 죽은(죽어가는) 잉어를

보는 꿈, 잡고 있던 잉어를 놓치는 꿈, 잉어는 잡았으나 보관할 곳이 없는 꿈, 잉어를 놓쳐서 딸에게 떨어지는 꿈, 잉어가 사라지는 꿈, 잉어를 놓치고 송사리만 잡는 꿈, 잉어를 사가지고 오다가 땅에 떨어뜨리는 꿈, 임산부의 꿈에 큰 잉어가 자기 앞으로 헤엄쳐 오다가 사라지는 꿈, 잉어를 칼로 회치다가 살을 베는 꿈, 잉어를 잡으려 했으나 다른 물고기만 잡히는 꿈, 잉어가 헤엄치다가 사라지는 꿈, 잉어를 도마위에 올려놓고 쳐 죽이는 꿈, 잉어를 사가지고 오다가 땅에 떨어뜨리는 꿈, 잉어가 휩쓸려 내려가는 꿈, 큰 고래만한 잉어가 자신에게 다가오다가 어느 틈에 바다로 가버리는 꿈

5. 마치며

원래 경관이라 함은 시내 외 풍경이나 자연을 담은 사진과 같은 외관적인 비쥬얼, 즉 물리적 경관을 의미한다. 그러나 눈을 감아도 인간의 내면에 들어 있는 풍경, 신앙, 편견, 가치관 등등의 추상적 이미지(멘탈 이미지)도 정신적 경관이라 하여 경관 연구에 중요한 테마가 되는 것을 선행연구를 통해서 볼 수 있었다. 정신적 경관이 물리적 경관과 마찬가지로 중요한 것은 모두 인간(일본인)의 문화적 배경과 가치관을 이해하는 데에 유용하기 때문이다. 즉 물리적 경관이나 정신적 경관 모두 배제하거나 혹은 어느 한 쪽을 배제하는 것보다 양 쪽 모두를 시야에 넣어 연구하는 쪽이 훨씬 유익하다.

이에 본 장에서는 잉어 이미지, 잉어꿈의 보편성, 개별성, 현실성, 꿈을 꾼 주체의 역할, 암시어, 길몽(흉몽) 등을 비교하는 방식으로 일본인들의 정신적 경관(문화적 배경과 가치관)을 고찰하였다. 금후 물리적 경관과 정신적 경관에 관련한 후속연구가 많이 나오길 기대해본다.

제12장 조선 식민통치를 통해서 본 일본사정

1. 시작하며

본 장은 일제강점기 시대의 우리말 광고와 일본어 광고를 분석한 것이다. 분석 자료로는 다양한 자료가 있겠으나 본 장에서는 1923년(1월호)부터 1934년(4월호)까지 발행된 신여성(新女性) 잡지(이하 신여성으로 약칭한다.)에 게재된 광고를 분석하였다. 신여성을 분석한 이유는 두 가지이다. 하나는 신여성이 다른 잡지에 비해 당시 여성들의 교양과 대중문화, 이슈들을 가장 밀도 있게 담고 있는 것으로 판단되었기 때문이고, 다른 하나는 신여성이 지니는 대중적 인기에 편승하여 많은 광고들이 게재되었을 것으로 판단하기 때문이다.

본 장에서 한국어와 일본어 광고를 신여성을 통해서 분석한 데에는 세 가지 목적이 있다. 첫 번째의 목적은 신여성에 게재된 일본어 광고를 통해서 일본의 독점자본주의 실태를 살펴보는 것이다. 일본이 1910년에 한일합방을 시행하여 조선이 일본의 식민지가 된 배경에는 일본의 독점자본주의 체재를 구축하고자 한 것과 무관하지 않다. 이 시기에 일본은 국내에서 과잉생산된 상품을 독점적으로 공급할 수 있고, 값싼 노동력과 원료를 구할 수 있는 식민지들이 필요했는데, 그중의 하나가 바로 조선이었던 것이다.* 즉 정치적인 목적도 달성함과 동시에 경제적인 실리를 챙기는 것도 식민지 지배를 결행한 주요한 동기였다. 두 번째의 목적은 시대별, 품종별로 광고를 분류하여 당시의 일본사정(경제사정)을 이해하는 것이다. 마지막 목적은 신여성에 게재된 광고의 표기와 광고 내용을 들여다봄으로써 당시의 다양한 일본사정과 조선사정을 이해하는 것이다.

2. 신여성의 개요 및 선행연구

우선 신여성의 개요를 보도록 하자. 신여성은 천도교의 신진세력들이 중심이 되어 설립한 개벽사(開闢社)에서 1923년에 출간한 것이다. 신여성은 여학생이나 여학교를 졸업한 여성들로부터 많은 호응을 얻으며 10여년간 발행되다가 1934년 4월에

* 최진기의 '실감나는 제2차 세계대전' 강의에서 인용함. 사이트 주소는 참고문헌에 명시함. 김용조(2006:22-24)에도 같은 논조의 글이 실려 있다.

〈신여성 1933년 7월호〉

〈신여성 1934년 양춘호〉

통권 72호로 폐간된다. 초대 편집인은 박달성 선생이 맡았으며, 통권 3호부터 방정환 선생이 편집을 맡았다. 이후 김옥빈, 이정호, 박달성, 손진태, 윤석중 등이 편집을 맡은 것으로 전해진다. 신여성을 보면 여성이나 여학생들이 쓴 육아, 위생, 연애, 결혼, 부부문제 등과 같은 당시의 생활상을 쉽게 이해할 수 있다.*

선행연구로는 김수진(2009)과 연구 공간 〈수유+너머〉 근대매체연구팀(2007)의 연구를 들 수 있다. 먼저 김수진(2009:130)은 신여성이 당시의 신여성 담론을 생산하는 중심적인 역할을 수행하는 공간임을 주장였다. 이하 김수진(2009:130-214)에서 논의된 내용을 개략적으로 정리하면 다음과 같다.

일제강점기 시대에 발간된 잡지로는 신여성을 비롯하여 '가뎡잡지', 女子之男, '자선부인회잡지', '우리의 가뎡', 女子界, 女

* 김수진(2009:141, 164-188)을 참조할 것.

子時論, 新女子, '신가정', 家庭雜誌, 婦人, '부인계', 性愛, 婦女之光, '부인', 活婦女, 長恨, '백합', 婦女世界, 朝鮮婦人, 現代婦人, 女性之友, 槿友, 女性時代, 女性朝鮮, 新光, 家庭公論, 婦人公論, 婦女世界, 女人, 愛衆, 萬國婦人, 新家庭, 樂園, 女聲, 女性, '현대여성' 등이 있었다.

신여성의 편집 원리와 편집 체계가 우선 핵심독자층으로서 여성운동의 다양한 이념을 지향하였기 때문에 계몽적 대중지의 성격이 강하였다. 둘째, 신여성은 여성해방 사상과 같은 이념 지향적인 내용과 평행하여 요리나 살림정보, 육아 관련 지식 등과 같은 실용적인 기사들도 대거 포함하였다.

신여성에 실린 읽을거리는 크게 논설류, 수필류, 취미기사류, 기사류, 문예류, 사고류, 광고 등으로 분류된다 . 우선, 논설류는 논설(논설, 장편(掌篇)논설, 번역(번안)논설), 평론류(시사평론, 설문, 좌담, 촌평), 논문류(논문, 시사해설, 강의, 번역(번안, 논문)으로 나뉜다. 둘째, 수필류는 수필, 장편(掌篇)수필, 기행문, 감상문으로 나뉘며, 셋째, 취미기사류는 기록서사(수기, 실화, 보고형 서사, 정탐류), 야담류(사화, 설화, 야담), 콩트류(콩트, 만화), 격언류(격언, 처세담)로 나뉜다. 넷째, 기사류는 기사(일반기사, 인물기사, 가십, 소식, 탐방, 번역(번안), 기사), 시각류는 사진, 그림, 생활정보로, 정보는 문화정보, 시사정보로 나뉜다. 다섯째, 문예류는 문예(시, 소설, 희곡), 동화 및 노래(노래, 동화, 동요, 번역소설), 번역번안 문예(번역동화, 번안소설, 번역희곡, 번안동화, 번역시, 번안희곡)로 나뉜다. 여섯째, 사고류는 사고(표지, 사고), 독자란(독자문답, 독자소식), 편집후기로 나뉘며, 마지막으로 광고가 있다. 이들 내용의 수준은 최소한 보통학교를 졸업한 정도의 문식력을 지닌 여학생 및 여성이라면 누구라도 충분히 이해할 수 있으며, 식자층에 속하는 독자들은 그 내용 수준이 너무 낮아 다소 불만이 있었던 것으로 전해진다.

이와 같이 김수진(2009)은 신여성 잡지에 게재된 논설류, 수필류, 취미기사류, 기사류, 문예류, 사고류의 내용에 대해서는 자세히 고찰하고 있어 신여성의 편집 방향과 구조를 이해하는 데에 큰 도움을 주기는 하지만 정작 당시의 경제상을 알 수 있는 한국어(일본어) 광고 내용은 전혀 논의하지 않았다. 따라서 시대별, 품종별로 분류한 광고를 통하여 당시 일본과 조선의 경제 사정을 이해할 수 없다는 문제점을 지적할 수 있다.

그다음으로 〈수유+너머〉 근대매체연구팀(2007)은 부록(02)에서 신여성에 나타난 광고의 다양한 특징을 고찰하였다. 먼저 신여성에 나타난 광고는 목차와 본문 사이에 광고와 사진 화보가 여러 가지 유형으로 삽입되었으며, 한 페이지 전면에 광고가 들어간 것도 있는가 하면, 한 페이지 안에 여러 광고가 들어간 것도 있고, 본문 중에 박스형으로 광고가 들어가기도 했다고 지적하였다. 1926년까지는 매호당 광고가 5-6개에 불과하였으나 1931년 이후부터는 광고가 매호 15개-20개에 늘어났다고 지적하였다. 그리고 광고 게재수의 증가와 함께 사진과 그림이 들어간 광고가 나타나기 시작했고, 기사형 광고도 눈에 띈다고 지적하였다. 광고 상품도 초기에는 '어린이'나 '사랑의 선물'과 같이 개벽사에서 발간하는 잡지가 주축을 이루었으나 1930년대에 접어들면서 약품과 화장품, 손난로, 사진기, 레코드, 월경대, 음료, 조미료, 잡화상, 백화점, 시계점, 병원, 사진관, 음식점, 영화 광고와 같이 다양한 광고가 등장한다고 지적하였다. 또 표지와 더불어 광고에 여성의 얼굴이 많이 나타나며, 상품명을 일본어 그대로 표기하는 광고가 많이 보인다고 지적하였다.

그런데 〈수유+너머〉 근대매체연구팀(2007)의 이러한 지적은 이 시기에 등장한 광고의 성격을 충분하게 설명한 것임에는 틀림없지만, 그러나 몇 가지 미흡한 점이 있다. 첫째, 〈수유+너머〉 근대매체연구팀(2007)에서는 신여성 발간 초부터 폐간에 이르기까지 연도별로 광고 게재 건수를 구체적으로 밝히고 있지 않다. 1926년까지는 매호당 광고가 5-6개에 불과하였으나 1931년 이후부터는 광고가 매호 15개-20개에 늘어났다고 지적하는 것만으로는 신여성의 발행을 통해 개벽사의 광고 양상을 정확하게 가늠하기 어렵다(3절에서 상술한다.).

둘째, 연도별로 구체적으로 어떠한 상품이 광고되었는지를 알 수 없다는 문제점이 있다. 물론 1920년대에 '어린이'나 '사랑의 선물'과 같이 개벽사에서 발간하는 잡지가 주축을 이루며, 1930년대에 들어서면서 약품과 화장품, 손난로, 사진기, 레코드, 월경대, 음료, 조미료, 잡화상, 백화점, 시계점, 병원, 사진관, 음식점, 영화 광고와 같이 다양한 광고가 등장한다고 언급은 한다. 그러나 구체적으로 어떠한 이름의, 어떠한 상호를 지닌 광고가 게재되었는지에 대한 언급은 전혀 없다. 또 1920년대에 '어린이'나 '사랑의 선물' 등의 잡지만 광고로 나온 것은 아니다.

당시의 시대적 배경(일본사정 및 조선사정)을 이해하기 위해서는 상품명이나 상호를 구체적으로 면밀히 살펴볼 필요가 있다(4절에서 상술한다.). 마지막으로 상품명이 번역 없이 일본어 그대로 표기되었다고 지적하는데, 이 지적만으로는 어떠한 상품이 어떠한 문자로, 어떠한 문자의 조합으로 표기가 되었는지를 알 수 없다. 한자, 히라가나, 가타카나, 한글 등의 문자가 구체적으로 무엇을 어떻게 표기하였는지를 낱낱이 살펴볼 필요가 있는데, 〈수유+너머〉 근대매체연구팀(2007)에서는 이러한 노력이 전혀 보이지 않는다(5절에서 상술한다.).

3. 연도별로 본 광고 게재 건수

그러면 신여성에 나타난 광고를 연도별로 살펴보도록 하자. 〈표 1〉은 1923년 1월에서 1926년 10월까지 신여성에 게재된 광고 건수이다. 본 저자는 동일 상품이 2회 이상 게재된 경우, 1회 게재된 것으로 간주하였다.

〈표 1〉 연도별 광고 건수(1923.1-1926.10)

연도	1923.1	1924.4	5	6	7	8	10	11	12	1925.1	2	5
건수	1	1	3	4	5	0	1	2	1	1	4	3
연도	6/7	8	10	11	1926.1	3	4	6	7	8	9	10
건수	2	1	1	4	4	5	2	2	1	5	3	2

잘 나가던 신여성이 1926년 10월에 갑자기 정간된다. 신여성의 지면은 대략 80면에서 100면, 가격은 20전에서 30전 사이였다. 발행 부수는 2천부에서 5천부 사이였던 점을 감안하면 정간될 이유가 없었지만 신여성 외의 다른 잡지도 다수 발행하던 개벽사가 다른 잡지의 판매세 둔화로 재정적 타격을 입었기 때문에 부득이 신여성을 정간할 수밖에 없었던 것으로 전해진다.* 〈표 1〉에 나타난 광고 게재 건수가 평균 2.3회인 것을 감안하면, 당시 개벽사의 재정 안정에 신여성의 발간이 크게 기여하지는 못했을 것으로 추측된다.

개벽사의 재정 악화로 정간에 들어간 신여성은 휴간을 계속하다가 그로부터 약 4년 후, 즉 1931년 4월부터 1934년 4월호까지 3년간 출간을 이어간다. 〈표 2〉를 보면 〈표 1〉과는 달리 상당히 많은 광고가 게재된 것을 알 수 있다.

〈표 2〉 연도별 광고 건수(1931.4-1934.4)

연도	1931.4	5	6	10	11	12	1932.3	8	10	11	1933.1	2
건수	1	3	10	9	14	16	18	17	19	19	10	8
연도	3	4	5	6	7	8	9	10	12	1934.1	4	평균
건수	17	13	18	12	14	12	13	15	19	12	18	13.3

〈표 2〉를 보면 1931년 이후에 게재된 광고 건수는 평균

* 신여성의 지면 수, 발행 부수, 권당 가격, 1926년 당시의 개벽사 재정 상태 등은 김수진(2009:157-164)에서 인용한 것이다.

13.3건에 달하는 것을 볼 수 있다. 이 수치는 1926년 10월호까지 게재된 평균 광고 게재 건수 2.3건보다 7배나 많은 것이다. 이것은 신여성에 대한 일반 독자들의 선호도가 매우 높았으며 광고주가 그러한 세태를 정확하게 파악하고 있었음을 말해주는 것이라고 하겠다. 이는 1931년 2월호에 발행된 별건곤 잡지에 신여성이 발간된 지 7일 만에 절판되었다는 내용이 게재된 사실에서도 뒷받침된다.* 물론 이러한 현상이 발생한 이면에는 조선의 경제사정이 1920년대에 비해 훨씬 좋아진 것도 한몫을 하였으리라 생각된다.

4. 연도별로 게재된 광고 내역

1930년대에 들어서면서 신여성에 게재된 광고 건수가 비약적으로 증가한 것을 통해 신여성에 대한 선호도가 높아진 점, 당시 조선의 경제사정이 좋아진 점을 아는 것은 물론 중요하다. 그러나 이것만으로는 당시의 시대 상황을 세밀히 파악하기란 어렵다. 당시의 시대 상황, 즉 일본사정이나 조선사정을 이해하기 위해서는 연도별로 어떠한 광고들이 등장했는지를 구체적으로 살펴볼 필요가 있다.

1920년대에는 주로 잡지 및 서적, 손난로, 임신 장애약, 비타

* 김수진(2009:163)에서 인용하였다.

민 드링크, 부인병약, 머릿기름약, 두통약, 화장품, 상점, 번역서, 한방강장제, 생리약 광고가 대부분이었다. 그리고 그 종류도 매우 빈약한 편이었다. 그러나 1930년대에 들어서면서 잡지 및 서적, 각종 약품을 비롯한 다양한 상품들이 대거 등장한다. 다양한 종류의 잡지, 다이어트 약, 카메라, 다양한 종류의 머릿기름약, 화장품, 가정상비약, 머리염색약, 부인병약, 생리약, 감기약, 어린이 감기약, 모발영양제, 폐렴약, 중풍약, 빈혈 및 두통약, 피부약, 여드름약, 귀금속 가게, 영어교재, 축음기판, 성적장애 치료원, 시집, 산부인과병원, 음악연구생 모집, 사진관, 동요작곡집 등의 광고가 보인다. 오늘날에도 쉽게 볼 수 있는 상품 광고가 이미 1930년대에 등장하는 것으로 보아 이 시기에 조선사회가 본격적인 근대화의 길로 접어든 것으로 유추해 볼 수 있다. 그러면 이하의 절에서는 연도별로 신여성에 게재된 광고 내역을 구체적으로 살펴보도록 하겠다.

1923년 1월호와 4월호에는 개벽사에서 발행한 '어린이' 잡지가 광고로 등장한다. 지금으로부터 약 91년 전에 어린이의 인권을 강조한 잡지가 발행된 사실이 참으로 놀랍다. 1924년 5월호와 6월호에는 개벽사에서 발행한 '사랑의 선물-세계명작동화집'과 社会主義学説講解 서적 광고가 등장한다. 출판물에 대한 일제의 검열이 무자비하게 이루어졌을 것으로 추측되는 당시에 사회주의에 관련한 서적이 출판되고 광고된 사실이 매우 흥미롭다. 또한 金星社에서 발행한 잡지 金星 창간호 광고가 등장하며, 손난로 하쿠킨 손난로(ハクキン懐爐)와 생리와 임신 장애약인 오호루민(オオホルミン)이 등장한다. 1924년에 가타카나 문자로 표기된 광고가 등장하기 시작하였다. 1924년 7월호에는 잡지 開闢 8월호, 보혈강장제(補血强壯劑), 즉 비타민 드링크인 포리타민(ポリタミン), 부인병 치료약 美神丸, 손난로 하쿠킨 손난로(ハクキン懷爐), 머릿기름약 金鶴香油 광고가 등장하였다. 1924년 10월호와 11월호에는 개벽사에서 발행한 '어린이'와 養毛料 즉 모발영양제인 메누마포마드(メヌマポマード)와 스킨 헤치마코론(ヘチマコロン)과 화장품 헤치마크림(ヘチマクリーム)이 등장한다. 1925년 1월호, 2월호, 5월호에는 '어린이' 2월호, 어린이날 기념호와 人乃天 잡지, 萬年商會, 德元商店, 東洋百貨店, 婦人病者の心得 광고가 등장한다. 1925년 시점에서 이미 어린이날이 있었으며, 인권의식을 강조한 人乃天 잡지가 광고로 등장하는 사실이 매우 흥미롭다. 1925년 6월호, 7월호, 8월호, 10월호, 11월호에는 開闢 6월호 京城號와 12월호, 신여성 9월호 구독 광고, 社会主義学説大要 광고가 게재되었다. 또한 李敦化가 저술한 人乃天, 金起田이 저술한 朝鮮之偉人, 鄭栢이 저술한 社会主義学説 광고가 게재되기도 하였다.

1926년 1월호에는 '어린이' 잡지 신년호, 朝鮮農民 신년호, 두통약인 노신(ノーシン) 광고가 등장한다. 1926년대의 농민의 삶을 들여다볼 수 있는 朝鮮農民이라는 잡지가 있었다는 사실이 매우 흥미롭다. 1926년 3월호, 4월호, 6월호, 7월호, 8월호, 9월호, 10월호에는 잡지 社会主義와 '어린이' 3월호와 4월호 그리고 7월호, 新女性 4월호, 8월호, 9월호 광고가 게재되었다. 또한 개벽사에서 출간한 '세계아동작품전', 개벽사에서 발행한 방정환 先生의 '사랑의 선물', 부인병 치료약인 喜谷實母散, 두통약인 노신(ノーシン), 생리약인 쓰키야쿠(月やく), 中西伊之助가 저술하고 李益相씨가 번역한 번역서 '汝等의 背後에서'라는 광고가 게재되었다. 友助堂時計鋪, 谷山商會, 한방강장제인 百補丸, 京城堅志町에 소재한 平和堂株式会社가 광고로 등장한다. 1926년 시점에서 세계아동작품, 부인병 치료약, 생리약, 한방강장제, 번역서가 등장하는 사실이 매우 놀랍다. 京城堅志町라는 일본식 지명이 있다는 사실이 매우 흥미롭다. 그리고 생리약 쓰키야쿠(月やく)에는 쓰지노미사에(辻野みさえ)라는 일본인 이름이 등장하는 것으로 보아 이 사람이 당시의 생리약 개발에 관련된 사람이라는 사실을 추측해볼 수 있다.

1931년 5월호와 6월호에는 신여성 7월호와 '어린이' 6월호, 彗星 잡지 6월호와 別乾坤 6월호 광고가 게재되었다. 일본의 昭文堂에서 발행한 枕草子, 오늘날 파운데이션에 해당하는 구라부오시로이(クラブ白粉), 다이어트 약인 中容丸, '가데이' 사진기 광고가 게재되었다. 1931년이라는 시대에 다이어트약이 등장하는 것이 매우 이채롭다.

1931년 10월호와 11월호에는 別乾坤 10월호, 別乾坤 11월호, '어린이' 11월호, 彗星 10월호와 11월호 광고가 게재되었다. 한편 여성용 머릿기름약 金鶴香油와 화장품인 白色美顔水, 헤치마크림(ヘチマクリーム), 가정상비약인 銀粒仁丹, 염색약인 기미가요(君が代), 생리약인 겟케이 산가(月經サンが), 오호루민(オオホルミン),

쓰키야쿠(月やく), 스가루민(スガルミン), 부인병약인 喜谷實母散 광고가 게재되기도 하였다. 화장품과 생리약의 품종이 다양해짐으로써 동일 품종의 판매 경쟁이 이미 이 시기에 펼쳐지고 있는 것을 확인할 수 있다. 1931년 12월호에는 잡지로 彗星 12월호 광고가 게재되었으며, 화장품으로는 메누마크림(メヌマクリーム), 白色美顏水 헤치마크림(ヘチマクリーム) 광고가 게재되었다. 모발영양제로는 메누마 포마드(メヌマポマード)가, 염색약으로 루리하(ルリ羽) 광고가 게재되었다. 생리약으로는 月経, 오호루민(オオホルミン) 광고가 게재되었으며, 어린이 감기약으로 감피론(カンピロン) 광고가 처음으로 등장한다. 머릿기름약인 金鶴香油, 머리 염색약인 기미가요(君が代), 가정상비약인 銀粒仁丹 광고가 여전히 등장하며 폐렴약인 도리아논(トリアノン)이 처음으로 등장한다. 임신약인 '아이 배는 약초' 광고가 등장한다. 중풍약 서적을 무료로 배송한다는 광고도 확인된다.

1932년 3월호에는 別乾坤 3월호, 彗星, 신여성, '어린이' 잡지 구독 광고가 게재되었다. 朝鮮料理製法, 朝鮮裁縫全書, 裁縫参考書, '女性生活은 엇던가', '산아조절의 정법', '過去社会와 婦人'이라는 책자 광고가 처음으로 등장하며, 머릿기름약인 메누마 포마드(メヌマポマード), 염색약인 기미가요(君が代), 루리하(ルリ羽) 광고가 게재되었다. 생리약인 오호루민(オオホルミン), 부인병 및 자궁 관련 약품인 '와기도랑' 광고가 게재되었다. 머릿기름약인 金鶴香油, 가정상비약인 銀粒仁丹, 화장품인 白色美顏水, 메누마 크림(メヌマクリーム) 광고가 여전히 등장하며, 빈혈 및 두통약인 '피구마', 감기약인 實效散 광고가 처음으로 등장하였다. 그리고 삼성금비녀와 귀이개를 취급하는 三星堂 광고가 처음으로 등장하였다. 1932년 3월 시점에서 귀금속을 취급하는 三星이라는 상호가 등장한다. 삼성그룹의 창업자 이병철씨는 삼성상회를 1938년에 창업한 것으로 알려져 있는데*, 이 상호가 오늘날의 삼성과 관계가 있는지는 잘 모르겠다. 1932년 9월호에는 別乾坤 8월호와 第1線 8월호, 오늘날의 선크림에 해당하는 헤치마코론(ヘチマコロン), 화장품인 明色美顔白粉 광고가 게재되었으며, 머리 염색약 기미가요(君が代), 머릿기름약 金鶴香油, 모발영양제인 사유리요모토니쿠(サユリヨウモトニック), 생리약 오호루민(オオホルミン), 부인병 치료약 命之母, 가정상비약인 銀粒仁丹, 피부약인 一二三, 부인병약인 中將湯과 '와기도랑' 광고가 게재되었다. 그 외에 영어교재로 井上英語講義錄 광고가 처음으로 등장하기도 하였다. 1932년 10월호에는 別乾坤 10월호와 第1線 10월호 구독 광고가 게재되었으며, 부인병 치료약인 喜谷實母散, '와기도랑', 가정상비약인 銀粒仁丹, 생리약인 오호루민(オオホルミン), 아기태독제 小兒解毒散, 머리염색약 기미가요(君が代), 머릿기름약 金鶴香油, 화장품 헤치마크림(ヘチマクリーム), 헤치마코론(ヘチマコロン), 明色美顔白粉, 손난로 하쿠킨 손난로(ハクキン懷爐), 영어교재 이노우에 영어강의록(井上英語講義錄) 광고가 여전히 게재되었으며 松葉飴·生食法·心療術·新職業 관련 책자 광고가 처음

* 위키백과(2016.12.27.)에서 인용함. 사이트 주소는 참고 사이트에 명시함.

으로 등장하였다. 1932년 11월호에는 別乾坤과 第1線 11월호 구독 광고가 게재되었다, 모발영양제 사유리 요모토니쿠(サユリヨウモトニック), 화장품 헤치마크림(ヘチマクリーム)과 헤치마코론(ヘチマコロン), 머리염색약 기미가요(君が代)와 루리하(ルリ羽), 머릿기름약 金鶴香油, 부인병약 '와기도랑'과 中將湯, 喜谷實母散, 생리약 오호루민(オオホルミン), 감기약 實效散, 가정상비약 銀粒仁丹의 광고가 여전히 게재되고 있었다.

1933년 1월호에는 第1線 신년호 구독광고가 게재되었으며, 아지노모토(味の素)라는 조미료 광고가 처음으로 등장한다. 감기, 폐렴, 백일해 치료와 관련한 全快法 책자 광고, 許信醫院이라는 산부인과 병원 광고가 처음으로 등장한다. 그 외에 화장품 明色美顔白粉, 머리염색약 루리하(ルリ羽)와 기미가요(君が代), 머릿기름약 金鶴香油, 부인병 '와기도랑', 가정상비약 銀粒仁丹 광고가 게재되었다. 1933년 2월호에는 '어린이' 2월호 구독광고가 게재되었으며, 감기약 實效散, 가정상비약 銀粒仁丹, 머릿기름약 金鶴香油, 화장품 明色美顔白粉, 머리염색약 기미가요(君が代), 부인병 中將湯, 어린이 감기약 감피론(カンピロン), 산부인과 병원 許信醫院, 손난로 하쿠킨(ハクキン) 등의 광고가 게재되었다. 1933년 3월호에는 人乃川 신간 광고가 실렸으며, 가정상비약 페루메루(ペルメル), 내복약 영양제 와카모토(錠剤わかもと), 생리약 오호루민(オオホルミン), 가정상비약 銀粒仁丹, 염색약 루리하(ルリ羽), 성적 장애 치료원 起生園 광고가 실렸다. 부인병 '와기도랑', 머릿기름약 金鶴香油, 머리염색약 기미가요(君が代), 부인병약 中將湯, 감기약 實效散, 산부인과 병원 許信醫院, 화장품 구라브 오시로이(クラフ白粉)와 明色美顔白粉, 조미료 아지노모토(味の素), 임산부 필독서 安産實話 등의 광고가 게재되었다. 1933년 4월호에는 別乾坤 4월호 구독 광고를 비롯하여, 두통약 노신(ノーシン), 성적 장애 치료원 起生園, 생리약 오호루민(オオホルミン), 부인병약 '와기도랑', 가정상비약 銀粒仁丹, 머릿기름약 金鶴香油, 머리염색약 기미가요(君が代), 화장품 明色美顔白粉, 감기약 實效散, 산부인과 병원 許信醫院 광고가 실렸으며, '이 世上 망할 世上'이라는 레코드 출시를 알리는 광고가 실리기도 하였다. 1930년대에 들어서서 다양한 상품의 등장으로 조선의 사회 정세가 매우 긍정적인 방향으로 흘러가는 듯하지만, '이 世上 망할 世上'이라는 음반을 보면 반드시 그렇지만은 않은 듯하다. 1933년 5월호에는 別乾坤 잡지, '어린이' 잡지, 가정상비약 銀粒仁丹와 페루메루(ペルメル), 내복약 영양제 와카모토(錠剤わかもと), 생리약 오호루민(オオホルミン), 머릿기름약 金鶴香油, 머리염색약 루리하(ルリ羽)와 기미가요(君が代), 산부인과 병원 許信醫院, 성적 장애 치료원 起生園, 화장품 明色美顔白粉, 여드름 치료제 美顔水, 부인병약 中將湯, 감기약 實效散, 시에론 레코드판, 조미료 아지노모토(味の素) 등의 광고가 게재되었다. 1933년 6월호에는 '어린이'와 人乃川 6월호 구독광고, 부인병약 '와기도랑'과 中將湯, 가정상비약 銀粒仁丹, 여드름치료제 美顔水, 감기약 實效散, 화장품 비간뉴마(美顔ユーマー), 明色美顔白粉, 머릿기름약 金鶴香油, 머리염색약 기미가요(君が代), 윤석중 동시집 '잃어버린 댕기' 광고가 실리기도 하였다. 1933년 7월호에는 婦人公論 7월호, 尹石重 童詩集 '잃어버린 댕기', 부인병 치료약 '와기도랑', 中將湯, 가정상비약 銀粒仁丹, 산부인과 병원 許信醫院, 피부약 一二三(피부약), 머릿기름약 金鶴香油, 머리염색약 기미가요(君が代)와 루리하(ルリ羽), 조미료 아지노모토(味の素), 여드름 치료약 니키비토리 비간수이(にきびとり美顔水), 시에론(圓레코드) 광고가 실렸다. 1933년 8월호에는 新女性 9월호, 尹石重 童詩集 '잃어버린 댕기', 부인병 치료약 '와기도랑', 생리약 世界的流經靈スター, 가정상비약 銀粒仁丹, 머릿기름약 金鶴香油, 머리염색약 기미가요(君が代), 여드름 치료제 니키비토리 비간수이(にきびとり美顔水), 피부약 一二三, 산부인과 병원 許信醫院, 화장품 비간뉴마(美顔ユーマー) 광고가 게재되었다. 1933년 9월호에는 부인병 치료약 中將湯, 가정상비약 銀粒仁丹과 페루메루(ペルメル), 머릿기름약 金鶴香油, 머리염색약 기미가요(君が代)와 루리하(ルリ羽), 안약 '르－도', 화장품 헤치마코론(ヘチマコロン), 研友寫眞館, 조미료 아지노모토(味の素), 시에론 레코드판, 大東音樂協會 음악연구생 모집 광고가 게재되었다. 1933년 10월호에는 잡지 別乾坤, 新女性 11월호, 화장품 헤치마코론(ヘチマコロン), 비간뉴마(美顔ユーマー), 머릿기름약 金鶴香油, 머리염색약 기미가요(君が代), 여드름 치료제 니키비토리 비간수이(にきびとり美顔水), 부인병약 '와기도랑', 中將湯, 생리약 오호루민(オオホルミン), 가정상비약 銀粒仁丹, 산부인과 병원 許信醫院, 研友寫眞館, 시에론 레코드판 광고가 실렸다. 1933년 12월호에는 '어린이'와 別乾坤 12월호와 1월호,

新女性 신년호, 開闢社에서 출간한 中國短篇小說集, 別乾坤 朝鮮자랑, 동요작곡집 갈잎피리, 朝鮮之偉人, 가정상비약 페루메루(ペルメル), 銀粒仁丹, 내복약 '정제와 아모드', 研友寫眞館, 머릿기름약 金鶴香油, 머리염색약 루리하(ルリ羽), 기미가요(君が代), 안약 '르-도', 화장품 헤치마코론(ヘチマコロン), 기침감기약 감피론(カンピロン), 實效散, 시에론 레코드, 산부인과 병원 許信醫院 등의 광고가 게재되었다.

1934년 1월호에는 研友寫眞館, '어린이' 잡지, 루리하(ルリ羽), 許信醫院, 金鶴香油, 實效散, 감피론(カンピロン), 헤치마코론(ヘチマコロン), 銀粒仁丹, 味の素, '로-드' 안약 등의 기존 광고가 확인되며 朝鮮信託이라는 금융회사 광고가 처음으로 등장한다. 1934년 4월호에는 '어린이'와 別乾坤 4월호, 尹石重 童詩集 '잃어버린 댕기', 銀粒仁丹, 金鶴香油, 中將湯, 許信醫院, 實效散, 루리하(ルリ羽), 아지노모토(味の素), '로-드' 안약, 영양제인 '錠劑와카모도', 와기도랑 등의 기존 광고가 확인되며, 축음기판인 '오케-레코드', 신작민요인 '시에론 레코드'라는 음반이 처음으로 등장하기도 한다.

5. 품종별 광고 분류

이 절에서는 1923년 1월호에서 1934년 4월호까지 실린 광고를 품종별로 살펴보고자 한다. 신여성에 게재된 광고를 품종별로 분류하여 그 수치를 제시하면 전체 93건 가운데, 잡지가 11건(12%), 도서가 17건(18%), 약품이 33건(35%), 화장품이 12건(13%), 점포 9건(10%), 음악 5건(5%), 기타 6건(6%)으로 나타났다. 약품과 화장품이 각각 35%와 13%로 전체의 48%를 차지하는 것을 알 수 있다. 약품(28건)과 화장품(12건)은 한방약을 제외하고는 일본 제품인 것으로 판명되었다. 당시의 일제강점기 하에서 기술적으로, 자본이 부족한 상태에서 조선이 직접 고부가가치를 지닌 약품과 화장품을 제조하기가 어려웠을 것으로 생각된다. 이것은 큰 자본이 필요 없는 잡지나 도서, 점포, 음악 등의 품목들이 대부분 조선에서 생산된 사실에서도 뒷받침된다.

우선 잡지를 보면 '어린이', 開闢, '신여성', 彗星, 人乃天, 朝鮮農民, 婦人公論, 別乾坤, 第1線, 金星, 社会主義 등이 있었다.

둘째, 도서인데 개벽사에서 발행한 '사랑의 선물–세계명작동화집', '社会主義学説講解', '社会主義学説大要', 中國短篇小說集, 別乾坤 朝鮮 자랑, 동요 작곡집 '갈잎피리', 朝鮮之偉人 등이 있었고, 무료 책자인 婦人病者の心得, 中西伊之助가 저술하고 李益相이 번역한 번역서 '汝等의 背後에서'가 있었다. 또한 일본의 昭文堂에서 발행한 枕草子가 있었으며, 朝鮮料理製法, 朝鮮裁縫全書, 裁縫参考書, '女性生活은 엇던가', '過去社会와 婦人', 임산부의 필독서인 安産實話, 尹石重 童詩集인 '잃어버린 댕기'가 있었다.

셋째, 약품이다. 월경 장애나 자궁, 불임신 관련 약품으로 오호루민(オオホルミン), 겟케이 산가(月經サンが), 스가루민(スガルミ

ン), 쓰키야쿠(月やく), 月経, 世界的流經靈スターー이 있었다. 부인병 관련 약품으로는 命之母, 喜谷實母散, 美神丸, '와기도랑', 中將湯, '아이 배는 약초' 등이 있었다. 補血强壯劑, 즉 오늘날의 비타민 드링크격인 포리타민(ポリタミン), 빈열과 두통약인 노신(ノーシン), '피구마', 한방강장제인 百補丸, 다이어트약인 中容丸, 가정상비약인 銀粒仁丹, 페루메루(ペルメル), 어린이 감기약 감피론(カンピロン), 감기약 實效散, 피부약 一二三, 폐렴약 도리아논(トリアノン), 치질약, 임질약, 위장병약, 아기 태독제인 小兒解毒散, 영양제 錠剤わかもと(정제와 아모드), 여드름 치료약 니키비토리 비간수이(にきびとり美顔水), 안약 '르-도' 등이 있었다.

넷째, 화장품으로는 헤치마코론(ヘチマコロン), 헤치마크림(ヘチマクリーム), 白色美顔水, 메누마크림(メヌマクリーム), 비간뉴마(美顔ユーマー) 등이 있었으며, 머릿기름약으로는 金鶴香油, 養毛料 즉 모발영양제로 메누마포마드(メヌマポマード), 사유리 요모토니쿠(サユリヨウモトニック), 파운데이션격인 구라부 오시로이(クラブ白粉), 明色美顔白粉, 염색약 기미가요(君が代), 루리하(ルリ羽) 등등이 있었다.

다섯째, 상점(백화점)과 병원(치료원)으로 萬年商會, 德元商店, 東洋百貨店, 友助堂時計鋪, 谷山商會, 三星堂, 硏友寫眞館 등이 있었으며, 산부인과 병원으로 許信醫院, 성적 장애 치료원으로 起生園이 있었다.

여섯째, 음악으로 '이 世上 망할 世上'(레코드판), 圓레코드에서 제작한 '시에론 레코드판', '오케-레코드', 신작민요 레코드판이 있었다. 그 밖에 大東音樂協會 음악연구생 모집을 하는 광고가 실리기도 하였다.

마지막으로 기타이다. 손난로 하쿠킨 손난로(ハクキン懷爐), 開闢社에서 기획한 세계아동작품전람회, 영어 교재인 이노우에 영어강의록(井上英語講義録), 조미료 아지노모토(味の素), 朝鮮信託, '가데이' 사진기 등이 있었다.

이상 제시한 품종별 광고들은 품종별로, 상품별로 나뉘어져 있기 때문에 서로 별개인 것처럼 보이지만, 1923년에서 1934년까지의 시대 환경을 생태적으로 이해하는 데에 매우 유용한 단서가 될 수 있다.

6. 일본사정(조선사정)의 탐구 가능성

연도별로 그리고 업종별로 다양한 광고가 있었다고 언급하는 것만으로도 당시의 일본사정과 조선사정을 이해하는 데에는 물론 큰 도움이 될 수 있다. 그러나 신여성 잡지에 나타난 광고를 통해서 당시의 일본사정과 조선사정을 보다 충분히 이해하기 위해서는 광고의 대상인 상품들을 보다 심도 있게 살펴볼 필요가 있다. 그 대상은 매우 많겠지만 본 장에서는 당시의 문자생활과 광고의 내용으로 국한해서 당시의 일본사정과 조선사정의 탐구 가능성을 살펴보고자 한다.

1) 문자생활

잘 알려진 바와 같이 일본어에는 세 가지 종류의 문자 즉 한자, 히라가나, 가타카나가 있다(알파벳도 사용된다.). 통상 하나의 국가가 하나의 문자를 사용하는 사실을 감안한다면 이것은 매우 이례적이라 할 수 있다. 이러한 일본인들의 문자생활은 1920년대와 1930년대에도 예외는 아니었다. 따라서 신여성에 게재된 광고가 어떠한 문자로 표기되었는지를 살펴보면 일본과 근대 한국의 문자생활이 어떠했는지를 가늠할 수 있을 것이다.

그래서 본 저자는 신여성에 게재된 광고에서 어떠한 자종이 사용되었는지를 살펴보았다. 그 전에 본 저자는 표기 자종 분석을 위해 몇 가지 기준을 세웠는데, 분석에 들어가기 전에 잠시 이에 대해 살펴보기로 한다. 본 저자는 金星, 開闢과 같이 순수하게 한자로 표기된 광고명을 한자형으로 간주하였다. 쓰키야쿠(月やく)와 같이 한자와 히라가나가 병행된 경우는 모두 히라가나형으로 간주하였으며, 겟케이산가(月經サンが), 스가루민(スガルミン)과 같이 한자와 가타카나가 병행되었거나 순수하게 가타카나로 표기된 경우는 가타카나형으로 간주하였다. 그리고 한글이 한 글자라도 들어간 경우는 한글형으로 간주하였다. 다음의 〈표 4〉를 보도록 하자.

〈표 4〉 광고 표기 자종

	한자형	히라가나형	가타카나형	한글형	전체
건수	44건	6건	18건	20건	88건
비율	50%	7%	20%	23%	100%

위의 〈표 4〉를 보면 전체 88건 가운데 한자형이 44건(50%)으로 가장 많았으며, 한글형이 20건(23%), 가타카나형이 18건(20%), 히라가나형이 6건(7%)으로 각각 그 뒤를 잇고 있는 것을 알 수 있다. 일제의 공안통치가 무자비하게 자행되던 당시에 광고의 자종 표기로 한글 사용이 허용되었다는 사실이 매우 놀랍다. 그러나 한글 사용은 일제의 관대함에서 비롯되었다기보다는 원활한 식민 지배를 위한 통치 수단이었을 가능성이 높다. 당시는 조선인이면서도 한글을 못 읽는 문맹자가 많았을 터인데, 그러한 현실을 무시하고 굳이 한자, 히라가나, 가타카나 표기만을 강요할 수는 없었을 것이다. 다른 가능성으로는 내선일체(内鮮一体)라 하여 한글을 일본어 문자 중의 하나로 취급했을 수도 있다.

한자형으로 표기된 광고로는 예를 들면 金星, 開闢, 新女性, 人乃天, 朝鮮農民, 社会主義, 彗星, 別乾坤, 第1線, 婦人公論, 社会主義学説講解, 社会主義学説大要, 枕草子, 朝鮮料理製法, 朝鮮裁縫全書, 裁縫参考書, 安産實話, 中國短篇小說集, 朝鮮之偉人, 美神丸, 命之母, 喜谷實母散, 中將湯, 百補丸, 中容丸, 銀粒仁丹, 月經, 實效散, 一二三, 小兒解毒散, 金鶴香油, 白色美顔水, 明色美顔白粉, 萬年商會, 德元商店, 東洋百貨店, 友助堂時計鋪, 谷山商會, 三

星堂, 許信醫院, 起生園, 研友寫眞館, 井上英語講義録, 朝鮮信託 등등이 있었다. 잡지명, 도서명, 약품명, 화장품명, 금융기관명이 대부분 한자형으로 표기된 것을 볼 수 있다.

히라가나형으로는 후진뵤샤노 고코로에(婦人病者の心得), 쓰키야쿠(月やく), 쵸자이 와카모토(錠剤わかもと), 니키비토리 비간수이(にきびとり美顔水), 기미가요(君が代), 아지노모토(味の素) 등등의 예가 확인되었다. 히라가나형은 한자와 혼용되었으며 단독으로 사용된 경우는 확인되지 않았다. 히라가나는 기미가요(君が代), 아지노모토(味の素), 후진뵤샤노고코로에(婦人病者の心得)에 보듯 격조사를 표기하거나 쓰키야쿠(月やく), 쵸자이와카모토(錠剤わかもと), 니키비토리 비간수이(にきびとり美顔水)에 보듯 한자와 혼용되는 것이 대부분이었다.

가타카나형으로는 오호로루민(オオホルミン), 포리타민(ポリタミン), 노신(ノーシン), 겟케이 산가(月經サンが), 스가루민(スガルミン), 世界的流經靈スター, 감피론(カンピロン), 도리아논(トリアノン), 페루메루(ペルメル), 헤치마코론(ヘチマコロン), 헤치마크림(ヘチマクリーム), 메누마포마드(メヌマポマード), 메누마크림(メヌマクリーム), 구라부오시로이(クラブ白粉), 루리하(ルリ羽), 사유리 요모토니쿠(サユリヨウモトニック), 비간뉴마(美顔ユーマー), 하쿠킨 손난로(ハクキン懷爐) 등을 들 수 있다. 오호루민(オオホルミン), 포리타민(ポリタミン), 노신(ノーシン)과 같이 가타카나형이 단독으로 사용된 예, 겟케이 산가(月經サンが)와 같이 한자와 가타카나가 혼용된 예가 확인되었다.

마지막으로 한글형으로는 '어린이', '사랑의 선물-세계명작동화집', '汝等의 背後에서', '女性生活은 엇던가', '過去社会와 婦人', '잃어버린 댕기', '別乾坤 朝鮮 자랑', '갈잎피리', '錠剤와카모도', '와기도랑', '르-도', '정제와 아모드', '이 世上 망할 世上', '시에론 레코드판', '오케-레코드', '大東音樂協會 음악연구생 모집', '신작민요', '開闢社 세계아동작품전람회', '가데이 사진기', '오오호르민', '노-신', '구라부', '아이 배는 약초', '산아조절의 정법', '피구마', '치질약', '임질약', '위장병약', '포리타민', '아기태독제', 등등의 예가 확인되었다. '어린이', '사랑의 선물-세계명작동화집'과 같이 순수하게 한글로 표기된 예가 있는가 하면, '汝等의 背後에서'와 같이 한자와 한글이 혼용된 예도 확인되었다.

특징적인 것으로 가타카나형의 오호로민(オオホロミン)은 OOPHORMIN 또는 '오오호르민'과 같이 알파벳형이나 한글형으로 표기되기도 하였다. '오오호르민'에 보듯 オオホロミン을 정확하게 맞대응시켜 표기한 것이 매우 흥미롭다. 그런가 하면 '오케-레코드', '르-도'에 보듯 가타카나어의 장음 표기 방식을 따른 사실도 매우 흥미롭다. '노-신', '가데이' 사진기, '구라부', '錠剤와카모도', '포리타민'과 같이 일본어 음을 한글로 표기한 경우도 확인되었다. '피구마'도 가타카나어 음을 한글로 표기된 예로 추측되지만 확인할 길이 없다. 한자형으로 표기된 광고명이 많은 것은 어느 정도 이해가 되지만, 가타카나형으로 표기된 광고명이 많은 이유는 무엇일까? 그 이유로는 여러 가

지의 가능성이 있겠지만, 고객층으로 당시 조선의 지식층들이나 국내에 거주하던 일본인들을 염두에 두었기 때문이 아닌가 하고 생각된다.

2) 일본사정(조선사정)의 이해를 위한 지침

연도별로 그리고 업종별로 이러이러 저러저러한 광고와 문자생활이 있었다는 사실을 아는 것도 물론 중요하다. 그러나 당시의 일본사정과 조선사정을 제대로 이해하기 위해서는 무슨 내용으로 광고가 행해졌는지, 게재된 광고는 어떠한 배경을 가지고 있었는지도 파악할 필요가 있다. 본 저자는 당시의 일본사정과 조선사정의 이해를 위한 지침을 다음과 같이 제시하고자 한다.

우선 잡지를 통한 한국사정의 이해를 위해서 본 저자는 다음과 같은 지침을 제시한다. 이미 언급한 바와 같이 신여성 잡지에 게재된 잡지 광고로 '어린이', 開闢, 新女性, 彗星, 人乃天, 朝鮮農民, 婦人公論, 別乾坤, 第1線, 金星, 社会主義 등이 있는데, 이들 잡지가 지향하는 편집자, 편집 방침, 독자층, 내용, 내용에 대한 일제의 검열, 검열 수위, 출판사의 재정 상태, 판매 부수, 독자들의 반응, 그 밖에 이들 잡지와 관련한 다양한 일화를 정리 분석하면 당시의 조선사회 정세를 비롯하여 식민지 경영을 둘러싼 일본사회의 정세도 파악이 가능할 것이리라 생각한다. '어린이', 開闢, 新女性, 彗星, 人乃天, 朝鮮農民, 婦人公論, 別乾坤, 第1線, 金星, 社会主義 잡지가 지향하는 독자층이 서로 다르기 때문에 전혀 별개의 잡지로 여겨지기 쉽지만, 당시에 발행된 잡지를 '어린이' – 開闢 – 新女性 – 彗星 – 人乃天 – 朝鮮農民 – 婦人公論 – 別乾坤 – 第1線 – 金星 – 社会主義와 같이 연결하면 분명 당시의 시대적인 정세를 하나의 망(network)으로 연결할 수 있을 것이리라 기대된다. 당시 신여성에 게재된 도서 광고, 즉 '사랑의 선물 – 세계명작동화집', '社会主義学説講解', '社会主義学説大要', 中國短篇小說集, 別乾坤 朝鮮 자랑, 동요 작곡집 '갈잎피리', 朝鮮之偉人, 婦人病者の心得, '汝等의 背後에서', 枕草子, 朝鮮料理製法, 朝鮮裁縫全書, 裁縫参考書, '女性生活은 엇던가', '過去社会와 婦人', 安産實話, '잃어버린 댕기'에 대해서도 동일한 설명이 가능하다.

둘째, 약품과 화장품을 통해 당시의 일본이해와 조선이해이다. 오호루민(オオホルミン), 겟케이산가(月經サンが), 스가루민(スガルミン), 쓰키야쿠(月やく), 月経, 世界的流經靈スター, 命之母, 喜谷實母散, 美神丸, '와기도랑', 中將湯, '아이 배는 약초', 포리타민(ポリタミン), 노신(ノーシン), '피구마', 百補丸, 中容丸, 銀粒仁丹, 페루메루(ペルメル), 감피론(カンピロン), 實效散, 一二三, 도리아논(トリアノン), 치질약, 임질약, 위장병약, 小兒解毒散, 영양제 와카모토(錠剤わかもと), 니키비토리 비간수이(にきびとり美顔水), '르 – 도' 등은 약품이며, 헤치마코론(ヘチマコロン), 헤치마크림(ヘチマクリーム), 白色美顔水, 메누마크림(メヌマクリーム), 비간뉴마(美顔ユーマー), 金鶴香油, 養毛料, 메누마포마드(メヌマポマード), 사유리 요모토니쿠(サユリヨウモトニック), 구라부오시로이(クラブ白粉), 明色美顔

白粉, 기미가요(君が代), 루리하(ルリ羽) 등에 대해서는 회사의 설립연도, 일본 국내외 생산 및 판매 현황, 해외 수출 현황, 수익현황, 주식의 상장가격, 기업 형태(주식회사인가, 유한회사인가?), 근무 조건, 소비자의 신뢰도, 경제 창출 및 고용 효과, 효능(부작용 사례), 선호도, 주 고객층, 그와 관련된 일화를 분석하면 당시 일본과 조선의 사회정세 파악에 크게 유용할 것으로 기대된다.

셋째, 당시의 상점, 백화점, 시계포, 사진관, 산부인과, 성적 장애 치료원 등을 통한 조선사회의 이해이다. 예를 들면 신여성에는 萬年商會, 德元商店, 東洋百貨店, 友助堂時計鋪, 谷山商會, 三星堂, 硏友寫眞館, 許信醫院, 起生園 등의 광고가 게재되었는데, 萬年商會, 德元商店, 東洋百貨店, 友助堂時計鋪, 谷山商會, 三星堂, 硏友寫眞館은 어디에 소재하는지, 사장은 누구이며, 지역에서 어느 정도 비중을 가지는 인물인지, 일제에 부역한 사람이었는지, 당시 무슨 일을 주로 하였는지를 파악할 필요가 있다. 이들 상점에서 취급한 물품을 무엇이었으며, 메이커별로 가격의 차이는 어느 정도였으며, 당시의 서민층과 특권층들이 선호한 물품, 구입 목적, 혼수품 등으로 주로 판매되는 물품은 어떠한 것이었는지, 어느 정도의 가격대였는지, 이들 상점들을 출입한 고객들은 어떤 사람들이었는지, 산부인과에서 진료한 과목은 무엇이었으며, 낙태는 이루어지지 않았는지, 어떠한 성적 장애가 있었는지, 어떻게 치료되었는지, 이들에 관련된 여러 일화로는 어떠한 것들이 있었는지를 집중적으로 조사할 필요가 있다고 하겠다.

넷째, 음악을 통한 당시의 조선사정의 이해도 빼놓을 수 없다. '이 世上 망할 世上', '시에론 레코드판', '오케 - 레코드', 신작민요 레코드판 등의 광고가 게재되었는데, 이들 레코드 판을 들으면서 당시의 유행하던 유행가 가사 내용이 어떠했는지, 가수는 누구였는지, 그 가수의 위상은 어느 정도였는지, 곡조는 어떠하였는지, 레코드판에 일본노래는 들어 있지 않은지, 만약 들어 있다면 조선의 가수가 부른 일본노래인지, 가사가 희노애락의 감정 중에서 어떠한 감정을 표현하는 가사가 많았는지 등을 조사할 필요가 있을 것이다.

마지막으로 하쿠킨 손난로(ハクキン懐爐), 開闢社에서 기획한 세계아동작품전람회, 이노우에 영어강의록(井上英語講義録), 아지노모토(味の素), 朝鮮信託, '가데이' 사진기 등을 통해 당시의 일본사정과 조선사정을 이해할 수도 있다. 구체적으로 언급하면 손난로의 작동원리, 세계아동작품전람회의 성격, 영어 교재에 실린 실러버스 배열 상태, 난이도, 집필 의도, 조선어로 번역된 교재인지, 일본어 원문의 교재인지, 영어 교재의 주 소비층은 누구였는지를 조사할 필요가 있다. 또한 조미료나 '가데이' 사진기의 작동원리, 당시 소비자들의 반응, 朝鮮信託에 대한 이미지, 朝鮮信託의 주요 기능, 신탁 운영에 따른 사회적 영향력, 파장, 활동 내역 등도 다양한 매체(신문, 잡지, 도서)에서 찾아보고자 하는 노력이 필요할 것으로 생각된다. 당시 발간된 신문이나, 그와 관련된 최근의 논문, 인터넷(예를 들면, 구글의 위키페디아), 화장품, 약품 관련 회사 홈페이지를 통하면 지금까지 제시한 분석

지침들을 가지고 충분히 고찰이 가능할 것으로 기대된다. '어린이', 開闢, 新女性, 彗星, 人乃天, 朝鮮農民, 婦人公論, 別乾坤, 第1線, 金星, 社会主義 등에 관련된 연구는 비록 확인을 하지 못했지만 관련 논문이 많이 있을 것으로 생각된다.

그러나 만약에 朝鮮農民, 婦人公論, 別乾坤, 第1線이나, 약품, 화장품, 상점, 백화점, 시계포, 사진관, 산부인과, 성적 장애 치료원, 하쿠킨 손난로(ハクキン懷爐), 세계아동작품전람회, 井上英語講義録, 味の素, 朝鮮信託, 가데이 사진기 등에 관련된 연구 논문이 일본에도 한국에도 세계 어디에도 존재하지 않는 것이 확인되고, 이것이 계기가 되어 금후 많은 후속연구가 이루어진다면, 그것은 미지의 학문적 콘텐츠를 발굴하고, 그와 관련한 학문적 담론이 활성화될 가능성이 매우 농후할 것으로 생각된다.

7. 사례

이 절에서는 1920년대에서 40년대에 걸쳐 발행된 신문광고를 통해서 당시의 조선사정과 일본사정을 간략히 살펴보기로 한다.

먼저 잡지 광고부터 보도록 하자.

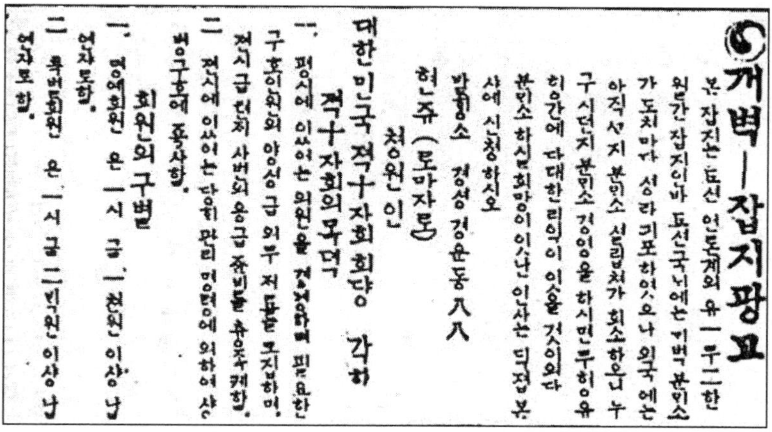
개벽—잡지광고

본 잡지는 됴선 언론계의 유一무二한 월간 잡지이나 됴선국니에는 개벽 분매소가 도처마다 설치되어 잇사오나 외국 에는 아직 설치 분매소 설립처가 희소하오니 누구시던지 분매소 경영을 하시면 무히 유히 양간에 다대한 리익이 잇을 것이외다 분매소 하실 희망이 잇사난 인사는 딕접 본사에 신청하시오

발행소 경성 경운동 八八

현쥬 (로마자로)

청원 인

대한민국 적十자회 회당 각하

적十자회의 목뎍

一. 평시에 잇서서는 회원을 졍계하며 필요한 구호원의 양성급 의무 져듁을 모집하며 전시급 텬지 사변의 응급 준비를 유조케함.

二. 전시에 잇서서는 당국 관리 명령에 의하여 샹병구호에 종사함.

회원의 구별

一. 명예회원 은 一시 금 一천원 이상 납입자로함.

二. 특별회원 은 一시 금 二백원 이상 납입자로 함.

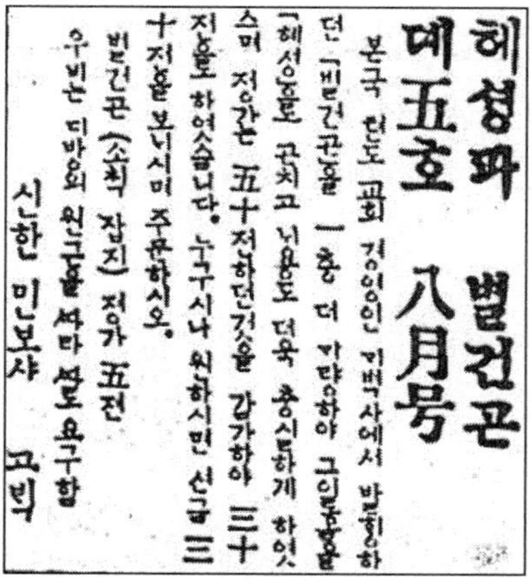
혜성과 별건곤

뎨五호 八月號

본국 언론 교회 긔성인 개벽사에서 발행하던 「별건곤」을 一층 더 확장하야 그일홈을 「혜성」으로 곤치고 니용도 더욱 충실하게 하엿스며 정가는 五十전하던것을 감가하야 三十전을 하엿습니다. 누구시나 원하시면 신금三十전을 보니시미 주문하시오.

별건곤 (소책 잡지) 정가 五전

우편는 디방의 원구들 싸다 선도 요구함

신한 민보샤 고빅

〈자료 1〉 개벽

〈자료 2〉 별건곤

우선 〈자료1〉의 개벽 잡지 광고의 내용은 다음과 같다.

□ **개벽**

본 잡지는 조선 언론계의 유일무이한 월간잡지인 바, 조선 국내에서는 개벽 잡지 보급소가 많이 설치되어 있으나 외국에는 보급소가 부족한 실정입니다. 누구든지 보급소 경영을 하시면 유형무형의 많은 이익을 거둘 수 있습니다. 보급소 경영을 희망하시는 분께서는 직접 본사에 신청을 하시길 바랍니다. 발행소 경성 경운동 88 청원인

대한민국 적십자회장 각하 *

□ **별건곤**

혜성과 별건곤 제5호 8월호

본국 천도교회 경영인 개벽사에서 발행하던 별건곤을 한층 더 개량하여 그 이름을 "혜성"으로 고치고 내용도 더욱 충실하게 하였으며 정가 50전에 판매하던 것을 30전으로 가격을 낮췄습니다. 구입을 원하시는 분께서는 30전의 가격으로 주문을 바랍니다. 별건곤 소책자 정가 5전. 우송료는 지방의 거리에 따라 별도로 요구합니다. 신한민보사

* 적십자회의 목적과 회원의 구별은 가독성이 낮아 현대문으로 번역하지 않음.

□ **부인공론**

요즘으로 말하면 여성잡지에 해당한다. 신문광고에 상당히 많이 등장하고 있다. 1930년대임에도 불구하고 읽을거리가 매우 풍성한 점이 매우 흥미롭다. 그 내용을 요약한 헤드라인을 제시하면 다음과 같다.

〈자료 3〉부인공론

○당신의 생활을 행복과 환희로 이끌어 드리기 위하여! 부인공론

○오늘 9월호, 50전에 발매

○특집 걱정이 많은 여성의 호소 걱정이 많은 여성들에게 바친다!

○어떤 작은 기사라도 보석처럼 빛나요!

○젊은 날의 불안에 답하며

○초가을의 아동복 제작법

○모습 없는 어머니의 말씀

○예능에 살다

○사회가 저지른 죄인가? 개인이 저지른 죄인가? 인기 여배우가 무서운 죄를 저지르기까지 암흑사회의 이면을 파헤친 실화

둘째, 약품 및 화장품 광고이다.

□ 위장병약(자료 4)

〈자료 4〉 정로환

○나카지마의 정로환

위장병과 폐늑막에는 군대규율적으로 조제의 합리화를 좌

우명으로 삼는 나카지마 정로환이 있다. 경증환자는 물론 만성중증환자도 신속하게 복용하세요.

○최근 매약업계에서 동일품을 만성용과 급성용으로 구별하여 판매하는 일이 유행하고 있습니다만, (가독성이 떨어져 생략) 당사의 정로환은 만성용과 급성용 모두 복용이 가능합니다. (이하 가독성이 떨어져 생략함)

□ 소염제(자료 5)

〈자료 5〉 에키호스

○염증을 수반하는 모든 질환 치료에 에키호스는 매우 뛰어난 효과를 발휘합니다. 류마티스, 신경통, 치통, 요통, 어깨결림, 타박상, 염좌, 근육통, 화상, 감기, 폐렴, 편도선염 등의 진통과 안정을 줍니다. 우수 소염제, 에키호스

□ 염색약(자료 6)

○흰머리도 붉게 물들이는 기미가요. 검은 머리카락의 아름다움! 부드럽고 풍성하게 마무리한 검은 머리카락의 아름다움이야말로 당신의 아름다움의 완성이며 여성 최대의 매력입니다.

○작은 기미가요는 사용하기가 매우 편리합니다.

○1개 20전 안전하게 염색이 잘 됩니다. 전국의 약국에서

구입하실 수 있습니다.

○작은 염색약(가루제품) 20전

○가루제품 40전

○액체제품 50전

○본점 東京山吉商会

○전화번호 2882 · 6830

〈자료 6〉 기미가요

□ 자양 강장제

〈자료 7〉 포리타민

자양 강장제의 기능은 신체에 부족한 영양분을 보충하여 신체의 활력을 돕는 것이다.

○빈혈 쇠약

○보혈자양강장 포리타민

○허약, 폐결핵, 선병질(삼출성이나 임파성 체질) 체질의 소아,

산전산후 등에도 좋아요!

○400여명의 의학박사가 모두 포리타민의 효과를 인정하다.

○포리타민은 담백질을 인공적으로 완전히 소화한 귀중한 영양소 아미노산 조제이므로 복용후 끊임없이 흡수되어 신속하게 피와 살을 만들어 영양을 회복합니다.

○고기와 계란을 먹어도 영양효과가 없는 분에게는 아주 적합한 강장제입니다.

□ 화장품

화장품 관련 광고가 상당히 많았는데 이하 몇 개만 소개한다. 〈자료 8〉은 요즘말로 선크림 광고이며, 〈자료 9〉와 〈자료 10〉은 컴팩트 광고이며, 〈자료 11〉은 화장수 광고이다.

〈자료 8〉 구라부크림

○선크림(자료 8)

효능이 좋다. 햇빛 차단은 본점에서 정성껏 만든 구라부 세분

신체를 아름답게 만드는 구라부 크림

이 구라부 미신 크림은 맨 얼굴을 한층 더 아름답게 하며 크림 흡수를 좋게 하는 (이하 생략)

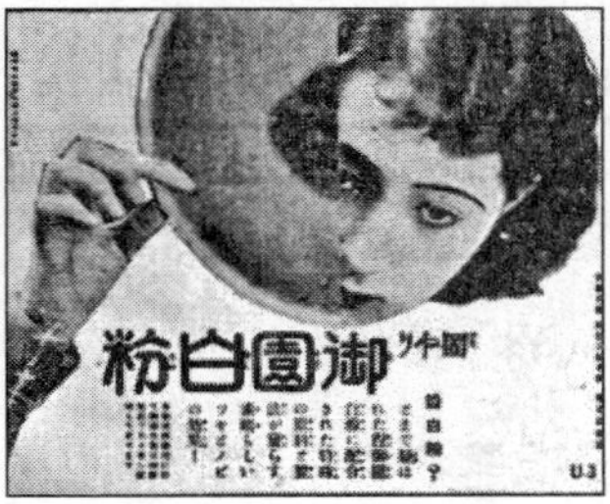

〈자료 9〉 미소노백분

○**컴팩트1(자료 9)**

단단히 고르게 잘 바를 수 있는 미소노 백분

납성분의 백분?으로 의심을 받았을 정도로 미소노 백분에 배합된 특수 원료와 제법이 가져온 피부 탄력 효과! 각 위생실험장에서 미소노 백분은 절대 납성분이 들어가지 않았음을 증명하고 있습니다.

〈자료 10〉 구라부백분

○**컴팩트2(자료 10)**

여성이여, 한 걸음 더! 미의 계단을 올라가 보지 않겠습니까? 구라부의 새로운 수백분으로 보다 아름다운 당신을 발견해내기 위해, 구라부 수백분

○**화장수**

개장 기념, 대경품을 포함하여 발매합니다. 백색 미안수 백색 피부 미안수

태생적으로 흰 피부인 것처럼 만들어주는 평판 있는 수백분

아름다운 얼굴은 진화한다. 현대 미인의 경대에 걸맞은 보는 눈도 다채로운 청신수려한 새로운 장식을 보아주세요!

〈자료 11〉 백색미안수

아름다운 여성을 점점 더 아름답게 하는 힘으로 가득 찬, 개선이 향상된 품질을 시험해보세요.

〈경품 종류〉

(A)크롬 손목시계(200분)

(B)루비가 들어간 18금반지(300분)

(C)고급가죽 핸드백(1000명)

(D)고상하고 유려한 특제 모던 기름기 제거 종이(30매)

▲개장 백색 미안수 또는 개장 백색 피부 미안수(정가 각 30전)

▲1개 구입하실 때마다 경품권을 한 장씩 증정합니다.

▲경품권은 개봉하면 바로 상품을 알 수 있습니다.

▲발매 기간은 금년 9월말까지입니다.

▲경품 교환 기간은 쇼와 8년(1933년)까지입니다.

▲경품 교환장소 오사카시 미나토구 오카모토마치 모모타니 쥰텐칸 경품계로 경품권을 우송해주시면 상품권에 기재된 물품을 보내드립니다.

▲D경품은 구입 시 바로 드립니다.

미안 화장품 본점 주식회사 모모타니 쥰텐칸

셋째, 백화점, 상점, 사진관 광고이다.

□ **상점**

당시의 근대사회에서는 상점이 거두어들인 순이익을 고객들에게 분배하는 것이 매우 생소했던 듯하다. 당시에는 상당히 파격적인 전략이었던 것 같은데 그만큼 고객확보에 심혈을 기울였다는 방증이기도 하다고 보여진다.

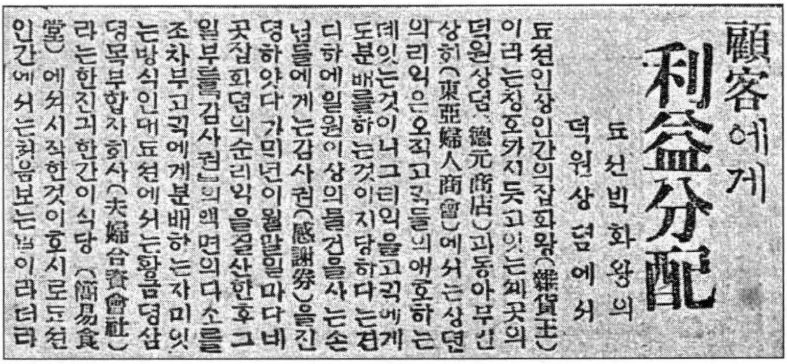

顧客에게
利益分配
됴션빅화왕의
덕원상뎜에서
됴션인상인간의잡화왕(雜貨王)
이라는칭호까지듯고잇는쎄곳의
덕원상뎜(德元商店)과동아부인
상회(東亞婦人商會)에서는상뎜
의리익은오직고객들의애호하는
데잇는것이니그리익을고객에
도분배를하는것이디당하다는견게
디하에일원이상의믈건을사는손
님들에게는감사권(感謝券)을진
뎡하얏다가미년이월말일마다네
곳잡화뎜의순리익을결산한후그
일부를「감사권」의액면의다소를
조차부고객에게분배하는자미잇
는방식인대됴션에서는처음뎡삼
뎡목부합자회사(夫婦合資會社)
라는한진긔한간이식당(簡易食
堂)에서시작한것이효시로됴션
인간에서는처음보는일이라더라

〈자료 12〉 덕원상점

○조선백화의 제왕인 덕원상점에서 고객님들에게 이익을 나눠드립니다.

조선상인 중의 잡화왕이라는 소리까지 듣는 덕원상점, 동아부인상회에서는 상점의 이익을 고객님들에게 이익을 분배하는 것이 당연한 도리라 생각하여 1원 이상의 물건을 구매하시는 고객님들에게 감사권을 드립니다. 감사권을 받으신 고객님들께서는 매년 2월말일에 네곳 잡화점의 순이익을 결산한 후에 그 일부를 감사권에 적힌 액면만큼 분배하는 재미있는 방식입니다. 조선에서는 황금 3정목의 부부합자회사의 간이식당에서 시작한 것이라는데 조선에서는 처음 보는 일입니다.

□ 주식회사

당시의 미국시민으로 주식회사를 설립하여 조선에 자사를 광고하기도 하였다.

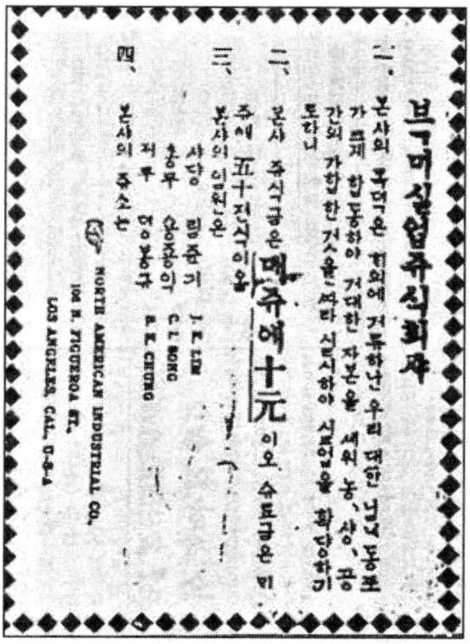

〈자료 13〉 북미실업주식회사

○1. 본사의 목적은 해외에 거류하는 우리 대한민국 남녀동포가 크게 합동하여 거대한 자본을 세워 농상공을 확장하기로 한다.

○2. 본사 주식금은 주당 10원입니다. 수료금은 주당 50전입니다.

○3. 본사의 임원은 사장 임준기, 총무 송종익, 전무 정봉규입니다.

○4. 본사의 주소는 NORTH AMERICAN INDUSTRIAL CO, 106N, FIGUEROA ST, LOS ANGELES, CAL, U-S-A

마지막으로 기타 관련 광고이다.

〈자료 14〉 홋카이도밀크

눈표 홋카이도 밀크
신선 고품질
단연 외국분유를 능가하
는 국산품의 권위
육아에 매우 적합한 최
고 품질

□ 조미료

〈자료 15〉 아지노모토
〈자료 16〉 아지노모토 〈자료17〉 아지노모토

아지노모토 조미료 광고인데 광고에 상당한 노력을 기울였던 것 같다.

2, 3일 간격으로 그림을 매번 바꿔가며 광고가 올라온 것을 보면 판매전략의 일환으로 광고에 얼마나 많은 심혈을 기울였는지를 짐작할 수 있다.

□ 맥주

〈자료18〉 사쿠라맥주

맥주를 공짜로 마실 수 있어?

100% 흥미진진한 왕관 경품 포함 특매!

뛰어난 품질! 멋진 경품! 맥주를 마신다면

단연 사쿠라맥주!

노란색 왕관 뒤에 등급이 인쇄되어 있으므로 구매하신 주점으로 오시면 좌측의 경품을 드립니다.

경품(맥주 1명마다)

1등 3원(상품권)　2등 1원(상품권)　3등 50전(상품권)

4등 10전(상품권)　5등 5전(상품권)　6등 1전(우표)

□ 영어교재

매일 두 시간씩 시간을 내어 15개월 정도 공부를 하시면 영어검정시험에 합격할 수 있는 실력이 됩니다. 이노우에 선생님의 강좌본은 5월부터 증보판으로 전국 10만의 재학생들에게 우송됩니다. 라디오보다 학교보다 친절하게 설명합니다. 신청하시면 바로 견본을 보내드립니다. 월 2회 배본 1원 20전 별책 부록 증정합니다.

(1) 영어 독본 6권

(2) 영일 소사전 6권

〈자료 19〉 이노우에 영어강의록

(3) 영어 복습장 6권

(4) 특허 영어 습자본 1권

(5) 특허 잉글리쉬 월 1회

(6) 수험카드 960매

(7) 영자 소신문 월 3회

내용 견본 증정 東京麹町区新見付43

이노우에 통신영어학교 은행 이체 도쿄 30288번

□ **여관**

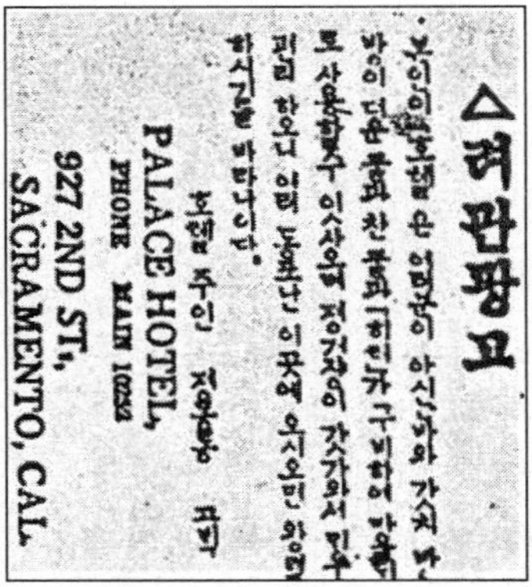

〈자료 20〉 팰러스 호텔

여관 광고

본인의 호텔은 여러분들이 아시는 바와 같이 객실마다 온수와 냉수와 히터를 구비하여 자유롭게 사용할 수 있으며 또 정거장도 매우 가까워서 매우 편리합니다. 꼭 저희 호텔에 오셔서 많은 이용해주시길 바랍니다.

PALACE HOTEL PHONE MAIN 10252

927 2ND ST, SACRAMENTO, CAL

8. 마치며

본 장은 지금까지 1924년부터 1934년까지 발행된 신여성에 게재된 광고를 분석한 것이다. 본 연구의 첫 번째 목적은 일본의 조선 식민지 건설 목적이 일본자본의 독점화를 실현하고자 한 것임을 밝히고자 함이었다. 이것은 신여성의 광고란에 게재된 화장품과 약품들이 모두 일본에서 생산된 것이라는 점에서 입증되었다. 두 번째의 목적은 연도별, 품종별로 신여성에 게재된 광고를 들여다봄으로써 당시의 일본사정(경제사정)을 이해하는 것이었다. 1920년대에 발행된 신여성 잡지에는 주로 잡지 및 서적, 약품, 화장품, 상점 등의 광고가 게재되었는데 그 종류가 지극히 제한적이었던 반면에, 1930년대에 들어서면서부터 다양한 종류의 잡지 및 서적, 약품, 화장품 등의 광고들이 대거 등장하는 사실을 알 수 있었다. 조선에서 생산된 상품 관련 광고도 다수 등장하면서 조선의 근대화가 이 시기에 본격적으로 접어든 것을 알 수 있었다. 조선의 경제력이 1920년대와는 비교할 수 없을 정도로 성장하였고, 그와 비례하여 일본에 있어서 조선 식민지의 위상이 높아져 간 것으로 보인다. 마지막으로 당시의 문자생활을 들여다본 결과, 한자형이 가장 많았으며, 한글형, 가타카나형, 히라가나형이 각각 그 뒤를 잇는 것을 알 수 있었다. 마지막으로는 잡지, 도서, 화장품, 약품, 상점, 백화점, 시계포, 사진관, 산부인과, 성적 장애 치료원, 음악 레코드판에 수록된 노래 가사 내용 등을 집중적으로 조사하면 일본사정과 조선사정에 관련하여 상당한 이해가 가능해질 것이라고 강조하였다.

제2부의 결론

제2부는 일본어의 어휘 및 표현을 통해서 일본사정을 이해하는 연구였다. 제7장에서는 우선 일본인들의 한자 성씨가 몇 글자로 구성되었으며, 몇 글자로 구성된 한자 성씨가 가장 많은지를 살펴보았으며. 일본인들의 한자 성씨가 어떠한 방법으로 가장 많이 읽히는지, 마지막으로 일본인들의 한자 성씨가 어떠한 레토릭적 기법으로 성립되어 있는지에 대해 살펴보았다. 제7장의 연구를 통해 일본인의 한자 성씨 읽기에 보이는 일반적인 경향과 성씨를 구성하는 한자들의 의미적 메커니즘이 상당 부분 해결될 것으로 전망한다.

제8장에서는 일본의 슈퍼마켓 전단지에 명시된 상품명의 표기 자종으로 한자히라가나형, 가타카나형, 알파벳형, 숫자형을 살펴보았다. 둘째로 일본의 슈퍼마켓 전단지에 명시된 상품명을 순수 일본어, 한어, 외래어, 혼종어로 나누어 살펴보았으며 그 결과 혼종어가 차지하는 비중이 높다는 사실이 밝혀졌다. 셋째, 일본의 슈퍼마켓 전단지에 명시된 광고 문구(표현)를 살펴보

았다. 그 결과, 일본의 슈퍼마켓 전단지에는 해당 상품에 대한 부가적인 정보를 제시함으로써 해당 상품의 장점을 부각시키고자 하는 판매자의 노력을 엿볼 수 있었다. 넷째, 일본의 슈퍼마켓 전단지에 나오는 광고 문구는 일본의 생활문화를 비롯하여 음식문화, 음식의 종류 및 특징, 일본의 지리정보 등과 같은 부수적인 정보를 알려주는 귀중한 정보원이 될 수 있다는 점을 확인할 수 있었다. 마지막으로 전단지를 활용한 구체적인 교실활동 방안을 살펴보았다.

제9장과 제10장에서는 생태심리학 연구의 기본 개념인 행위유도성에 의거하여 일본의 화장품 광고 영상에 나오는 언어적 요소와 비언어적 요소를 분석하였다. 화장품 광고 영상을 소비자들이 시청하지 않으면 아무런 의미가 없기 때문에 소비자들의 시청을 위해 유도하기 위해 다양한 언어적 요소와 비언어적 요소를 도입한 사실을 확인할 수 있었다. 제9장과 제10장의 분석은 언어적 요소(표현)와 비언어적 요소(동작, 표정, 제스처 등) 하나하나가 행위유도성을 염두에 두고 고도로 계산된 발신자의 메시지로 볼 수 있으며 이들 연구 성과를 통해 일본의 화장품 시장으로 진출을 꾀하는 지역이나 국내기업에 영향을 줄 수 있을 것으로 기대된다.

제11장에서는 한국인과 일본인의 문화적 배경과 가치관을 이해하기 위한 하나의 시론으로 잉어꿈을 비교(잉어 이미지 비교, 잉어꿈의 보편성, 개별성, 현실성, 꿈을 꾼 주체의 역할, 암시어, 길몽(흉몽)) 고찰하였다.

제12장에서는 연도별, 품종별로 신여성 잡지에 게재된 광고를 통해 당시의 일본사정(경제사정)과 조선사정을 들여다 볼 수 있었다. 1920년대에 발행된 신여성 잡지에 게재되는 광고의 종류가 지극히 제한적이었으나 1930년대에 들어서면서부터 다양한 종류의 잡지 및 서적, 약품, 화장품 등의 광고들이 대거 등장하는 사정을 확인할 수 있었다. 이는 1930년대에 일본의 경제가 크게 호황을 맞이한 것과 무관하지 않은 것으로 생각된다. 셋째, 당시의 문자생활을 들여다본 결과, 한자형이 가장 많은 사실이 확인되었으며 마지막으로 잡지, 도서, 화장품, 약품, 상점, 백화점, 시계포, 사진관, 산부인과, 성적 장애 치료원, 음악 레코드판에 수록된 노래 가사 내용 등을 집중적으로 조사하면 광고 내용만으로는 알 수 없는 당시의 자세한 일본사정과 조선사정을 이해할 수 있을 것이라 강조하였다.

참고문헌

서론

가바야 히로시(蒲谷宏, 2012)・호소카와 히데오(細川英雄),『日本語教育学序説』, 朝倉書店, pp.1－142.

구라치 아케미 편집(倉地暁美, 2006),『講座・日本語教育学－第5巻 多文化間の教育と近接領域』, スリーエーネットワーク, pp.1－239.

다와타 신이치로 편집(多和田真一郎, 2006),『講座・日本語教育学－第6巻 言語の体系と構造』, スリーエーネットワーク, pp.1－263.

모치즈키 미치코(望月通子, 2003),『日本語教育学の新視座－日本語教育・国語教育・英語教育のインターフェイス』, 関西大学出版部, pp.1－189.

미즈마치 이사오 편집(水町伊佐男編集, 2005),『講座・日本語教育学－第4巻 言語学習の支援』, スリーエーネットワーク, pp.1－250.

사코다 구미코 편집(迫田久美子, 2006),『講座・日本語教育学－第3巻 言語学習の心理』, スリーエーネットワーク, pp.1－292.

아오키 나오코(青木直子, 2001)・오자키 아키토(尾崎明人)・도키사토시(土岐哲)編,『日本語教育学を学ぶ人のために』, 世界思想社, pp.1－251.

야마우치 스스무 편저(山内進編著, 2003),『言語教育学入門』, 大修館書店, pp.1－305.

오카자키 요조(岡崎洋三, 2003)・니시구치 코이치(西口光一)・야마다 이즈미(山田泉),『人間主義の日本語教育』, 凡人社, pp.1－313.

요시다 야스오(吉田弥寿夫, 1991),『日本語教育論集－日本語教育の現場から』, 学研, pp.1－318.

일본어교사독본 편집부편(日本語教師読本編集部編, 1989),『日本語教育入門用語集』, アルク, pp.1-187.

혼다 히로유키 외(本田弘之, 2006),『日本語教育学の歩き方』, 大阪大学出版会, pp.1-294.

K・ジョンソン・H・ジョンソン編(1998)[岡秀夫監訳(1999)],『外国語教育学大辞典』, 大修館書店, pp.1-502.

제1부 교재 제작 및 교실활동

제1장 | 일본어 학습교재 집필의 이론과 실제 - 중급 독해교재를 중심으로 - |

국제교류기금(国際交流基金, 2008),『教材開発』, ひつじ書房, pp.1-109.

세키 마사아키(関正昭, 2021)・다테오카 요코(舘岡洋子, 2012),『読解教材を作る』, スリーエーネットワーク, pp.1-174.

아오키사키 노카(青木崎野加, 2017),「韓国人日本語学習者に対するデジタルストーリーテリングの効果-日本語学習と就職活動を兼ね合わせて-」, 2017年度日本語文学会秋季国際学術大会予稿集, pp.87-96.

요코미조 신이치로(横溝紳一郎, 2011),『日本語教師のためのTIPS 77① クラスルーム運営』, くろしお出版, pp.1-239.

천호재(2011),『인터넷 기반 일본어교육의 가능성과 연구 방법』, 한국문화사, pp.1-343.

천호재(2012),「제3장 교재의 종류」,『일본어교육론』, 어문학사, pp.52-75.

천호재(2017),『웹 기반 일본어 리터러시』, 역락출판사, pp.4-251.

폴 챈스(Paul Chance) 지음/김문수・박소현 옮김(2015),『학습과 행동』, CENGAGELearning, pp.1-527.

제2장 | 일본어 중급 독해교재의 운용과 실제 |

천호재(2017), 『라디오 명작 드라마로 배우는 일본어』, 역락, pp.1-259.

제3장 | 일본어 통번역 교재의 운용과 실제 |

천호재(2017), 『일본어 통번역 기초』, 역락, pp.1-304.

제4장 | 일본 화장품 광고 영상을 활용한 일본어 4기능 향상 방안 |

송연희(2021), 「미디어를 활용한 일본어 청해능력 향상방안」, 『일어일문학연구』, 116: 165-178, 한국일어일문학회.

천호재(2011), 「제2부 제4장 동영상 자료를 활용한 일본어교육 가능성과 연구 방법」, 『인터넷기반 일본어교육의 가능성과 연구 방법』, 한국문화사, pp.165-237.

천호재(2012a), 「제2부 제14장 듣기지도」, 『일본어교육론』, 어문학사, pp.269-283.

천호재(2012b), 「제2부 제15장 말하기지도」, 『일본어교육론』, 어문학사, pp.285-303.

천호재(2012c), 「제2부 제16장 읽기지도」, 『일본어교육론』, 어문학사, pp.305-316.

천호재(2012d), 「제2부 제14장 듣기지도」, 『일본어교육론』, 어문학사, pp.318-328.

제5장 | 한국인 대학생 일본어 학습자의 일본문화 관심 영역 고찰 |

국제교류기금(国際交流基金, 2010), 『日本事情・日本文化を教える』, ひつじ書房, pp.1-97.

미즈타니 오사무(水谷修, 1995)・사사키 미즈에(佐々木端枝)・호소카와 히데오(細川英雄)・이케다 유타카(池田裕), 『日本事情ハンドブック』, 大修館書店, pp.1-486.

미야 타가야스(宮耕, 2009), 「第2章 異文化理解と心理学」, 『心理学 - やさしい日本語指導12』, 凡人社, pp.32 - 54.

천호재(2010), 「일본 대중문화에 대한 한국인 대학생 일본어 학습자의 선호도 조사」, 『일본문화연구』, 동아시아일본학회, pp.429 - 453.

천호재(2014), 『일본문화의 이해와 일본어교육』, 역락, pp.1 - 356.

천호재 · 이은선(2010), 「제3장 일본 대중문화에 대한 한국인 학생 일본어 학습자의 선호도 조사」, 『일본어교육의 다각적인 연구 방법을 위한 다양한 시론』, 한국문화사, pp.51 - 76.

천호재 · 윤명옥(2011), 『문화콘텐츠를 활용한 일본어 교수법』, 도서출판 책사랑, pp.1 - 225.

천호재(2018), 「한국인 대학생 일본어 학습자의 일본문화 관심 영역 고찰」, 『한국일본연구총연합회 제7회 국제학술대회 및 심포지엄』, 한국일본연구총연합회, pp.132 - 136.

제6장 | 가상현실(VR)에 기반한 일본어 교실활동 가능성의 모색 |

박영숙(2008), 『당신의 성공을 위한 미래 뉴스』, 도솔, pp.1 - 239.

천호재(2012), 『일본어 교육론』, 어문학사, pp. 353 - 403.

제2부 어휘 및 표현을 통해서 본 일본사정

제7장 | 일본인 한자 성씨로 본 일본사정 |

다니엘 롱(ダニエル・ロング, 2012a), 「2.名前」, 『日本語からたどる文化』, 放送大学教育振興会, pp.37 - 52.

다니엘 롱(2012b), 「3.地名」, 『日本語からたどる文化』, 放送大学教育振興会, pp.21 - 35.

미나미지마 연구센터(南島地名研究センター, 2006), 『地名を歩く』, ボーダーインク, pp.1 - 252.

사쿠마에이(佐久間英, 1972), 『日本人の姓』, 六芸書房, pp.1 - 365.

야스이 이즈미(安井泉, 2010), 「第2章」, 『ことばから文化へ』, 開拓社, pp.12 - 89.

천호재 (2015), 『일본의 음식문화와 레토릭』, 도서출판 책사랑, pp.1 - 355.'名字由来ネット' https://myoji - yurai.net/(검색일:2016.05.01. - 06.30)

제8장 | 일본의 슈퍼마켓 전단지의 어휘 및 표현으로 본 일본사정 |

진노우치 마사노리(陣内正敬,2007)『外来語の社会言語学』, 世界思想社

천호재(2014)「일본어 외래어의 사회언어학적 연구」『日本文化研究』50, pp.347-367.

제9장 | 일본 화장품 광고의 언어적 특성으로 본 일본사정 |

본문에 명시하지 않았지만 광고 관련 선행연구 정보를 제시합니다.

구연화(具軟和, 2008)「日本と韓国のテレビコマーシャルの表現特性(学生海外調査研究)」『大学院教育改革支援プログラム「日本文化研究の国際的情報伝達スキルの育成」活動報告 書(平成19年度海外研修事業編)』, pp.37-42.

구연화(具軟和, 2009)「広告と食ー日・韓のコマーシャルからみることばと食ー」『大学院教育改革支援プログラム 日本文化研究の国際的情報伝達スキルの育成活動報告書』, pp.152-156.

기시 시즈에(岸志津恵, 1993)「テレビコマーシャルの表現特性と消費者情報処理」『消費者行動研究』1(1), pp.47-63.

나리야 마사시(成家雅史, 2016)「国語科授業におけるICT活用：タブレットPCで作る学校コマーシャルの実践」『東京学芸大学国語教育学会研究紀要』12, pp.40-45.

다카기 사치코(高木幸子, 2005)「コミュニケーションにおける表情および身体動作の役割」『早稲田大学大学院文学研究科紀要』, 第1分冊, pp.25-36.

다카하시 야스히로(高橋泰弘, 1982)「テレビ・コマーシャルの構造分析-言語メッセージと映像メッセージについて」『映像学』23, pp.36-49.

무라카미 가즈코(村上和子, 1988)「テレビ・コマーシャルの評価の国際比較-日本・台湾・米国の比較」『慶応義塾大学新聞研究年報』31, pp.53-75.

미네다 아케미(嶺田明美, 2012a)・나가사와 테루요(長澤輝世)「広告の表現について(1)テレビコマーシャルの表現形式と文末表現」『学苑』862, pp.13-23.

미네다 아케미(嶺田明美, 2012b)・나가사와 테루요(長澤輝世)「広告の表現について(2)テレビコマーシャルにおける業種と表現形式を中心に」『学苑』864, pp.20-29.

마나베 가즈후미(真鍋一史, 1985)「広告に見る人間関係-テレビコマーシャルの内容分析」『関西学院大学社会学部紀要』51, pp.95-112.

마나베 가즈후미(真鍋一史, 1986)「広告に見る人間関係-テレビコマーシャルの内容分析2」『関西学院大学社会学部紀要』51, pp.83-97.

배지현(裴智賢, 2006)「日韓のテレビ広告における表現手法の比較」『日経広告研究所報』40(3), pp.54-59.

사이토 다카코(斎藤貴子,1986)「テレビコマーシャルに関する基礎分析」『デザイン理論』(25), pp.44-61.

사카키바라 가오리(榊原かをり, 2019)「TVコマーシャルを教材とした英語授業」『コミュニケーション文化』13, pp.90-96.

사토 히로미 외(佐藤ひろみ他, 1985)「食品に関するテレビコマーシャルのイメー

ジ研究」『生活科学研究』7, pp.69-79.

소미야 기요코(宗宮喜代子, 1993)「テレビ・コマーシャルの意味論-日本の場合」『東京外国語大学論集』47, pp.121-142.

소미야 기요코(宗宮喜代子, 1998)「テレビ・コマーシャルの意味論=アメリカの場合」『東京外国語大学論集』79, pp.85-125.

시미즈 미호(清水美帆)・시노자키 요시에(篠崎佳惠, 2020)「日本語教育におけるCMの可能性(映像と日本語教育)」『ことばと文字』13, pp.71-79.

아오키 마사유키(青木雅幸, 2016)「テレビ・コマーシャルを活用した豪州「禁煙教育」教材の分析 」『武蔵野短期大学研究紀要』3, pp.121-137.

아오키 마사유키(青木雅幸, 2018)「コマーシャルを活用した教材提示方法と技術」『武蔵野短期大学研究紀要』32, pp.61-76.

아키야마 코지(秋山高二, 2005)「最近の日本のテレビ・コマーシャルの社会・文化的考察」『山梨大学教育人間科学部紀要』7(2), pp.102-107.

야마다 쇼지(山田奬治, 2007)「テレビ・コマーシャルと文化研究」『日本研究』35), pp.527-536.

야마시타 도시유키(山下利之, 2005)・코노 야스나리(河野康成, 2005)「テレビ広告の表現効果に関する研究」『応用社会学研究』47, pp.175-183.

천호재(千昊載, 2019)「認知意味論的観点から見た日本語の中間構文の研究」『日語日文学研究』109, pp.133-156.

혼다 아키라(本田啓, 2013)『アフォーダンスの認知意味論』東京大学出版会, pp.1-358.

KHID(2019)『화장품 산업 분석보고서』, 한국보건산업진흥원, pp.1-61.

본 장에서 다룬 화장품 관련 동영상 사이트를 제시하면 다음과 같다.

1) 제목: 花王ビオレマシュマロホイップ「清潔な洗顔」篇(세안크림, 2020),

유튜브 주소: https://www.youtube.com/watch?v=HieV8212jy4

2) 제목: カネボウ リサージ リサージ コラゲリード(화장수, 2020),
유튜브 주소: https://www.youtube.com/watch?v=UzKkljvfemw

3) 제목: コーセー エスプリーク 北川景子CM「肌をひきしめ, 毛穴もキュッと」(파운데이션, 2020),
유튜브 주소: https://www.youtube.com/watch?v=IWTgYpNUUXM

4) 제목: コーセーONE BY KOSEセラムヴェール(화장수, 2020),
유튜브 주소: https://www.youtube.com/watch?v=f3ANKL_AtE4

5) 제목: 「まだファンデでスキンケアしてないの？」資生堂(파운데이션, 2020),
유튜브 주소: https://www.youtube.com/watch?v=oc4jbQ7LjtA

6) 제목: アクアレーベル スペシャルジェルクリーム A(ホワイト)「エステ行ってきます」篇 | 資生堂(크림, 2020),
유튜브 주소: https://www.youtube.com/watch?v=bQxdeipvcQQ

7) 제목: コーセー エスプリーク 北川景子 CM「パウダーで絶品肌(春)」編(파운데이션, 2020),
유튜브 주소: https://www.youtube.com/watch?v=9D7B3vl6gc4

8) 제목: アルティミューン20SS | 資生堂(화장수, 2019),
유튜브 주소: https://www.youtube.com/watch?v=bce0kDd7x8I

9) 제목: SHISEIDO TSUBAKI 資生堂ツバキCM「Round Door」篇 | 資生堂(샴푸, 2020),
유튜브 주소: https://www.youtube.com/watch?v=mYB_hB8FGwg

10) 제목: カネボウ KANEBO "I HORE"30secCM(립스틱, 2020),
유튜브 주소: https://www.youtube.com/watch?v=m2tsWidvgvM

11) 제목: エリクシール リンクルクリーム「陶芸」篇 | 資生堂(크림, 2020),
유튜브 주소: https://www.youtube.com/watch?v=fp0t0s4lB3M

12) 제목: カネボウ アリィー 20SSニュアンスチェンジUV15(선크림, 2020)
유튜브 주소: https://www.youtube.com/watch?v=SBgGG03_jXI

13) 제목: 美的「あざといですか？『透明感』をちゃっかり仕込む」, 2月.」(립스틱, 2020),
유튜브 주소: https://www.youtube.com/watch?v=u4kUogmGbqQ

14) 제목: デジャヴュ「密着アイライナー」クリームペンシル (아이라이너, 2020),
유튜브 주소: https://www.youtube.com/watch?v=1ltKF8_43YI

15) 제목: 肌にも環境にもやさしい日焼け止め, UVプロテクト ミルク(선크림, 2020),
유튜브 주소: https://www.youtube.com/watch?v=xZ_h_JnDyiY

16) 제목: 花王 ソフィーナ リフトプロフェッショナル SOFINAハリ美容液CM 吉田羊(화장수, 2020),
유튜브 주소: https://www.youtube.com/watch?v=mD6jVKcdcvc

17) 제목: dプログラム「新しい敏感肌用化粧水」篇 | 資生堂(화장수, 2020),
유튜브 주소: https://www.youtube.com/watch?v=pl2C-P9b0Nw

18) 제목: プリオールCMマスクイン化粧水(さらっとしっとり)「ベタベタしてても中は乾いてる」篇 | 資生堂(화장수, 2020),
유튜브 주소: https://www.youtube.com/watch?v=7SoLK9JIT-E

19) 제목: HAKU メラノフォーカスV「シミの記憶3.0」篇 | 資生堂(화장수, 2020),
유튜브 주소: https://www.youtube.com/watch?v=IW3-ZbA_Zek

20) 제목: 花王 キュレル ディープモイスチャースプレー 私の新習慣(스프레이, 2020),
유튜브 주소: https://www.youtube.com/watch?v=H2Irf5X8coo

21) 제목: 花王 キュレル スプレー誕生(스프레이, 2020),
유튜브 주소: https://www.youtube.com/watch?v=qjRI1kDJghI

22) 제목: アネッサ「マイルド」篇 | 資生堂(선크림, 2020),

유튜브 주소: https://www.youtube.com/watch?v=DdKrxAfk-QE

23) 제목: カネボウ フリープラス オイルセラムクレンジングの秘密 #こすらずメイクオフしたい(수분 보충 미 용액, 2020),
유튜브 주소: https://www.youtube.com/watch?v=Olwq35pQBs0

24) 제목: プリオールCMうるおい美リフトゲル「本格的エイジングケア」篇 | 資生堂(크림, 2020),
유튜브 주소: https://www.youtube.com/watch?v=AJ9TOyDFLPs

25) 제목: クリアプロ「未体験の心地よさ」篇 | KOSE(크림, 2020),
유튜브 주소: https://www.youtube.com/watch?v=rBUCsZXoroI

26) 제목: カネボウ コフレドール(파운데이션, 2020),
유튜브 주소: https://www.youtube.com/watch?v=Q8L6TMkfV8g

27) 제목: エリクシール アドバンスド エイジングケア「スキンフィニッシャー」篇 | 資生堂(화장수, 2020),
유튜브 주소: https://www.youtube.com/watch?v=gVaUIpu-Ggo

28) 제목: カネボウ メディア(립스틱, 2020),
유튜브 주소: https://www.youtube.com/watch?v=yirjU0vm0xE

29) 제목: 清野菜名, ヌーディーカラーのパンツコーデで大人の表情「マキアージュ」篇 | 資生堂(기초 화장품, 2020),
유튜브 주소: https://www.youtube.com/watch?v=byjLl353l7Y

30) 제목: ニベア花王 ニベアサン 高密着ケア(선크림, 2020),
유튜브 주소: https://www.youtube.com/watch?v=fHbLKtihHZ4

31) 제목: 極潤美白パーフェクトゲル「秒でシミ対策」篇(화장수, 2020),
유튜브 주소: https://www.youtube.com/watch?v=GMrdJ3hMIAE

32) 제목: ファンデーション～スキントリートメント ファンデーション～(파운데이션, 2020),
유튜브 주소: https://www.youtube.com/watch?v=WEIoIiQuGI0

33) 제목: "エビちゃん"蛯原友里, 無敵美肌にしっとり日焼け止め『アネッサ』新CM「マイルド篇」(선크림, 2020),
유튜브 주소: https://www.youtube.com/watch?v=_x69uyf6nSk

34) 제목: NAVISION「HAフィルパッチB」| 資生堂(미용액, 2020),
유튜브 주소: https://www.youtube.com/watch?v=mFZQKmRAOHY

35) 제목: 池田エライザ, 透け感コーデで美肌見せ「マキアージュ」(파운데이션, 2020),
유튜브 주소: https://www.youtube.com/watch?v=q8xxbsvandM

36) 제목: SHISEIDO ホワイトルーセント 20SS | 資生堂(미용액, 2020),
유튜브 주소: https://www.youtube.com/watch?v=2xT9JNH9RA0

37) 제목: 浜辺美波, 大人メイクで美しい瞳が"超どアップ"に…『マジョリカ マジョルカ』CM「光降る. 自 分だけの, 大きな瞳へ.」篇 | 資生堂(아이쉐도우, 2020),
유튜브 주소: https://www.youtube.com/watch?v=5nLn4BSh68s

38) 제목: 花王 ソフィーナip19秋 JUDGE篇(미용액, 2019),
유튜브 주소: https://www.youtube.com/watch?v=LiYGuPbUo70

39) 제목: マキアージュ 高密着ジェリーリキッドファンデ登場(파운데이션, 2020),
유튜브 주소: https://www.youtube.com/watch?v=iOrD5xIbe3U

40) 제목: "天使"石原さとみ降臨!純白の羽根がまぶしい…「プリマヴィスタ」(파운데이션, 2020),
유튜브 주소: https://www.youtube.com/watch?v=lBLDNOlPRFE

41) 제목: デジャヴュ「フィルム眉カラー」(눈썹 화장, 2020),
유튜브 주소: https://www.youtube.com/watch?v=fLWiAnRiz5o

42) 제목: セザンヌ(기초화장품, 2020),
유튜브 주소: https://www.youtube.com/watch?v=aVzcfXFUAvQ

제10장 | 일본 화장품 광고의 비언어적 요소로 본 일본사정 |

다카기 사치코(高木幸子, 2005), 「コミュニケーションにおける表情および身体動作の役割」, 『早稲田大学大学院文学研究科紀要』, 第1分冊, pp.25 - 36.

제11장 | 잉어꿈 해몽으로 본 일본인의 정신경관 - 한국인의 잉어꿈과의 비교 - |

캐럴린 폴리(カロリン・ポレー, 2010), 「第7章 鯉からみる日本の景観」, 『水辺の多様性』, 昭和堂

캐티 린드스트롬(カティ・リンドストロム/内山純蔵,2010), 「序章 景観と歴史」, 『水辺の多様性』, 昭和堂

천호재(2018), 「잉어꿈을 통해서 본 일본과 한국의 정신경관」, 『2018년 춘계 연합 국제학술대회』, 동아시아일본학회, pp.184 - 187.

〈인용사이트 - 한국〉

http://sinyore.tistory.com/69 잉어꿈 해몽 19가지 궁금하다면! (검색년월일 2018.04.18.)

http://whblog.tistory.com/180 잉어꿈 해몽 〉잡는꿈, 낚는꿈, 보는꿈, 얻는꿈, 뛰어오르는꿈, 떨어뜨리는꿈, 사라지는 꿈, 죽이는 꿈/(검색년월일 2018.04.24.)

사주심리연구소 http://limsul.tistory.com/529(검색년월일 2018.04.11.)

사주천궁 잉어꿈 해몽- 비단잉어꿈/큰 잉어꿈/황금잉어꿈 해몽(검색년월일 2018.04.12.) http://blog.naver.com/PostView.nhn?blogId=46saju&logNo=50160408245

잉어꿈, 잉어 나오는 꿈 - 시종일몽(始終一夢) http://allofdream.tistory.com/114(검색년월일 2018.04.24.)

http://minioceans.tistory.com/33 잉어꿈 총정리(검색년월일 2018.04.23.)

꿈해몽 풀이 백과http://www.dread.kr/v/%EC%9E%89%EC%96%B4(검색년월일 2018.04.12.)

[꿈을 다모아서]잉어 꿈해몽, 잉어를 잡는 꿈, 잉어가 죽은걸 보는 꿈 등 해몽 http://moaggum23.tistory.com/54 [꿈을 다 모아서](검색년월일 2018.04.15.)

[잉어꿈 해몽 꿈풀이 정리 – 임양의 인포인컴] 잉어꿈 해몽출처: http://infoincom.tistory.com/15(검색년월일 2018.04.16.)

[잉어꿈 해몽] http://infomstation.tistory.com/5(검색년월일 2018.04.23.)

[천혜도의 힐링꿈풀이(34)물고기꿈)]잉어꿈, 잉어가 나오는 꿈…몸 붓기http://life.g-enews.com/view.php?ud=201801051100084201e8b8a793f7_3(검색년월일 2018.04.09.)

〈인용사이트-일본〉

【夢占い】鯉・鯉のぼりの夢に関する18の意味とは

https://spirituabreath.com/yumeuranai-koi-2201.html(검색년월일 2018.04.08.)

夢占い鯉・鯉の夢の意味とは?鯉が泳ぐ夢など23選

https://yumeuranai-pedia.com/archives/25(검색년월일 2018.04.01.)

【夢占い】鯉の夢は縁起の良い夢！ただし注意すべき夢も？何の運気が上がるのかも解説！http://www.minden.jp/clover/carp-dream-divination/(검색년월일 2018.03.28.)

夢占いで鯉の意味/解釈は？栄誉や成長を表しています. http://mujinnikki.com/carp-1567.html(검색년월일 2018.04.04.)

夢占い|鯉の夢は鯉の滝のぼり(鯉のぼり)なら仕事運!鯉をつかめば恋愛運アップ http://yumeuranai-sukinahito.pink/carp-koi-love(검색년월일 2018.04.05.)

http://www.geocities.co.jp/HeartLand-Gaien/7211/Japanese/carpj.html 琵琶 湖

(검색년월일 2018.04.15.)

鯉の夢の意味10パターン | 物事を突破出来る力が高まってます!https://yumesirube.com/carp(검색년월일 2018.04.03.)

【夢占い】鯉の夢は吉夢が多い？12例の夢から読み解く！ https://sinrigakulab.com/dream－carp(검색년월일 2018.04.01.)

夢診断辞典 鯉 https://yume－shindan.jp/carp/(검색년월일 2018.04.05.)

【夢占い】鯉の夢の意味15選！大きい/鯉のぼり/http://belcy.jp/37228(검색년월일 2018.4.07.)

夢占いでの鯉にまつわる夢!http://yume－uranai.xyz/archives/5107(검색년월일 2018.04.01.)

夢占い「鯉」に関する夢の診断結果17選 http://free－yumeuranai.info/koi/(검색년월일 2018.04.16.)

ユメウラサンの夢占い 鯉の夢占い https://yumaurana－i.com/post/179(검색년월일 2018.04.02.)

제12장 | 조선 식민통치를 통해서 본 일본사정 |

김수진(2009), 『신여성, 근대의 과잉』, 소명출판, pp.1-510.

김용조(2006)『위기 이후 한국경제의 이해』새미출판사, pp.24-24.

연구 공간 〈수유+너머〉 근대매체연구팀(2007), 『매체로 본 근대 여성 풍속사 新女性』한겨레신문사, pp.1－302.진노우치(陣内正敬 2007), 『外来語の社会言語学』, 世界思想社, pp.1－182.

〈위키백과〉https://ko.wikipedia.org/wiki/%EC%82%BC%EC%84%B1%EA%B7%B8%EB%A3%B9(2016.12.27.)

〈최진기의 제2차 세계대전 강의〉

https://www.youtube.com/watch?v=iKuTKOf6Vik(2017.01.03.)

이하의 자료는 문화체육관광부 국립중앙박물관의 "대한민국 신문아카이브"를 통해서 입수한 것임을 밝혀둔다.

〈자료 1〉 新韓民報 1922년 02월 09일 발행

〈자료 2〉 新韓民報 1931년 09월 17일 발행

〈자료 3〉 朝鮮新聞 1935년 08월 21일 발행

〈자료 4〉 朝鮮新聞 1931년 03월 22일 발행

〈자료 5〉 朝鮮新聞 1931년 09월 10일 발행

〈자료 6〉 朝鮮新聞 1931년 03월 22일 발행

〈자료 7〉 朝鮮新聞 1931년 04월 28일 발행

〈자료 8〉 朝鮮新聞 1926년 09월 09일 발행

〈자료 9〉 朝鮮新聞 1931년 03월 22일 발행

〈자료 10〉 朝鮮新聞 1932년 08월 16일 발행

〈자료 11〉 朝鮮新聞 1932년 08월 16일 발행

〈자료 12〉 日申報 1926년 02월 16일 발행

〈자료 13〉 新韓民報 1922년 02월 09일 발행

〈자료 14〉 朝鮮新聞 1931년 04월 28일 발행

〈자료 15〉 朝鮮新聞 1931년 09월 10일 발행

〈자료 16〉 朝鮮新聞 1926년 09월 09일 발행

〈자료 17〉 朝鮮新聞 1930년 05월 04일 발행

〈자료 18〉 朝鮮新聞 1932년 08월 16일 발행

〈자료 19〉 朝鮮新聞 1931년 04월 28일 발행

〈자료 20〉 新韓民報 1931년 09월 17일 발행

저자소개

지은이 천호재(千昊載)

계명대학교 인문국제대학 일본어일본학과 교수

대한일어일문학회 편집 위원

한국일어일문학회 편집 위원

일본 도호쿠(東北)대학 대학원 문학연구과 언어학박사(ph.D)

주요 논저

한국어의 중간 자동사 구문과 중간 수동 구문에 관한 연구(2002) 어학연구, 38(1), pp.211-239.

日本語の総称文と中間構文(2007) 일어일문학연구, 63(1), pp.551-569.

英語のHAVE構文の分析(2007) 言語学論集16, pp.31-42.

日本語の自動詞文と中間自動詞文(2007)일어일문학연구61(1), pp.317-340.

일본어와 중국어 인식구문의 통사적 특질(2008) 동북아문화연구14, pp. 525-544.

일본어 자발문의 유형론적 분석(2008) 한국문화사(2009 문화체육관광부 우수저서)

인식 조동사 구문의 보편적 특징(2009) 한국문화사

일본어 학습에 대한 의식(2009) 한국문화사

중간 구문의 개별 언어 분석 및 범언어적 분석(2009) 한국문화사

인터넷 기반 일본어교육의 가능성과 연구 방법(2011) 한국문화사

의미수동화조작의 보편적 특징(2012) 한국문화사

일본어교육론(2012) 어문학사

언어의 이해(2013) 어문학사

일본문화의 이해와 일본어교육(2014) 역락

일본어의 態voice와 복문(2015) 역락(2016 세종도서학술부문 우수저서)

언어문화로 본 일본사정의 이해(2016) 역락

일본어통번역기초(2017) 역락

라디오 명작 드라마로 배우는 일본어(2017) 역락

웹기반 일본어 리터러시(2017) 역락

웹 동영상으로 일본어 듣고 독해하기(2018) 역락

시청각으로 배우는 일본어(2018) 역락

일본어통번역 연습(2018) 역락

일본어학의 이해(2019) 어문학사

일본어 음성의 이해(2019) 신아사

지은이 야하라 마사히로(矢原正博)

경북대학교 인문대학 일어일문학과 초빙교수

주요 논저

認識・思考・判断의 連鎖的分析－話者의 發話를 中心으로－, 慶北大学校大学院, 慶北大学校, 2000.12, pp.1-182.

認識・思考・判断의 連鎖的分析－情報의繩張り를 中心으로－, 言語学会研究 第20輯, (韓国)言語科学会, 2001.12.

認識・思考・判断의 連鎖的分析－予定(予測)のlie를 中心으로－, 日本語文学 第15輯, 韓国日本語文学会, 2002.12.

認識・思考・判断의 連鎖的分析－含意를 中心으로－, 日本文化論叢 第4輯, 韓国日本文化研究会, 2003.7.

認識・思考・判断의 連鎖的分析－敬語를 中心으로－, 日本語文学 第32輯, 韓国日本語文学会, 2007.3.

認識・思考・判断의 連鎖的分析－感謝表現을 中心으로－, 日語日文学研究 第67輯, 韓国日語日文学会, 2008.11.

認識・思考・判断의 連鎖的分析, 慶北大学校大学院, 慶北大学校, 2009.6.

認識・思考・判断의 連鎖的分析－力関係의 敬語를 中心으로－, 日本文化論叢 第9輯, 韓国日本文化研究会, 2009.7.

認識・思考・判断의 連鎖的分析－謝罪表現을 中心으로－, 日語日文学研究 第75輯, 韓国日語日文学会, 2010.11.

認識・思考・判断의 連鎖的分析－断り表現을 中心으로－, 日本語文学 第19輯, 韓国日本語文学会, 2011.9.

認識・思考・判断의 連鎖的分析－不満表明을 中心으로－, 日本文化論叢 第12輯, 大韓日本文化学会, 2012.11

통합주의적 관점의 일본어교육학 연구

초판 1쇄 발행일 2021년 12월 18일

지은이 천호재 · 야하라 마사히로(矢原正博)
펴낸이 박영희
편집 박은지
디자인 최소영
마케팅 김유미
인쇄·제본 제삼인쇄
펴낸곳 도서출판 어문학사
서울특별시 도봉구 해등로 357 나너울카운티 1층
대표전화: 02-998-0094/편집부1: 02-998-2267, 편집부2: 02-998-2269
홈페이지: www.amhbook.com
트위터: @with_amhbook
페이스북: www.facebook.com/amhbook
블로그: 네이버 http://blog.naver.com/amhbook
다음 http://blog.daum.net/amhbook
e-mail: am@amhbook.com
등록: 2004년 7월 26일 제2009-2호

ISBN 978-89-6184-984-5 (93730)
정가 26,000원